Dirk Walpuski

# Die Nachfrage im Nachrichtenverkehr

## Eine mikroökonomische und verkehrswirtschaftliche Analyse am Beispiel der Bundesrepublik Deutschland

VVF

# VOLKSWIRTSCHAFTLICHE FORSCHUNG UND ENTWICKLUNG

Herausgeber:
Prof. Dr. E. von Böventer · Universität München
Prof. Dr. P. Kuhbier · Freie Universität Berlin

Band 85

Die Deutsche Bibliothek - CIP-Einheitsaufnahme

**Walpuski, Dirk** :
Die Nachfrage im Nachrichtenverkehr : eine mikroökonomische und verkehrswirtschaftliche Analyse am Beispiel der Bundesrepublik Deutschland /
Dirk Walpuski. - München : VVF, 1995
(Volkswirtschaftliche Forschung und Entwicklung ; Bd. 85)
Zugl.: Würzburg, Univ., Diss., 1995
ISBN 3-89481-140-4

NE: GT



Gesamtherstellung: Fotodruck Frank GmbH, 80333 München
Printed in Germany

**Meinen Eltern**

## Geleitwort

Die zunehmende Bedeutung der modernen Kommunikations- und Informationstechnologien nimmt Herr Walpuski in seiner hier vorgelegten Arbeit zum Anlaß, die mikroökonomischen und verkehrswirtschaftlichen Determinanten der Nachfrage nach Nachrichtenverkehrsdienstleistungen genauer zu analysieren. In Anlehnung an *Hensel* wird dazu der Informationssektor aus dem tertiären Sektor herausgenommen und als eigenständiger quartiärer Sektor betrachtet.

Der Autor unterzieht die Struktur und Bedeutung der Nachrichtenverkehrsdienste zunächst einer eingehenden Analyse, indem er diese in materielle (Briefdienst, Zeitungsdienst und Rohrpost) und immaterielle Dienste (wie etwa Telekommunikationsnetze, Datenkommunikation oder Verbundkommunikation) einteilt und anschließend in einen mikroökonomischen Kontext, unterteilt nach Haushalten und Unternehmen, einbettet. Von der ökonomischen Analyse her ist die Arbeit nachfrageorientiert. Besonders interessant ist der letzte Teil der Arbeit, in dem der Autor sich mit den speziellen verkehrswissenschaftlichen Bestimmungsgrößen der Nachfrage auseinandersetzt. Im Vordergrund steht hier eine Erweiterung der Dimension "Menge" um die Dimension "Qualität", indem er die Konzepte "Verkehrswertigkeit" und "Verkehrsaffinität", die er auf den Nachrichtenverkehr überträgt, in die Analyse einbezieht.

Die Arbeit liefert einen interessanten Beitrag zur ökonomischen Analyse des Nachrichten- und Kommunikationssektors.

Berlin und München, im Juli 1995

Die Herausgeber

# Die Nachfrage im Nachrichtenverkehr - eine mikroökonomische und verkehrswirtschaftliche Analyse am Beispiel der Bundesrepublik Deutschland

# Verzeichnis der Tabellen und Abbildungen

## Verzeichnis der verwendeten Symbole

$\alpha_i$ = Transformationsfaktor für Teilwertigkeit i
$\delta$ = dichotonomische Variable
$\varepsilon$ = Elastizität
$\varphi_i$ = Gewichtungsfaktor der Teilwertigkeit i
$\lambda$ = LaGrange-Multiplikator
$\mu_i$ = Erwartungswert der Größe i
$\upsilon_i$ = Teilwertigkeit i
$\varpi_i$ = Anzahl der übertragenen Wörter von Informationsform i
$\omega$ = Optionsnutzen
$\theta_i$ = Affinität bezüglich einer Eigenschaft i

a = konstanter Term
A = Quellort
B = Zielort
C = Kosten
d = Distanz
E = Expedient
F = Informationsform
f = Menge der fehlerhaften Nachrichtentransportvorgänge (failures)
g = Funktion
I = Isoquante
K = Kapazitätsauslastung
L = LaGrange-Funktion
$M_i$ = Maß für Teilwertigkeit i
N = Anzahl der an ein Netz angeschlossenen Nutzer
OP = Optionspreis
OV = Optionswert
P = Perzipient
PR = Penetrationsrate
$p_i$ = Preis des Gutes/Faktor i
Q = Faktor Nachrichtenverkehr
q = Verkehrsmenge
q(t) = Tagesverkehrskurve
R = Referenzgröße
r = Anschlußgebühr
S = Nettovorteil

T = Zeitraum (Periode)

t = Zeitpunkt

U = Nutzenfunktion

V = Faktor

v = Menge des Faktor V

w = Veränderungsrate

Y = Einkommen

X = Gut

x = Menge des Gutes x

Z = Anzahl der Zugangsstellen zu einem Netz bzw. Dienst

# 1. Kommunikation und Nachrichtenverkehr

## 1.1 Vorbemerkung

Die westlichen Industrieländer befinden sich auf dem Weg in die postindustrielle Gesellschaft bzw. Informationsgesellschaft. Dieser Übergang von der Industriegesellschaft zur Informationsgesellschaft geht mit den vielfältigen Innovationen im Bereich der Kommunikations- und Informationstechnologien einher.[1] Nicht nur die Entwicklung neuerer Kommunikationsformen steht hierbei im Vordergrund, sondern auch die zunehmende Kombination der bereits bestehenden Systeme. Neue Informations- und Kommunikationstechnologien greifen immer stärker in das wirtschaftliche und gesellschaftliche Leben, aber auch in die Privatsphäre des Individuums ein. Information und Kommunikation entwickelt sich von einer der Elite vorbehaltenen Technik zur Massenanwendung.[2]

Diese zunehmende Bedeutung des Faktors Information, die sich auch in der Wertschöpfung oder der Beschäftigungszahl widerspiegelt,[3] führte zu dem Resultat, daß Konzepte entwickelt wurden, die die Drei-Sektoren-Hypothese dahingehend erweitern, daß der Informationssektor aus dem tertiären Sektor herausgenommen wird und als eigenständiger quartiärer Sektor betrachtet wird.[4] Die Neuerungen innerhalb des quartiären Sektors werden als Basisinnovationen betrachtet, welche Auslöser für den fünften Kondratieff-Zyklus sind, in den die Weltwirtschaft mit Beginn der achtziger Jahre eintrat.[5] Neben der Informationsverarbeitung (Informatik) spielt hierbei der Informationstransport die tragende Rolle. Die neuen Entwicklungen gerade auf dem Gebiet der Telekommunikation ermöglichen eine effektive und immer schnellere Raumüberwindung von Informationen und Nachrichten. Aber die Telekommunikation ist nur ein Bestandteil des Sektors Nachrichtenverkehr. Obwohl sich das Augenmerk der Techniker und Wissenschaftler fast ausschließlich den neuen Trends und Innovationen innerhalb der Telekommunikation und der Datenverarbeitung widmet, sollte nicht vergessen werden, daß Nachrichtenverkehr auch andere Dienste umfaßt, welche die wirtschaftliche und gesellschaftliche Entwicklung prägen. Es sind dies die materiellen Komponenten des Nachrichtenverkehrs, welche im wesentlichen aus dem Brief- und Zeitungsdienst bestehen. Diese Dienste sind auch heute noch essentiell, und ihr Verhältnis zu den neuen Technologien wird von steigendem Interesse, sowohl für die Nachfrager als auch für die Produzenten von materiellen und immateriellen Nach-

---

[1] Vgl. dazu z. B. *Bell* (1976), S. 117 und *Hensel* (1990), S. 9.
[2] Vgl. *Nora/Minc* (1979), 36 ff.
[3] Vgl. dazu *Hensel* (1990), S. 105, 115, 133 und 142 ff.
[4] Vgl. *Hensel* (1990), S. 79 ff, der einen Überblick über den Stand der Diskussion gibt.
[5] Vgl. *Nefiodow* (1990), S. 35 f. und *Mager* (1987), S. 219.

richtenverkehrsdiensten sowie die Regulierungsbehörden. Um die Bedeutung des Terminus "Information" verstehen zu können, genügt es folglich nicht, sich nur den neuen Kommunikationstechniken zu widmen, man muß vielmehr den Bereich Informationstransport als Ganzes sehen, eingebunden in die Theorie und Empirie der Verkehrswirtschaft.

Die Veränderungen betreffen nicht nur die produktionstechnische Seite; zunehmend der Nachfrager erhält innerhalb des Nachrichtenverkehrs eine aktivere Rolle. Ursache sind die Deregulierungen auf den nationalen Märkten für Post und Telekommunikation (Postreform I und II).[6] Die Zerschlagung starrer Angebots- und Marktstrukturen ermöglicht es dem Nachfrager, immer stärker seine eigenen Präferenzen zu formulieren und über den Marktmechanismus durchzusetzen.[7] Der zunehmende Wettbewerb zwingt die Anbieter, ihre Leistungen und Standards mehr an den Bedürfnissen der Nachfrager auszurichten. Somit wird für die zahlreichen Anbieter von Nachrichtenverkehrsdiensten die Analyse des Nachfrageverhaltens von immer größerer - teilweise essentieller - Bedeutung. Beispiele für diese nachfrageorientierte Angebotspolitik gibt es viele, nicht nur auf dem Gebiet der Telekommunikation. Hier sei nur verwiesen auf die Lizenzierung im Bereich der Infopost (ehemals Massendrucksache) ab 250 g, die auf Druck der (geschäftlichen) Nachfrager zustande kam.[8]

Diese Arbeit beschäftigt sich speziell mit der Nachfrage nach Nachrichtenverkehrsdiensten. Zunächst sollen im ersten Kapitel die notwendigen Begriffe "Information", "Kommunikation" und "Nachrichtenverkehr" definiert und gegeneinander abgegrenzt sowie mögliche Kenngrößen für eine Messung des Verkehrs dargestellt werden. Anschließend strukturiert das zweite Kapitel die thematisch wichtigsten Nachrichtenverkehrsdienste und belegt ihre praktische Bedeutung.
Wesentlich für jede wirtschaftswissenschaftliche Untersuchung über das Nachfrageverhalten sind die mikroökonomischen Determinanten. Diese werden im dritten Kapitel innerhalb zweier mikroökonomischen Nachfrage-Modelle für die beiden Wirtschaftssubjekte Haushalte und Unternehmen herausgearbeitet und - soweit möglich - empirisch auf ihre Aussagekraft hin getestet.
Der letzte Teil dieser Arbeit fokussiert auf den verkehrswissenschaftlichen Bestimmungsgrößen der Nachfrage. Diese Größen setzen am Faktor "Menge" an, welcher in der mikroökonomischen Theorie aufgrund der Homogenitätsannahmen nicht weiter problematisiert werden kann. In der Verkehrswirtschaft ist die Tatsache entscheidend, daß Leistungen wesentliche Qualitätsunterschiede aufweisen, die die Nachfrage be-

---

[6] Vgl. zur Postreform I z. B. *Berger/Schöttner* (1991a) und (1991b), zur Postreform II z. B. *Jäger* (1994).
[7] Vgl. dazu *Tamarin* (1988).
[8] Vgl. *o. V.* (1994e), S. 5.

einflussen. Dieser Erweiterung der "Menge" um die Dimension "Qualität" wird durch die Konzepte der "Verkehrswertigkeit" und der "Verkehrsaffinität", die auf den Sektor Nachrichtenverkehr übertragen werden, Rechnung getragen. Aufbauend auf diesen beiden Determinanten werden Interdependenzen zwischen wichtigen Nachrichtenverkehrsdiensten theoretisch untersucht und empirisch überprüft.

## 1.2 Definitionen und Abgrenzungen

### 1.2.1 Information im verkehrswirtschaftlichen Sinne

Der Begriff "Information" wird in der heutigen Umgangssprache in vielfacher Bedeutung benutzt. Innerhalb der Wissenschaft existieren neben dem kybernetischen Ansatz, der Information als "Maßgröße für die Ungewißheit des Eintretens von Ereignissen im Sinne der Wahrscheinlichkeitsrechnung"[9] sieht, weitere Definitionen, von denen keine den Anspruch der Allgemeingültigkeit für sich geltend machen kann. Vielmehr rechtfertigt sich jeder Ansatz aus seinem speziellen Anwendungsgebiet heraus.[10]
*Gaus* unterscheidet sechs verschiedene Ansätze, von denen der verkehrswirtschaftlich relevante Ansatz der sog. "message approach" ist. Innerhalb dieses Ansatzes wird die Information als Nachricht verstanden, die von einem Sender (Expedient) über einen Übertragungskanal (ein Übertragungsmedium) an einen Empfänger (Perzipient) vermittelt wird. Dabei spielt es keine Rolle, ob diese Nachricht vom Perzipienten verstanden wird oder für den Empfänger eine Neuigkeit ist.[11] Diese Auffassung des Begriffs Information wird unterstützt von *Hund*. "Kommunikationswissenschaft kann (..) sinnvoll weder die Beschäftigung mit statistischer Information noch die isolierte Beachtung von Zeichen sein. Kommunikationswissenschaft hat soziale Information zum Gegenstand. Sie bezieht sich dabei auf die sinnliche Form dieser Information, die Nachricht."[12] Die Auffassung von *Wessling*, wonach Information im ökonomischen Sinne "der durch die Abbildung der Umwelt bestimmte Prozeß der Veränderung des Wissens eines Individuums und der damit verbundenen Wirkung auf das zielgerichtete Handeln"[13] ist, ist zumindest für den Sektor der Verkehrsökonomie nicht adäquat. Viele Prozesse, die Informationen übermitteln, werden unabhängig davon durchgeführt, ob die Informationen zweckorientiert, d. h. für den Perzipienten überhaupt von Bedeutung sind. Für verkehrsökonomische Betrachtungen ist dieser pragmatische

---

[9] Vgl. *Klaus/Liebscher* (1979), S. 278.
[10] Vgl. *Gaus* (1983), S. 15.
[11] Vgl. *Gaus* (1983), S. 16. In Anlehnung an diesen Ansatz werden hier Information und Nachricht synonym verwendet.
[12] *Hund* (1976), S. 51.
[13] *Wessling* (1991), S. 26. Diese Auffasung findet sich ähnlich auch bei *Ernst* (1990), S. 55.

Informationsbegriff,[14] der sich auf entscheidungsrelevante Sachverhalte beschränkt, zu eng. Der Nachrichtenverkehr beschäftigt sich mit dem Transport von Informationen, ihr Inhalt ist für dieses Anwendungsgebiet nicht von Bedeutung. So findet beim Rundfunk Informationsübertragung statt. Jedoch müssen die Informationen (z. B. Nachrichten) für den Empfänger nicht neu sein oder zielgerichtetes Verhalten implizieren. Dies ist im gesamten Bereich der Unterhaltung (Musiksendungen etc.) wohl nur selten der Fall.[15]

Des weiteren lassen sich Informationen nach ihrem Zweck einordnen. Man unterscheidet zwischen orientierenden, motivierenden, irrelevanten (also nicht zur Sache gehörenden) und distraktiven (nur der Unterhaltung dienenden) Informationen. Die orientierenden, motivierenden und distraktiven Informationen (bzw. Teile einer Nachricht) sind somit relevante Informationen, die sich nun wiederum dadurch trennen lassen, ob sie redundant (bekannt) oder nicht redundant (unbekannt) sind.[16] Der Wert einer (relevanten) Information richtet sich einmal nach dem Grad seiner Knappheit. Je seltener die Information in den Augen des Perzipienten ist, desto höher ist der subjektive Wert.[17] Zum anderen ist der Wert davon abhängig, wie aktuell die Nachricht ist, ob sie nicht redundant ist.[18] Somit kann ein und dieselbe Information in Abhängigkeit des Empfängers unterschiedliche Zwecke erfüllen und verschiedene Wertigkeiten besitzen.

Aus diesen Ansätzen zur Bestimmung des Begriffs "Information" leiten sich Eigenschaften und Besonderheiten ab:[19]

Informationen sind immaterielle Güter, die sich nicht verbrauchen können. Sie können höchstens redundant werden und damit ihren Wert teilweise oder ganz verlieren. Informationen lassen sich quantitativ nicht erfassen und besitzen i. d. R. keinen (offiziellen) Marktpreis. Preisagenturen, welche beispielsweise die Information, welcher Anbieter ein bestimmtes Gut am billigsten anbietet, direkt verkaufen oder Marktforschungsinstitute, sind hier Ausnahmen.[20] Sonst sind die Preise für einzelne Informationen nicht unmittelbar zu erkennen, da die Marktpreise sich entweder auf ganze Informationsbündel beziehen (z. B. Testzeitschriften, Kataloge etc.), oder neben den Preisen für die Information noch andere Kosten beinhalten (z. B. Rechnerlaufzeit bei Datenbankrecherchen als Grundlage für den Preis von Informationen).

---

[14] Vgl. *Ernst* (1990), S. 55.

[15] Eine weitaus ausführlichere Aufstellung über die verschiedenen Ansätze für den Begriff "Information" findet sich bei *Ruben*. Vgl. *Ruben* (1985), S. 20.

[16] Vgl. *Seetzen* (1982), S. 30 f. und *Fleischer* (1973), S. 17. Wobei *Fleischer* jedoch die Nachricht noch stärker in vier Teile aufgliedert.

[17] Vgl. *Peters* (1967), S. 156.

[18] Vgl. *Stohl* (1931), S. 5.

[19] Vgl. *Wild* (1971), S. 318 f.

[20] Vgl. *Ernst/Hofmann/Walpuski* (1995), S. 72.

Damit immaterielle Informationen als Nachrichten übertragen werden können, benötigen sie ein Trägermedium. Dieses kann physischer Art sein, wie z. B. Papier, Lochstreifen, Magnetbänder oder aber in Form von Signalen (Lichtwellen, Schallwellen, elektromagnetische Impulse, aber auch Rauchzeichen etc.) vorliegen.[21] Das Signal ist hierbei die Anleitung, wie die ursprüngliche Nachricht nach dem Transport wieder hergestellt werden muß (also in Text, Daten usw. umgewandelt werden muß), um von dem Empfänger verwertet werden zu können.[22]

### 1.2.2. Bedeutung der Kommunikation

"Kommunikation (...) ist eine spezifische, wenngleich die weitaus wichtigste Form sozialer Interaktion".[23]
Allgemein gesehen beschäftigt sich die Kommunikationswissenschaft somit mit der Informationsübertragung zwischen einem beliebigen Sender und Empfänger.[24] Jedoch geht Kommunikation über die bloße Übermittlung von Informationen hinaus; ihr Ziel ist es, das Verhalten des Perzipienten zu beeinflussen und/oder zu verändern.[25] Ein wesentlicher Punkt im Bereich der Kommunikation ist also auch die Frage, wie Informationen vom Empfänger genutzt werden.[26] Die Informationsübertragung kann dabei einseitig und zweiseitig (unilateral und bilateral) erfolgen.[27] Sie beschränkt sich somit nicht nur auf einen wechselseitigen Austausch,[28] sondern umfaßt auch typisch einseitige Massenkommunikationsmittel (Massenmedien, wie Fernsehen, Rundfunk). Es finden sich noch andere Definitionen, die Kommunikation weiter fassen. So z. B. bei *Kaufer*, der auch "die dringliche Zustellung von Konstruktionsplänen oder eines wichtigen Arzneimittels, einen Musters oder eines Ersatzteils an eine weit entfernte Baustelle einschließt".[29] Hier stellt sich jedoch die Frage, inwieweit Warenproben und vor allem Arzneimittel und Ersatzteile Informationen sind bzw. beinhalten. Sicherlich liefern Warenproben als Trägermedien Informationen über Qualität, Standard, Maße einer Ware. Der Charakter einer solchen Probe ist primär jedoch nicht kommunikativ, primär handelt es sich um ein Gut, das ge- oder verbraucht wird. Die Information wird oftmals erst in einem solchen "Verarbeitungsprozeß" offenbart, sie ist somit nur von nachrangiger (sekundärer) Bedeutung. Ähnlich sieht es z. B. bei Päckchen aus. Auch

---

[21] Vgl. z. B. *Gaus* (1983), S. 18 und *Schmidt* (1960), S. 4070.
[22] Vgl. *Schmidt* (1960), S. 4070.
[23] *Lukasczyk* (1969), S. 577.
[24] Vgl. *Kraft* (1978), S. 12 f.
[25] Vgl. *Kraft* (1978), S. 13 f.
[26] Vgl. *Ruben* (1985), S. 19.
[27] Vgl. *Lukasczyk* (1969), S. 577.
[28] Diese Definition findet sich z. B. bei *Klaus/Liebscher* (1979), S. 312.
[29] Vgl. *Kaufer* (1985), S. 9.

Päckchen können schriftliche Nachrichten enthalten. Aber auch bei dieser Sendungsvariante ist die Informationsübertragung nur ein erwünschter und positiver Nebeneffekt, der primäre Zweck eines Päckchens ist der Transport von Kleingütern (Geschenke etc.), er ist damit nicht kommunikativ. Diese Grenzfälle, in denen die Raumüberwindung nicht primär kommunikativen Charakter aufweist (Warenproben, Päckchen, Büchersendungen etc.), sollen in dieser Arbeit daher ausgeklammert werden.

Ein einfaches Kommunikationssystem wird durch fünf Systemelemente charakterisiert. Die Informationsquelle (Expedient, Absender), ein Codiergerät (Transmitter), der die Information in Signale umwandelt, einen Kanal, der die Signale transportiert, ein Decodiergerät (Receiver), der die Signale wieder in die ursprüngliche Nachricht konvertiert und an das letzte Element, den Empfänger (Perzipienten), für den die Information bestimmt ist, weiterleitet.[30] Bei der Face-to-Face-Kommunikation als einfachstes System ist die Informationsquelle das Gehirn des Sprechers, der Codierer sind seine Stimmbänder, der Kanal die Luft, der Receiver das Gehör des Zuhörers sowie der Perzipient letztendlich das Gehirn des Zuhörers.[31]

Die fundamentale Bedeutung der Kommunikation für den Menschen liegt in ihrer Rolle, sozio-kulturelles Geschehen erst zu ermöglichen. Kommunikation hilft dem Individuum, seine Umwelt zu strukturieren, sich in ihr zu orientieren und sich ihr anzupassen. Kommunikation verleiht dem Wunsch Ausdruck, Wissen, Gefühle oder Zeit miteinander zu teilen und Einheiten zu bilden auf der Basis des gemeinsamen Verständnisses.[32] Sie ist somit essentiell für die Entstehung und das Aufrechterhalten jeder sozialen Gemeinschaft, Organisation und Ordnung.[33] Damit ist auch ein arbeitsteiliger Wirtschaftsprozeß und dessen Optimierung ohne Kommunikation unmöglich. Kommunikation liefert notwendige Informationen über Marktprozesse und erhöht dadurch die Markttransparenz,[34] sie unterstützt die Mobilität der Ressourcen und Güter und ist damit eine wesentliche Determinante der volkswirtschaftlichen Entwicklung.[35] Jede Markttransaktion - vor allen Dingen der Tausch - setzt das Vorhandensein vielfältiger Informationen voraus.

---

[30] Vgl. *Shannon* (1967), S. 33.

[31] Vgl. *Weaver* (1967), S. 7.

[32] Vgl. *Cherry* (1966), S. 4.

[33] Vgl. *Lukasczyk* (1969), S. 578.

[34] So stellen Kommunikationstechnologien in Verbindung mit Informationstechnologien eine Ergänzung zum Preissystem dar, indem sie Informationen liefern, die nicht durch ein Preissignal beschrieben werden können (z. B. zeitliche, räumliche und sachliche Unterschiede), vgl. *Ernst* (1990), S. 67 f. und S. 208.

[35] Vgl. *Jussawalla/Lamberton* (1982), S. 11 f. und *Ernst* (1990), S. 13 f.

Kommunikation kann sich verschiedener Formen bedienen: Sprachkommunikation einschließlich Ton- und Musikkommunikation, Textkommunikation, Datenkommunikation sowie Fest- und Bewegtbildkommunikation.[36] Unter Daten versteht man in diesem Zusammenhang Informationen, die als computerlesbare Zeichen kodiert dargestellt werden.[37] Eine schärfere Untergliederung der Informationsformen in Graphikkommunikation, wie man sie z. B. bei *Hauser* findet,[38] erscheint wenig sinnvoll, da Graphiken als spezielle Art von Festbildern gelten können. Darüber hinaus können auch Kombinationen verschiedener Kommunikationsformen auftreten, wie z. B. beim Fernsehen, bei dem eine synchrone Übertragung von Bewegtbildern und Sprache erfolgt. Man spricht dann von Verbundkommunikation.[39]

### 1.2.3. Nachrichtenübermittlung als wirtschaftliches Gut

Verkehrs- und Transportleistungen dienen der Ortsveränderung von Gütern, es handelt sich somit um Vorgänge, die auf die räumlichen Merkmale eines Gutes einwirken und sie variieren.[40]

Nachrichtenverkehr (Nachrichtenübertragung, Nachrichtenübermittlung)[41] als Subsektor des Verkehrssystems ist somit eine Dienstleistung, die auf die Raumüberwindung von Informationen ausgerichtet ist; er ermöglicht Kommunikation über den Raum hinweg.[42] Die vollkommene Form des Nachrichtenverkehrs wäre somit derjenige Personenverkehr, der zur interpersonalen Face-to-Face-Kommunikation führt.[43] Diese Art von Nachrichtenübertragung bedarf jedoch keiner eigenen Untersuchung, sie wird von der Theorie des Personenverkehrs (und seiner Determinanten) vollständig abgedeckt. Diese Arbeit beschäftigt sich deshalb mit denjenigen Verfahren zur Raumüberwindung von Informationen, die nicht zur Face-to-Face-Kommunikation führen. Allerdings soll die Printkommunikation hier ausgeklammert werden. Beim Lesen von Printmedien findet keine Raumüberwindung im verkehrswirtschaftlichen Sinne statt. Der eigentliche Raumüberwindungsvorgang liegt beim Transport der Informationsträ-

---

36 Vgl. *Maier* (1984), S. 15 und *Ratzke* (1984), S. 17. In der englischsprachigen Literatur findet sich auch eine Unterteilung in "voice", "data" und "images". Text wird dabei als "unstructured data" bezeichnet, vgl. *Rowe II* (1988), S. 26.

37 Vgl. *Brepohl* (1985), S. 49.

38 Vgl. *Hauser* (1989), S. 88.

39 Vgl. *Reinhard/Scholz/Thanner* (1983), S. 21 ff.

40 Vgl. *Ihde* (1991), S. 3.

41 Wobei der Terminus Nachrichtenübermittlung sich eigentlich aus den Begriffen Nachrichtenübertragung und Nachrichtenvermittlung zusammensetzt. Von Nachrichtenübermittlung wird man daher immer dann sprechen, wenn die Vermittlung eines bestimmten Kommunikationspartners notwendige Voraussetzung für das Zustandekommen der reinen räumlichen Übertragung ist. Vgl. *Maier* (1984), S. 21. Solange der Nachrichtenverkehr jedoch als Ganzes angesprochen ist, sollen beide Begriffe synonym verwendet werden.

42 Vgl. *Ernst/Walpuski* (1993), S. 100.

43 Vgl. *Spranger* (1961), S. 38.

ger vor. Dieser Bereich wird aber vom Güter- bzw. Personenverkehr erfaßt, mit einer Ausnahme, dem Zeitungsdienst, der in der Bundesrepublik Deutschland aufgrund der besonderen Vertriebsformen zum Nachrichtenverkehr gezählt wird. Somit ist Nachrichtenverkehr enger gefaßt als der Begriff Kommunikation. Beim ersteren wird nur der reine Raumüberwindungsprozeß Untersuchungsgegenstand; die Wirkung der Information und damit auch ihre Verarbeitung spielt keine Rolle.

Der Bereich Informatik, die elektronische Verarbeitung von Informationen, wird innerhalb der Theorie des Nachrichtenverkehrs nicht erfaßt. Bei vielen Nachrichtenverkehrsdiensten ist jedoch eine eindeutige Trennung zwischen Nachrichtenübertragung und Verarbeitung nicht mehr möglich. Diese Telekommunikationsdienste, die Elemente der Datenverarbeitung integrieren, werden unter dem Terminus "Telematik" oder "compucations" bzw. "compunications" zusammengefaßt. Es handelt sich hierbei um die Verflechtung von Großrechnern oder Datenbanken mit immateriellen Nachrichtenverkehrsträgern.[44] Musterbeispiel für einen Dienst innerhalb der Telematik ist die E-Mail, die nicht nur der Nachrichtenübermittlung dient, sondern mittels derer der Nutzer auch auf externen Rechnern Datenrecherchen oder Prozesse der Datenverarbeitung durchführen kann.

Im wirtschaftlichen Sinne werden unter dem Begriff "Gut" alle körperlichen (materiellen) Gegenstände und alle immateriellen Produktionsakte (Dienstleistungen) subsumiert, die es den Menschen ermöglichen, Bedürfnisse (also Empfindungen des Mangels) zu befriedigen. Die Eigenschaft, ein Gut zu sein, haben diese Gegenstände und Dienstleistungen jedoch nicht von Natur aus inne, sie wird ihnen durch ihre spezielle Bedürfnisbefriedigung zu eigen.[45] Bei der wirtschaftlichen Betrachtung spielen nur knappe Güter eine Rolle, d. h. Güter, die nicht in beliebiger Menge frei verfügbar sind, so daß der Bedarf (die Nachfrage) die Verfügbarkeit der Güter (das Angebot) übersteigt. Knappe Güter müssen in der Regel produziert werden, dazu müssen Produktionsfaktoren und andere Güter verwendet werden. Mikroökonomisch wird ein Gut eindeutig bestimmt durch drei Kriterien: Qualität des Gutes, der Ort/Raum sowie der Zeitpunkt/Zeitraum der Verfügbarkeit.[46] Die Qualität eines Gutes zu bestimmen, ist allerdings eine schwierige Aufgabe,[47] deshalb wird der abstrakte Begriff "Qualität" oft ersetzt durch spezifische sach- und personenbezogene Eigenschaften des betrachteten Gutes. Die drei Eigenschaften brechen mit dem mikroökonomischen Axiom der Homogenität der Güter. Gleichartige Gegenstände können aufgrund unterschiedlicher Qualitätsstandards verschiedenen Gütergruppen zugeordnet werden. Ein und dieselbe

---

[44] Vgl. zum Begriff "Telematik" z. B. *Nora/Minc* (1979), S. 35 ff.
[45] Vgl. z. B. *Woll* (1990), S. 49 und *Malinvaud* (1985), S. 2.
[46] Vgl. *Arrow/Debreu* (1954), S. 266 und *Malinvaud* (1985), S. 6 f.
[47] Vgl. dazu Kapitel 4.2.1.

Dienstleistung kann in Abhängigkeit des Ortes und der Zeit der Nutzung unterschiedlichen Nutzen stiften und damit in Abhängigkeit von Ort und/oder Zeit zwei unterschiedliche Güter darstellen. Dies ist die subjektive (personenbezogene) Komponente eines Gutes. Sie liegt nicht produktionsbedingt (objektiv oder sachbezogen) vor, sondern ist ein Ausdruck für die unterschiedliche Wertschätzung durch die Nutzer (Nachfrager). Diese drei Aspekte (Qualität, Ort und Zeit) bzw. die Einteilung nach sach-, personen-, raum- und zeitbezogenen Eigenschaften[48] spielen für die Nachrichtenübermittlung eine zentrale Rolle bei der Abgrenzung einzelner Güter und Dienstleistungen.

Eine Nachricht, eine Information, stellt ein Gut dar. Informationen befriedigen verschiedene Bedürfnisse, wie Kommunikation, Wissensbildung, Unterhaltung u. ä. Je nach Qualität, Zeit- und Raumbezug kann eine Information verschiedene Bedürfnisse unterschiedlich stark befriedigen und ist damit jeweils ein unterschiedliches Gut. So wird z. B. eine Meldung im Verkehrsfunk ihren höchsten Nutzen dann haben, wenn sie rechtzeitig gesendet wird und dem Empfänger eine Möglichkeit zur Reaktion bietet. Der Nutzen derselben Information ist jedoch äußerst gering, wenn sie erst zu dem Zeitpunkt ausgestrahlt wird, wenn der Perzipient bereits im Stau steht. Auch wird sie für einen Autofahrer, der die betroffene Strecke nicht befährt, keinen Nutzen haben. Strenggenommen lägen hier drei verschiedene Güter vor, deren Wert unterschiedlich hoch eingeschätzt wird.

Das räumliche Merkmal, der Ort der Nutzung, muß im Falle des Nachrichtenverkehrs etwas weiter gefaßt werden. Wie bei allen Transportleistungen ist der Ort durch den Quell- und den Zielort der Nachricht bestimmt.[49] Der relevante Raum ist somit kein Punkt, sondern eine Distanz.

Das Gut Transportleistung läßt sich als folgender Vektor definieren:
die Informationsmenge q einer Informationsform F, die innerhalb eines Zeitraumes T zwischen dem Quellort A und dem Zielort B übermittelt wird.[50]

(1.1) $$q = (q_{AB}^{FT})^{51}$$

Um den Umfang der Informationen, den Informationsfluß (Informationsmenge), messen zu können, kann man sich der Maßeinheit Wort bedienen. Dieser Ansatz wurde von *Sola Pool* entwickelt. *Sola Pool* unterscheidet dabei zwischen der Menge der tatsächlich konsumierten Wörter (consumed words) und der Menge der angebotenen

---

[48] Vgl. dazu *Klatt* (1965), S. 61 und *von Stackelberg* (1951), S. 219 ff.
[49] Vgl. *Neumann* (1984), S. 27.
[50] Zu den möglichen Kenngrößen für die "Menge" vgl. Kapitel 1.2.4.
[51] Vgl. *Jara-Diaz/Winston* (1981), S. 439 f.

Wörter (supplied words).[52] So kann ein Brief eine bestimmte Menge an Wörtern enthalten (angebotene Menge), bleibt der Brief nach der Übermittlung jedoch ungelesen, so sind die Wörter nicht konsumiert worden. Es fand de facto Nachrichtenübertragung statt, aber die Nachricht wurde nicht verwertet. Diese Unterscheidung in "consumed words" und "supplied words" spielt jedoch eigentlich nur bei Massenmedien eine Rolle,[53] da der geschilderte Fall mit dem Brief sicherlich eine Ausnahme ist. Normalerweise kann man davon ausgehen, daß ein persönlicher Brief auch vollständig gelesen (konsumiert wird). Bei Massenmedien, wie Zeitungen und Fernsehen, ist dies nicht der Fall. Wer liest schon alle Artikel einer Zeitung oder sieht 24 Stunden am Tag fern? Hier ist die Diskrepanz zwischen angebotenem Wort und konsumiertem Wort, d. h. zwischen angebotener und individuell verwerteter Informationsmenge, sehr hoch. Letztendlich spielt aber innerhalb des Nachrichtenverkehrs nur die Anzahl der transportierten Wörter eine Rolle. Die Theorie des Verkehrs ist neutral bezüglich der Verwendung bzw. des konsumierten Gutes (hier Wort).

Die oben genannte Definition reicht jedoch für den Bereich des Nachrichtenverkehrs nicht aus, da relevante Qualitätsebenen von ihr nicht erfaßt werden. Hier ist vor allem der Dialog zu nennen. Diese Eigenschaft ist ein wesentliches Merkmal des Ferngespräches. Einem Telefonbenutzer kommt es nicht nur darauf an, innerhalb eines Zeittaktes möglichst viele Informationen in Form von gesprochenen Wörtern zu übermitteln, er legt vor allen Dingen Wert auf sofortige Reaktion des Perzipienten. Eine vollständige Definition des Gutes Nachrichtenübertragung darf sich daher nicht nur auf die Menge der transportierten Informationen vom Quell- zum Zielort beschränken, sie muß vielmehr auch die Antworten erfassen, also die transportierten Informationen vom B nach A. Es müssen demnach alle transportierten Informationen über die Distanz d (Entfernung zwischen Quellort A und Zielort B) unabhängig der Richtung abgedeckt werden. Nur dann läßt sich auch der Dialog sinnvoll von der Definition beschreiben.

(1.2) $$q = (q_d^{FT})$$

Das Gut "Transportleistung" ist allerdings schwer zu operationalisieren. Deswegen müssen allgemein gültige Kenngrößen entwickelt werden, die in der Lage sind, die Heterogenität einer Transportleistung in einheitliche Dimensionen zu transferieren.

---

[52] Vgl. *Pool u. a.* (1984), S. 5.
[53] Vgl. *Pool u. a.* (1984), S. 6.

### 1.2.4 Kenngrößen für die Nachfrage nach Nachrichtenverkehrsdienstleistungen

Wesentlich für jede empirische Schätzung über Nachfrageverhalten sind Daten über den Umfang der erbrachten Leistungen, die Menge der übermittelten Informationen (Informationsmenge). Wie soll die Nachfrage oder der Output im Nachrichtenverkehr bestimmt werden? In der Verkehrswissenschaft wird unterschieden zwischen drei Termini: Verkehrsaufkommen, Verkehrsleistung und Verkehrsmenge. Im Güter- bzw. Personenverkehr erfaßt das Verkehrsaufkommen die in einem bestimmten Zeitraum und Gebiet beförderten Gütermengen bzw. Personen. Die Verkehrsmenge gibt die Zahl der Fahrzeuge (bzw. Verkehrsmittel) an, die eine Infrastruktureinheit (Straße, Brücke, Flughafen etc.) in einer Zeiteinheit an einem Querschnitt durchfahren. Als Verkehrsleistung hingegen wird die Dienstleistung Transport bezeichnet. Im Güter- und Personenverkehr erfolgt die Messung der Verkehrsleistung in Tonnen- bzw. Personenkilometer, dem Produkt aus beförderter Tonnen- bzw. Personenzahl und den zurückgelegten Kilometern.[54]

In dieser Arbeit wird die Verkehrsmenge analog als die Anzahl der Nachrichtenübermittlungsprozesse (Telefonate, Briefsendungen, Telegramme etc.) innerhalb eines Zeitraumes (hier ein Jahr) und eines Gebietes (hier Bundesrepublik Deutschland) definiert. Für das Verkehrsaufkommen und die Verkehrsleistung existieren keine analogen Maßzahlen, da eine einheitliche Dimension kaum zu finden ist. Im Bereich des immateriellen Nachrichtenverkehrs wäre es möglich, die Anzahl der "transportierten" Signale zu erfassen. Im materiellen Nachrichtenverkehr könnte in Analogie zur Informationsmenge das Transportobjekt "Wort" gewählt werden, das Verkehrsaufkommen ist dann die Anzahl der innerhalb eines Zeitraumes innerhalb eines Gebietes transportierten Wörter. Eine Verwendung dieser Maßzahlen für den gesamten Nachrichtenverkehr müßte aber immer auf Schätzungen in Form von definitorisch festgelegten Umrechnungen der immateriellen Informationsmengen in die Größe Worte bzw. der materiellen Verkehrsmengen in die Größe "Signale" gemessen in Bit oder Byte fußen.[55] Mit Hilfe empirischer Studien in Japan wurden Umrechnungsraten für den ersten Fall für einzelne Nachrichtenverkehrsdienste ermittelt. Am Telefon oder im Rundfunk können durchschnittlich etwa 120 Worte pro Minute übermittelt werden. Ein Festbild wird in 80 Wörter pro Minute, ein bewegtes Bild in 800 Wörter pro Minute umgerechnet, wobei Farbbilder noch einen Aufschlag von 50 % erhalten.[56]

---

[54] Vgl *Linden* (1966), S. 1647, 1657 und *Pirath* (1949), S. 45. Es existiert sogar eine Größe für die Verkehrsleistung im materiellen Nachrichtenverkehr, sog. Postkilometer. Diese Maßzahl bezieht sich jedoch nur auf die im Luftverkehr beförderten Luftpostsendungen, vgl. *Linden* (1966), S. 1166.

[55] Vgl. dazu z. B. *Heinrich/Lehner/Roitmayr* (1993), S. 63 ff.

[56] Vgl. *Ito* (1980), S. 24 ff. Diese Vorgehensweise ist jedoch sehr kritisch zu betrachten und kann deshalb nur eine Notlösung darstellen, vgl. *Hensel* (1990), S. 76.

Die Verkehrsleistung kann im immateriellen Nachrichtenverkehr durch die Dimension Signal- oder Bytekilometer (Anzahl der transportierten Signale bzw. Bytes mal zurückgelegte Kilometer) pro Periode oder Zeiteinheit T ausgedrückt werden. Im materiellen Nachrichtenverkehr wäre dann die Dimension Wortkilometer angebracht. Eine daraus abgeleitete Informations- bzw. Verkehrsleistung könnte dann analog dem Personen- oder Güterverkehr in Wortkilometer (Wort·km) pro Zeiteinheit T gemessen werden.[57] Eine Verkehrsleistung in der Dimension Wortkilometer wird jedoch nicht erfaßt; teilweise ist diese Erfassung rechtlich auch nicht möglich, da aus Datenschutzgründen die Inhalte von Nachrichtensendungen (Telefonate, Briefe, Faxe) nicht kontrolliert werden können. Die Bewahrung der Privatsphäre auch auf dem Gebiet des Nachrichtenverkehrs ist grundsätzlich durch das Grundgesetz geschützt (Brief-, Post- und Fernmeldegeheimnis, Art. 10 GG).

Die einzige Kenngröße, die für eine Schätzung der Nachfrage verwendet werden kann, wäre somit die Verkehrsmenge. Sie ist aber ein sehr oberflächliches Maß für den Output eines Nachrichtenverkehrsdienstes, da wesentliche Aussagen (z. B. der zurückgelegte Weg) fehlen. Man muß sich deshalb anderer Kenngrößen bedienen. Die Verkehrsmenge setzt an der Anzahl der Raumüberwindungsprozesse (bzw. der Transportmittel) an, Verkehrsaufkommen und Verkehrsleistung an der Anzahl der transportierten Güter. Eine wesentliche Komponente des Nachrichtenverkehrs wurde noch nicht betrachtet, das Netz. Da die Anzahl der transportierten Wörter oder Signale nicht meßbar ist, bietet sich im Bereich der Telekommunikation die Ermittlung der Kapazitätsauslastung der Netzinfrastruktur an. Maßzahlen für die Kapazitätsauslastung sind neben der Gesprächsdauer bzw. Dauer der Verbindung in Minuten auch die Gebühreneinheiten (die bekanntlich eine Funktion der Verbindungsdauer darstellen) und die Kapazitätsauslastung in Erlang. Ein Erlang (Erl) ist eine dimensionslose Einheit; sie bedeutet, daß eine Kommunikationseinrichtung oder ein Netz während einer Stunde volle 60 Minuten genutzt wurde.

In der Praxis bedient man sich im Nachrichtenverkehr abgewandelter Kenngrößen.
Als erstes ist hier die Kapazitätsauslastung in Millierlang pro Hauptanschluß (mErl/HAs) zu nennen. Dabei wird für einen Hauptanschluß viermal pro Stunde die Kapazitätsauslastung gemessen und in Millierlang umgerechnet.[58] Ein Wert von z. B.

---

[57] Vgl. *Ito* (1980), S. 29 und *Hensel* (1990), S. 68. Hierbei würde dann ein Schweigen am Telefon einer Verkehrsleistung von null gleichgesetzt. Schweigen kann jedoch eine wichtige Information übermitteln und damit Nachrichtenverkehr darstellen.

[58] Diese Größe wird bei *Auer* "Verkehrsleistung" genannt, vgl. *Auer* (1981), S. 25 ff. Dies ist im verkehrswissenschaftlichen Kontext nicht ganz problemlos, da eine wesentliche Komponente einer verkehrswissenschaftlichen Leistung der Weg ist. Die Größe wird hier aber nicht betrachtet.

10 mErl/HAs bedeutet dann, daß über diesen Anschluß in den betrachteten 15 Minuten über einen Zeitraum von 36 Sekunden eine Verbindung bestand.[59]
Für jede Viertelstunde des Tages wird dann die Auslastung berechnet und der Verlauf anschließend in sogenannten Tagesverkehrskurven abgetragen. Abb. 1.1 zeigt eine durchschnittliche "normale" (typische) Tagesverkehrskurve. Diese Kurven variieren in Abhängigkeit des Wochentages.

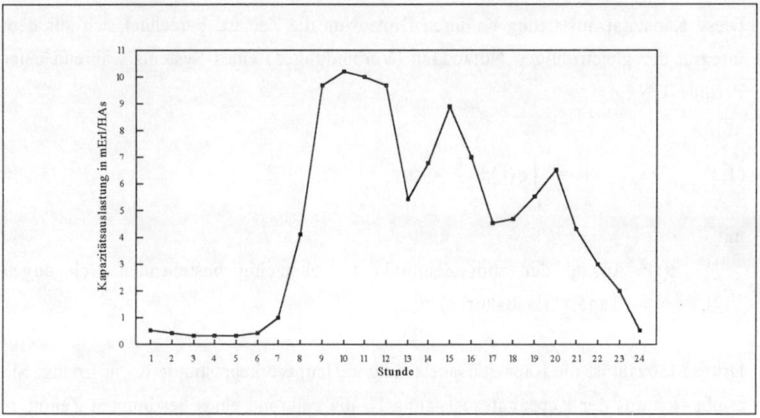


Quelle: *Auer* (1981), S. 13.

Abb. 1.1: Verlauf einer typischen Tagesverkehrskurve eines Hauptanschlusses[60]

Die Tagesverkehrskurven lassen sich dahingehend modifizieren, daß anstatt der Auslastung pro Anschluß die Auslastung des gesamten oder für Teile des Netzes herangezogen werden. Aus dieser modifizierten Tagesverkehrskurve läßt sich eine zweite Maßzahl für die Kapazitätsauslastung ableiten, die Kapazitätsauslastung in Erlangstunden.
Die Kapazitätsauslastung in Erlangstunden bezeichnet die Summe der Belegungsdauer (Zeitintervall zwischen Beginn und Ende einer Belegung) einer betrachteten Menge von Belegungen.
Die Belegungsdauer bezieht sich dabei nicht nur auf den Zeitraum des tatsächlichen Raumüberwindungsprozesses, also der tatsächlichen Verbindung (z. B. Dauer des Gesprächs beim Fernsprechdienst). Blindverkehr, definiert als die Inanspruchnahme von Kommunikationseinrichtungen und Netzen, ohne daß die gewünschte Verbindung

[59] Hätte die Verbindung die gesamte Viertelstunde bestanden, entspräche dies einem Wert von einem Viertel Erlang, also 250 mErl. 10 mErl entsprechen 4 % dieser 250 mErl, die Zeit der Belegung beträgt somit 4 % von 15 Minuten.

[60] Vgl. dazu *Auer* (1981), S. 13 ff. und S. 24 ff. Aus Vereinfachungsgründen wurden hier nur Stundenwerte abgetragen.

zustande kommt (besetzter Anschluß), wird ebenfalls erfaßt.[61] Diese Kapazitätsauslastung läßt sich deshalb eigentlich nicht als "Verkehrsmenge" bezeichnen,[62] da Verkehr (also Raumüberwindungsvorgänge von Informationen) nur dann vorliegen kann, wenn die Verbindung geschaltet ist. Beim Blindverkehr kommt kein Transport zustande und strenggenommen damit auch kein Verkehr. Im Fernsprechdienst läßt sich der Begriff "Belegung" folglich nicht ohne weiteres mit "Gespräch" oder "Verbindung" gleichsetzen.

Diese Kapazitätsauslastung K, deren Dimension die Zeit ist, berechnet sich aus dem Integral der gleichzeitigen Nutzungen (Verbindungen) eines Systems während einer Periode T:[63]

$$(1.3) \qquad K = \int_{t_0}^{t_0+T} q(t)dt$$

mit:

q(t): Anzahl der zum Zeitpunkt t gleichzeitig bestehenden Belegungen (Tagesverkehrskurve).[64]

Dritte Maßzahl ist die Kapazitätsauslastung je Hauptverkehrsstunde $K_H$ in Erlang. Sie ergibt sich aus der Kapazitätsauslastung K, die während eines bestimmten Zeitintervalls T auftritt, dividiert durch die Intervallänge. Diese Größe gibt die mittlere Anzahl von gleichzeitig bestehenden Belegungen im betrachteten Netz (Netzteil) an. $K_H$ berechnet sich wie folgt:[65]

$$(1.4) \qquad K_H = \frac{K}{T} = \frac{1}{T} \cdot \int_{t_0}^{t_0+T} q(t)dt$$

Diese drei Maßzahlen für die Kapazitätsauslastung sind jedoch sehr abstrakte Größen. Sie können aufgrund der mangelnden Operationalisierbarkeit der Größen "Verkehrsaufkommen" und "Verkehrsleistung" als Kennziffern für den Output bzw. die Nachfrage nach Nachrichtenverkehrsdiensten herangezogen werden.

---

[61] Vgl. *Heuermann* (1988), S. 9. Im Zusammenhang mit der Ermittlung der Kosten einer Belegung ist diese Einbeziehung des Blindverkehrs jedoch notwendig.

[62] Vgl. dazu *Hartmann* (1980), S. 119 und *Heuermann* (1988), S. 8.

[63] Vgl. *Heuermann* (1988), S. 8.

[64] Hierbei können die Tagesverkehrskurven eines Anschlusses oder aber für das gesamte Netz bzw. Teile davon herangezogen werden.

[65] Die Größe bezeichnet *Heuermann* als "Verkehrswert". Da ein Wert aber immer eine monetäre Bewertung ausdrücken sollte, ist dieser Terminus hier nicht angebracht. Zur Ableitung vgl. *Heuermann* (1988), S. 9 f.

## 1.3 Die Qualität des Datenmaterials

Wichtig für jede empirische Analyse ist das Sammeln und Auswerten von Daten. Auf dem Gebiet des Nachrichtenverkehrs stößt man jedoch bald auf enge, für die Bundesrepublik Deutschland eigentlich untypische Grenzen. Die größten Anbieter von Nachrichtenverkehrsdiensten - und damit von Datenmaterial - in Deutschland sind die Deutsche Bundespost Postdienst und die Deutsche Bundespost Telekom.
Folgende Datendefizite traten dabei explizit auf:

- Zahlen werden überhaupt nicht erhoben (Trennung geschäftlich - privat)
- Zahlen werden erhoben, aber nicht aggregiert
- Zahlen werden erhoben, aber nicht herausgegeben (Verbindungen D1)
- Zahlen können nicht erhoben werden (Verkehrsmenge im Telefaxdienst)
- vorhandene Zeitreihen sind inkompatibel (eingelieferte oder beförderte Briefsendungen)

Nach der Postreform I dürfte es überraschen, daß es noch immer keine Zahlen über die Verkehrsmenge im privaten und geschäftlichen Bereich oder die Verkehrsmenge im Telefaxdienst gibt. Dies ist um so bemerkenswerter, da die Trennung von Monopol-, Pflicht- und Freien Leistungen gemäß des Poststrukturgesetzes eigentlich auch datenmäßig transparent sein müßte. Textübertragungsdienste sind an sich Wettbewerbsdienste, jedoch wurden sowohl Telex als auch Telegramm den Pflichtleistungen zugeordnet.[66] Der Telefaxdienst wurde von den Pflichtleistungen ausgeklammert, dennoch werden keine getrennten Daten für den Wettbewerbsdienst Telefax und den Monopoldienst Fernsprechen ausgewiesen.

Weiter fiel auf, daß die Auswertung privat erhobener Daten nicht immer sorgfältig genug ausfällt. So ergeben veröffentlichte Zahlen und Ergebnisse keinen Sinn oder es ist für einen Außenstehenden nicht festzustellen, wie die Resultate zustande kommen oder berechnet werden. Ein Beispiel hierfür ist eine Erhebung der Gesellschaft für Konsumforschung (GfK) im Bereich Videotext. Die gesamte Sehdauer aller Videotextnutzer ist hierbei geringer als die Sehdauer der Nutzer aufgeteilt nach Sendern. Außerdem ist nicht nachvollziehbar, wie sich der Marktanteil der einzelnen Videotextanbieter berechnet.[67]

---

[66] Vgl. *Schnöring* (1992), S. 6 und *Hartkorn* (o. J.), S. 7.
[67] Vgl. *Gericke* (1993), S. 374 f.

Gerade hinsichtlich der zunehmenden Bedeutung des Sektors Nachrichtenverkehr wäre somit eine detaillierte und genauere Ausstattung mit Datenmaterial notwendig, da mit den vorliegenden (aggregierten) Zahlenreihen viele relevante Fragestellungen (betreffend einzelner Marktsegmente, Bevölkerungsgruppen etc.) nicht empirisch analysiert werden können.

Innerhalb dieser Arbeit wurden die neuesten Daten (1993 bzw. 1994) verwendet, soweit diese vorhanden waren bzw. aufgrund struktureller Veränderungen (hier ist vor allen Dingen die Wiedervereinigung zu nennen) überhaupt herangezogen werden konnten. Leider war dies nicht immer möglich, da eine Vielzahl von Zahlen seit der Postreform I bzw. der Wiedervereinigung nicht mehr erhoben bzw. veröffentlicht wird.

# 2. Struktur und Bedeutung der Nachrichtenverkehrsdienste

Strukturell werden zwei Arten des Nachrichtenverkehrs unterschieden:[1]

- materieller Nachrichtenverkehr und
- immaterieller Nachrichtenverkehr.

Der materielle Nachrichtenverkehr - auch physischer Nachrichtenverkehr genannt - zeichnet sich dadurch aus, daß materielle Informationsträger transportiert werden.[2] Diese Informationsträger (Papier, Kassetten, Filmrollen, Disketten) sind standardisiert und ermöglichen die Raumüberwindung der Informationsformen Text, Sprache, Fest- und Bewegtbild sowie Daten.
Immaterieller Nachrichtenverkehr zeichnet sich dadurch aus, daß anstatt der materiellen Informationsträger die Informationen in Form von Signalen selbst Transportobjekte sind.[3]

Innerhalb dieser Arbeit soll jedoch noch eine dritte Art eingeführt werden, der gebrochene Nachrichtenverkehr.
In der Theorie wird dann von gebrochenem Verkehr gesprochen, wenn innerhalb der Transportkette ein Wechsel des Verkehrsträgers und/oder -weges stattfindet.[4] Dies geschieht bei fast allen Nachrichtenverkehrsdiensten. Briefe werden z. B. erst zu Fuß, dann per Lkw, Bahn, Flugzeug oder Schiff und letztendlich erneut zu Fuß befördert. Der Briefdienst bedient sich also der gesamten Palette der Verkehrsträger, die auch im Güterverkehr eingesetzt werden. Auch beim Fernsprechverkehr findet in der heutigen Zeit im weitesten Sinne ein Wechsel des Mediums statt. So finden sich Transportketten aus analogen und digitalen oder Schmal- und Breitbandnetzen. Ausnahmen sind z. B. die innerbetriebliche Rohrpost oder Fernsprechen in reinen digitalen Schmalbandnetzen.
Innerhalb dieser Arbeit sollen unter dem Oberbegriff "gebrochener Verkehr" nur jene Dienste subsumiert werden, bei denen ein Wechsel von immateriellem und materiellem Verkehr stattfindet.

Abb. 2.1 zeigt die Unterteilung der in diesem Kapitel betrachteten Nachrichtenverkehrsdienste anhand der Kommunikationsarten.

---

[1] Diese Unterscheidung taucht bereits, wenn auch nicht unter den genannten Begriffen, bei *Brick* auf, der die Rohrpost von der Telegraphie abgrenzt, vgl. *Brick* (1918), S. 1.
[2] Vgl. *Ernst* (1990), S. 4.
[3] Vgl. *Ernst* (1990), S. 4.
[4] Vgl. *Linden* (1966), S. 570.

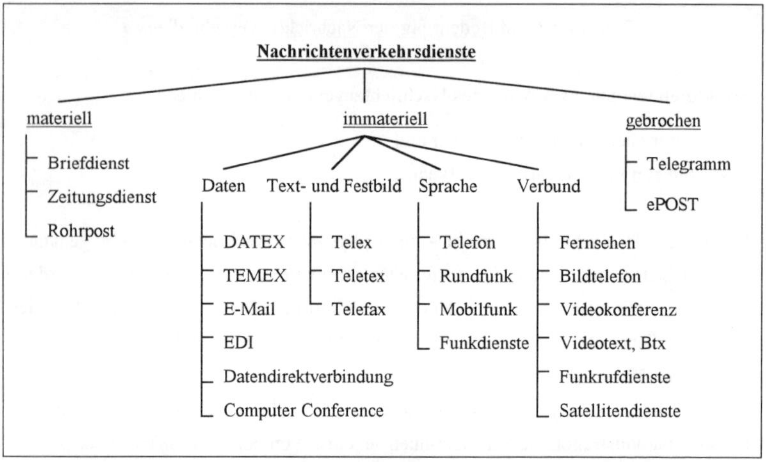


Quelle: Eigener Entwurf

Abb. 2.1: Nachrichtenverkehrsdienste

## 2.1 Materieller Nachrichtenverkehr

Bis zur Entwicklung der Nachrichtentechnik war der materielle Nachrichtenverkehr der Hauptbestandteil des Sektors Nachrichtenverkehr.

Beim materiellen Nachrichtenverkehr erfolgt ein Transport von physischen Informationsträgern mit den Verkehrsmitteln des Güterverkehrs. Durch diese Kongruenz der genutzten Verkehrsmittel ergeben sich Probleme bei der Abgrenzung des materiellen Nachrichtenverkehrs vom Güterverkehr (speziell vom Kleingüterverkehr).

Beim physischen Transport von Büchern, bespielten Kassetten oder Filmrollen handelt es sich strenggenommen um materiellen Nachrichtenverkehr. Die Raumüberwindung erfolgt jedoch meistens in größeren Paletten oder, wenn die Post selbst beteiligt ist, über Päckchen, Pakete und Warenproben. Gerade aber diese Transportdienste der Post werden gemeinhin als Güterverkehr der Post tituliert.[5] So werden materielle Informationsträger, wie Bücher, Zeitungen, bespielte Tonbänder vom Statistischen Bundesamt im Güterverzeichnis in den Gütergruppen 974 bzw. 979 aufgeführt,[6] im Gegensatz zu materiellen Nachrichtenträgern wie dem Brief.

Aus diesem Grunde sollen die genannten Dienste dem Güterverkehr zugeordnet werden. Somit werden in diesem Kapitel nur der Briefdienst, der Zeitungsdienst und die Rohrpost betrachtet.

---

[5] Vgl. *Hellauer* (1951), S. 176.

[6] Vgl. Statistisches Bundesamt (1969), S. 155 und 171.

Als erste Heimatstätte des materiellen Nachrichtenverkehrs in Form des Briefes gilt das alte Ägypten. Dort wurde schon im 3. Jahrtausend vor Christus der Nachrichtendienst über königliche Kuriere abgewickelt.[7] Bis in die heutige Zeit bedient sich der materielle Nachrichtenverkehr im wesentlichen der Systemelemente des Güter- und Personenverkehrs. Die Beförderung war und ist deshalb abhängig von der zur Verfügung stehenden materiellen Infrastruktur und den Verkehrsmitteln, die die Informationsträger transportieren können. Eine Ausnahme gab es allerdings. So spielte bis ins 17. Jahrhundert die Brieftaube vor allem im Orient eine wichtige Rolle bei der Briefbeförderung. In Persien existierte im 12. Jahrhundert sogar ein planmäßiger, geregelter Brieftaubendienst, der alle wichtigen Städte des Persischen Großreiches erfaßte.[8] In der Antike beschränkte sich der Briefverkehr auf berittene Boten oder die Schifffahrt. Erst durch die Entwicklung neuer Fortbewegungsmittel vergrößerte sich die Palette der nutzbaren Verkehrsmittel.

### 2.1.1 Briefdienst

Der Briefverkehr unterteilt sich in offene und verschlossene Sendungen. Zu den verschlossenen Sendungsarten zählt der Brief (neben dem Standardbrief werden darunter noch Luftpostbriefe, Eilbriefe, Einschreiben, Wertbriefe und Nachnahmesendungen zusammengefaßt) und das Päckchen, welches hier nicht näher betrachtet wird. Zu den offenen Briefsendungen zählen "alle Sendungen, die keinen dauerhaften Verschluß (Siegel, Klebeverschluß) aufweisen und deren Inhalt daher ohne weiteres kontrollierbar ist."[9] Darunter fallen neben Postkarten und Drucksachen auch Blindensendungen, Wurfsendungen, Geschäftspapiere, Warenproben und Mischsendungen.[10]
Wichtig für die nachfolgende Analyse sind nur diejenigen Sendungsvarianten, die einen primär kommunikativen Charakter besitzen. Warenproben u. ä., die nicht unmittelbar dem Nachrichten- sondern dem Kleingütertransport dienen, werden hier ausgeklammert.[11]
Der größte Anbieter von Leistungen im Briefverkehr in der Bundesrepublik Deutschland ist die Deutsche Bundespost Postdienst. Das Unternehmen besitzt per Gesetz einen Beförderungsvorbehalt für Sendungen mit schriftlichen Mitteilungen (§ 2, Abs. 1 PostG).[12] Daneben existieren noch verschiedene private Kurier-, Paket- und

---

[7] Vgl. *Sautter* (1950), S. 103.
[8] Vgl. *Sautter* (1950), S. 131.
[9] *Fricke* (1958), S. 12, Fußnote 2.
[10] Vgl. *Fricke* (1958), S. 12, Fußnote 2.
[11] Die Warenprobe als Briefsendung existiert erst seit Ende des 18. Jahrhunderts. Vorher wurden Warenmuster, sofern sie nicht einem Brief beigelegt wurden, als Kleinpakete verschickt. Vgl. *Schwarz* (1935), S. 101.
[12] Vgl. *Fangmann* u. a. (1990), S. 259 f.

Expreßdienste (z. B. DPD, UPS). Zugunsten dieser privaten Kurierdienste verzichtet die Deutsche Bundespost Postdienst auf die Geltungmachung ihres Beförderungsvorbehalts, "wenn die privaten Kurierdienste eine Mindestpreisgrenze pro Sendung in Höhe von zehnmal die Gebühr für einen Standardbrief einhalten (von z. Z. 10 DM)".[13]
Innerhalb des Sektors der Kurier-, Paket- und Expreßdienste ist eine Abgrenzung zwischen Nachrichtenverkehr und Kleingutverkehr besonders problematisch. Diese Dienste befördern eine breite Palette verschiedener Sendungen, von Bankdokumenten (Schecks) über Begleitpapiere im internationalen Handel bis hin zu Computerbändern und Ersatzteilen.[14] Viele dieser Sendungen fallen damit unter Kleingüterverkehr. Eine genaue statistische Abgrenzung der einzelnen Sendungsvarianten - also eine Trennung von Kleingüter- und Nachrichtenverkehr im Sinne dieser Arbeit - ist mit dem vorliegenden Datenmaterial nicht möglich. Der Anteil dieser Dienste am Nachrichtenverkehr kann in der folgenden Analyse daher nicht ermittelt und berücksichtigt werden.
Neben diesen Kurier-, Paket- und Expreßdiensten spielt noch eine weitere Gruppe privater Anbieter von Briefdienstleistungen eine Rolle. Es handelt sich hierbei um die sogenannten Remaildienste. Diese Dienste sind auf dem Gebiet der Sendungen mit großem Volumen (Massensendungen) aktiv. Die Remailfirmen sammeln die Sendungen im Ursprungsland und transportieren sie über die Grenze ins Ausland. Remailing gibt es in drei Varianten. ABC-, ABB- und ABA-Remailing. Gemeinsam haben alle drei Typen, daß die Sendungen in einem Land A gesammelt und von den Remailern in ein Land B transportiert werden. Die Postverwaltung von Land B übernimmt dann die weitere Beförderung; entweder in ein drittes Land C (ABC), innerhalb Land B (ABB) oder sogar zurück in Land A (ABA). Diese Remaildienste verstoßen zum einen gegen den Beförderungsvorbehalt der Deutschen Bundespost, zum anderen gegen eine Vereinbarung des Weltpostvereins, nach der sich die nationalen Postverwaltungen garantierten, daß sie keine Post aus dem Ausland befördern, welche von unbefugten Dritten aufgegeben wurde. Remailer nutzen die Differenzen in den unterschiedlichen Beförderungstarifen zwischen zwei Ländern aus, um Arbitragegewinne mitzunehmen.[15]
Als Maß für die Verkehrsmenge im Briefdienst existieren zwei voneinander abweichende Kennziffern. Zum einen sind dies die tatsächlich beförderten Briefsendungen, zum anderen die eingelieferten Briefsendungen. Die erste Zahl umfaßt alle in der Bundesrepublik beförderten Sendungen. Die eingelieferten Briefsendungen setzten sich bis 1990 zusammen aus den beförderten Sendungen innerhalb des Bereiches der Deutschen Bundespost, den Sendungen in den Bereich der Deutschen Post der DDR (bzw. seit 1990 Verkehrsgebiet Ost) und den Sendungen in das Ausland. Diese Kennziffer fällt somit immer kleiner aus als die Zahl der beförderten Briefsendungen, da die Sen-

[13] Vgl. *Fangmann* u. a. (1990), S. 389.
[14] Vgl. dazu ausführlicher *Kaufer* (1985), S. 18.
[15] Vgl. *Braubach* (1992), S. 108 f.

dungen aus der ehemaligen DDR (bzw. Verkehrsgebiet Ost) und aus dem Ausland subtrahiert werden.

Die oben genannten privaten Dienste verzerren die Daten innerhalb des Briefdienstes. Der Teil der Briefsendungen, die mit Kurier-, Paket- und Expreßdiensten transportiert werden, wird von der amtlichen Statistik nicht erfaßt. Soweit die Remailer betroffen sind, ist die Lage schwieriger. Die Sendungen, die über die Remail-Dienste ABC und ABB abgewickelt werden, werden lediglich nicht abgedeckt. Der Dienst ABA hingegen wird sogar falsch erfaßt. Eigentlich handelt es sich um Briefsendungen, die von Inländern aufgegeben werden. Bei der Deutschen Bundespost Postdienst werden sie aber nur innerhalb der beförderten Briefsendungen erfaßt, und zwar als Briefe, die aus dem Ausland eingehen. Wie hoch diese Verzerrungen wirklich sind, ist aufgrund der schlechten Datenlage nicht nachvollziehbar. Alle nachfolgenden Analysen müssen sich deshalb auf die Daten für die Deutsche Bundespost Postdienst beschränken.

Im April 1993 fand innerhalb der Deutschen Bundespost Postdienst eine Umstrukturierung der Sendungsvarianten statt. Das Leistungsangebot wurde dabei erheblich gestrafft und reduziert. Innerhalb der Briefe gibt es nur noch vier verschiedene Arten im Inland sowie Europa- und Weltbriefe (unterteilt nach Luft- und Landbeförderung). Die Briefdrucksachen und sonstigen Drucksachen werden nicht mehr angeboten, Massendrucksachen laufen nun unter dem Namen "Infopost". Dabei wurden die Einlieferungsbedingungen verschärft. Die übrigen Varianten und Zusatzleistungen (Wurfsendungen, Einschreiben etc.) werden unverändert angeboten.[16]

Durch diese Reform erfolgte auch eine erhebliche Vereinfachung der Tarifierung der Briefdienste. Statt ursprünglich über 150 verschiedene Sendungsarten mit unterschiedlichen Preisen allein im Inland gibt es nur noch vier Preisstufen, die sich nicht mehr am Inhalt, sondern am Gewicht und an der Größe der Sendung orientieren.[17]

Die aufkommensstärksten Sendungsvarianten innerhalb der Bundesrepublik sind dabei die Briefe (die Verkehrsmenge im Bereich der alten Bundesländer betrug 1993 8,4 Mrd. Sendungen), die Infopost (vormals Massendrucksachen, 1993: 4,45 Mrd. Sendungen) und die Wurfsendungen (1993: 1,30 Mrd. Sendungen).[18] Die Verkehrsmenge der eingelieferten Sendungen im gesamten Bundesgebiet betrug 1993 15,5 Mrd., die der beförderten Briefsendungen 18,3 Mrd.[19]

---

[16] Vgl. Deutsche Bundespost Postdienst (1993b).

[17] Vgl. *o. V.* (1992b), S. 5.

[18] Es handelt sich hierbei um die eingelieferten Briefsendungen, vgl. Deutsche Bundespost Postdienst (1994), S. 19.

[19] Vgl. Deutsche Bundespost Postdienst (1994), S. 2 und 18 f. Die Briefsendungen insgesamt umfassen neben den oben aufgeführten Varianten noch die Postkarten, sonstige Drucksachen (bis 31.03.1993) und die Bücher-, Waren- und Blindensendungen.

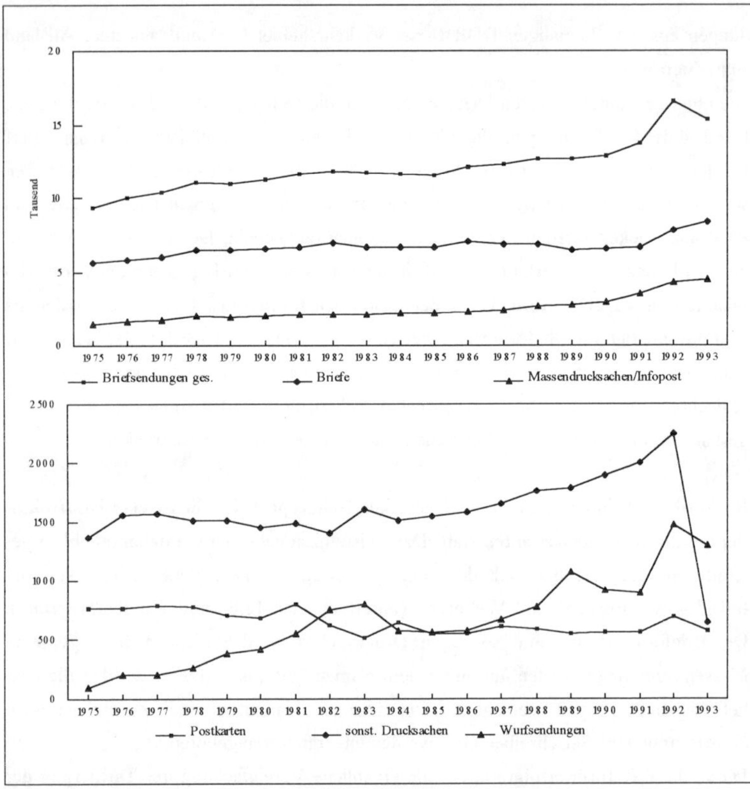


Quelle: Generaldirektion Postdienst (1989), S. 9 und (1991), S. 6 f, Deutsche Bundespost Postdienst (1992), S. 19, (1993a), S. 24 und (1994), S. 19.

Abb. 2.2: Verkehrsmenge im Briefdienst[20]

"Der Briefbeförderungsdienst ist der älteste, der ureigentlichste Dienst der Post. Er gibt ihr heute noch das Gepräge und hat selbst gegenüber so neuzeitlichen und leistungsfähigen Nachrichtenmitteln wie dem Telegraphen, dem Fernsprecher und dem Funkgerät nichts von seiner Bedeutung verloren."[21]

Betrachtet man die Verkehrsmenge im Briefdienst der letzten Jahre, erkennt man, daß dieses Zitat von 1926 kaum etwas von seiner Aussagekraft eingebüßt hat. Trotz der Entwicklung immer neuerer und leistungsstärkerer Telekommunikationsmittel behauptet der Briefdienst seine Stellung innerhalb des Nachrichtenverkehrs.

Abbildung 2.2 zeigt die absolute Entwicklung der eingelieferten Briefsendungen in den alten Bundesländern. Dabei werden im Rahmen dieser Arbeit nur die Sendungen

[20] Hierbei ist zu beachten, daß die sonstigen Drucksachen nur bis zum 31.03.1993 existierten.

[21] *Schneider* (1926), S. 5.

aufgeführt, die primär kommunikativen Charakter haben. Bücher-, Waren- und Blindensendungen sowie Päckchen werden deshalb nicht erfaßt. Daher variiert die Summe der Briefsendungen von der in der amtlichen Statistik.

### 2.1.2. Zeitungsdienst

Unter Zeitungsdienst als Art des Nachrichtenverkehrs soll innerhalb dieser Arbeit nur jener Vertrieb von Zeitungen verstanden werden, der einen direkten Transport der als Zeitung vorliegenden Informationen vom Verlag zum einzelnen Leser darstellt. Indirekte Vertriebsformen über spezielle Handelsmittler, wie Groß- und Einzelhandel, Bahnhofsverkaufsstellen, Lesezirkel u. ä., werden aus der Betrachtung ausgeklammert.

Der direkte Vertrieb von Zeitungen (und Zeitschriften) kann auf zwei Arten erfolgen. Zum einen können Abonnements durch verlagseigene Zustellorganisationen oder durch private Zustellagenturen vertrieben werden; zum anderen bietet die Deutsche Bundespost Postdienst einen Postzeitungsdienst im direkten Wettbewerb an.[22] Hierbei führt die Deutsche Bundespost Postdienst drei Arten von Zeitungssendungen im Angebot. Das Postvertriebsstück und die Streifbandzeitungen zählen zu den direkten Versandarten, da die Einzelexemplare im Rahmen des Briefdienstes an den Expedienten versandt werden. Die dritte Variante, das Postzeitungsgut, ist eine indirekte Vertriebsform und damit nicht zum eigentlichen Zeitungsdienst zu rechnen. Hier werden die Zeitungen/Zeitschriften gebündelt als gewöhnliche Paketsendungen an die einzelnen Verkaufsstellen geliefert, die den endgültigen Vertrieb übernehmen.[23]

Die Bedeutung des Zeitungsdienstes ist hoch. 1990 betrug die Gesamtauflage aller Tageszeitungen 20.844.616 Stück. 13.529.140 Stück (ca. 65 % der Auflage) wurden davon innerhalb eines Abonnements verkauft. Den größten Anteil wiesen dabei traditionell die lokalen und regionalen Zeitungen auf (12.503.277 Stück oder 90,5 % der Auflage), der Anteil der abonnierten Kaufzeitungen ist hingegen verschwindend gering (77.364 Stück oder 1,4 % der Auflage). Bei der letzten Gruppe, den überregionalen Zeitungen, lag der Anteil der per Zeitungsdienst beförderten Zeitungen bei 72 % der Auflage (948.499 Stück).[24] Der Anteil der von der Deutschen Bundespost vertriebenen Tageszeitungen betrug 1987 dabei nur 4,8 %, hingegen konnte der verlagseigene Zeitungsdienst auf diesem Gebiet immerhin einen Anteil von 51,1 % verbuchen. Der Vorteil des Postzeitungsdienstes liegt eindeutig im Bereich der Fachzei-

---

[22] Vgl. *Knoche/Zerdick* (1992), S. 4.

[23] Vgl. *Piper* (1991), S. 3 f.

[24] Vgl. *Knoche/Zerdick* (1992), S. 41 und eigene Berechnungen.

tungen und -zeitschriften, die wöchentlich oder in noch längeren Abständen erscheinen. Hier lag der Anteil 1987 zwischen 11,5 % (bei wöchentlich erscheinenden Zeitungen) und 90,4 % (bei Fachzeitschriften). Der Anteil des verlagseigenen Zeitungsdienstes war erheblich geringer. Er variierte zwischen 0,4 % (bei wöchentlich erscheinenden Zeitschriften) und 12,9 % (bei wöchentlich erscheinenden politischen Magazinen). Der restliche Teil der Auflage wurde über den Einzelhandel abgesetzt.[25]

### 2.1.3. Rohrpost

"Zweck der Rohrposten ist, entweder für ausgedehnte Orte oder lediglich innerhalb großer Gebäude usw. ein rasches Befördern von Sendungen verschiedener Art durchzuführen, z. B. von Briefen, Telegrammen (...)."[26] Die Rohrpost benötigt als einzige Variante des materiellen Nachrichtenverkehrs ein eigenes Netz. Dies besteht aus meist runden Metallrohren, die bei Außenanlagen i. d. R. unter der Erde, bei internen Anlagen meist offen liegen. Durch diese Metallröhren wird die Sendung, die in bestimmten, je nach Anforderung variierenden Postbüchsen verpackt wird, entweder mittels Saug- oder Luftdruck geschickt.[27] Der Zweck der Rohrpostanlage im postalischen Gebrauch lag vor allen Dingen in der Substitution anderer Transportträger innerhalb materieller Ketten zum Transport von Postsendungen zwischen einzelnen Postämtern oder sogar Arbeitsplätzen.[28] Die schnellere Übertragung durch die Rohrpost wurde so innerhalb des Ortsverkehrs in Großstädten für den Eildienst genutzt.[29]
Heutzutage hat die Rohrpost vor allen Dingen in den entwickelten Industrienationen nur noch geringe Bedeutung. Die innerbetrieblichen Anlagen wurden größtenteils ersetzt durch Inhouse-Kommunikations-Systeme, wie z. B. das Btx-Inhouse-System oder Inhouse- und lokale Netze. Die Sendungsvariante "Rohrpostsendungen", also die Beförderung von Briefen, Telegrammen und Postkarten via Rohrpost, welche in einigen Postbezirken (vgl. Tab. 2.1) existierte, fiel 1963 aus dem Leistungsangebot heraus.[30] Verwendet werden Rohrpostanlagen z. B. noch an Grenzen zum Transport von Pässen und Visa. So bedienten sich bis zum Wegfall der innerdeutschen Grenze die Grenzorgane der DDR dieser Transportmethode.

---

[25] Vgl. *Stumpf* (1990), S. 9 und 11.
[26] *Schwaighofer* (1930), S. 13.
[27] Vgl. *Schwaighofer* (1930), S. 13 f.
[28] Vgl. *Heck* (1962), S. 757.
[29] Vgl. *Sax* (1920), S. 425.
[30] Vgl. *Linden* (1966), S. 1257.

| | Rohrlänge in km | Dienst-stellen |
|---|---|---|
| Berlin-West | 167 | 41 |
| München | 72,5 | 28 |
| Hamburg | 37,5 | 16 |
| Düsseldorf | 12 | 5 |
| Frankfurt | 6 | 4 |
| Nürnberg | 5 | 5 |
| Stuttgart | 3,5 | 4 |
| Dortmund | 2,5 | 2 |
| Köln | 1,5 | 2 |
| Hagen | 1,5 | 2 |
| Σ | 309 | 109 |

Quelle: Voigt (1965), S. 1016.

Tab. 2.1: Stand der Stadtrohrpostanlagen im Jahre 1955

## 2.2 Immaterieller Nachrichtenverkehr

Den heute bedeutsamsten Teil der immateriellen Nachrichtenverkehrsdienste stellen die Leistungen im Bereich der Telekommunikation dar. Diese Dienste bedienen sich der Systemelemente der Nachrichtentechnik und sind deshalb abhängig von den Innovationen auf diesem Gebiet. Jedoch umfaßt die Telekommunikation (analog der Kommunikation an sich) nicht nur zweiseitige Dienste,[31] vielmehr fallen darunter alle (immateriellen) Dienste, die Informationen über den Raum hinweg mit Hilfe technischer Mittel übertragen.

Der Terminus "immaterieller Nachrichtenverkehr" ist an sich nur eine neue Umschreibung des Begriffs "Telegraphie". Die Telegraphie umfaßt alle Techniken, "welche die Beförderung von Nachrichten dadurch ermöglicht, daß der an einem Orte zum sinnlichen Ausdruck gebrachte Gedanke an einem anderen Orte wahrnehmbar wiedererzeugt wird, ohne daß ein Transport des Gegenstandes mit der Nachricht stattfindet".[32] Somit fallen unter den Terminus nicht nur die elektrische und die drahtlose Telegraphie (Funktelegraphie), sondern auch akustische (Trommeln, Nebelhörner, Glocken), hydraulische, pneumatische und optische Telegraphen[33] sowie die Nachrichtenübermittlung durch Flaggen- und Lichtsignale, Feuer- und Rauchzeichen.[34] Die bedeutendste Variante und die älteste Form der Telekommunikation (als Subsektor des immateriellen Nachrichtenverkehrs) ist dabei der elektrische Telegraph.[35] Er bediente sich

[31] Vgl. *Ratzke* (1984), S. 217 und *Ernst* (1990), S. 3 und 5.
[32] *Brick* (1918), S. 1.
[33] Vgl. *Brick* (1918), S. 1 und *Kunert* (1931), S. 9 ff.
[34] Vgl. *Voigt* (1965), S. 807.
[35] Ein zeitlicher Überblick über die zahlreichen Entwicklungen der elektrischen Telegraphie findet sich z. B. bei *Kunert* (1931).

lange Zeit der Morsetechnik. Dabei wurde die Nachricht dadurch übertragen, daß die Bediener des Telegraphen den durch die Leitung laufenden Strom unterbrachen und so die zu übertragenden Wörter in Sequenzen aus kurzen und langen Impulsen (Punkt und Strich) umwandelten. Diese Signale wurden von der Empfangsstation dann wieder zur eigentlichen Nachricht verarbeitet. Heutzutage ist das Morse-System weitgehend von Fernschreibern ersetzt worden. Diese Maschinen ermöglichen es dem Absender, die Nachricht direkt über eine Tastatur einzugeben.[36]

Die Telekommunikation kann sich zweierlei Übertragungstechniken bedienen: analoger oder digitaler Technik. Bei der analogen Übertragung werden die Signale wert- und zeitkontinuierlich transportiert. Bei der digitalen Übertragung hingegen werden endlich viele Ausschnitte des Signals gemessen, die Meßwerte in einen digitalen Code transformiert, der zeitlich nacheinander transportiert wird. Die Digitalisierung eines analogen Signals geschieht mittels Pulscodemodulation.[37]

Wichtig sind in diesem Zusammenhang die sogenannten Mehrwertdienste (**V**alue **A**dded **S**ervices - VAS, **V**alue **A**dded **N**etwork **S**ervices - VANS). Unter dem Begriff Mehrwertdienst werden alle Dienste subsumiert, die zusätzlich zu den Grunddiensten der Übertragung und Vermittlung von Informationen noch andere Dienstleistungen (z. B. Informationsverarbeitung, Speicherung) umfassen. Mehrwertdienste veredeln also den einfachen Raumüberwindungsprozeß. Bei vielen immateriellen Nachrichtenverkehrsdiensten ist es gerade dieser Mehrwert, der die Dienste überhaupt erst interessant macht.

In der Bundesrepublik Deutschland ist die Deutsche Bundespost Telekom der wichtigste Anbieter von Telekommunikationsdienstleistungen. Nach der Poststrukturreform 1989 wurden die Regulierungen für den Telekommunikationsmarkt zwar gelockert (dies gilt vor allem für den Markt für Endgeräte), jedoch besitzt der Bund nach wie vor das Netz-, das Funkanlagen- und das Telefondienstmonopol.[38] Das Netz- und Funkanlagenmonopol besagt, daß der Bund das ausschließliche Recht besitzt, "Übertragungswege einschließlich der zugehörigen Abschlußeinrichtungen zu errichten und zu betreiben (..) sowie Funkanlagen zu errichten und zu betreiben" (§ 1, Abs. 2, FAG). Das Telefondienstmonopol, welches Ende 1997 abgeschafft wird, besagt, daß Fernmeldeanlagen, die der Vermittlung von Sprache für andere dienen, nur vom Bund betrieben werden dürfen. (§ 1, Abs. 4, FAG). Andere Telekommunikationsdienstleistungen für Dritte dürfen auch von Privaten erstellt werden, solange sie über "Fest- und Wählverbindungen, die von der Deutschen Bundespost Telekom bereitgestellt werden", betrieben werden (§ 1, Abs. 4, FAG). Kraft Gesetz (§ 1, Abs. 5, FAG) wird die Ausübung der Monopolrechte, die eigentlich dem Bund in Person des

---

[36] Vgl. *Littlechild* (1979), S. 8. Schon 1903 konnten Telegramme über Ferndrucker vermittelt werden, vgl. *Brick* (1918), S. 46 ff.

[37] Vgl. dazu z. B. *Albensöder* (1990), S. 10 ff.

[38] Vgl. zur Poststrukturreform z. B. *Berger/Schöttner* (1991a) und (1991b).

Bundesministers für Post und Telekommunikation obliegt, der Deutschen Bundespost Telekom übertragen. Von dieser Monopolstellung wich der Bund jedoch ab, als er auf dem Gebiet des Mobilfunks erstmalig Wettbewerb zuließ. So stehen die D-Netze der Deutschen Bundespost Telekom und Mannesmann-Mobilfunk in direkter Konkurrenz.[39] Daneben wurde auch Wettbewerb auf dem Gebiet der Satellitenkommunikation mit niedriger Übertragungsrate eingeführt.

### 2.2.1 Telekommunikationsnetze

Der immaterielle Nachrichtenverkehr ist unabhängig von der Infrastruktur des Güter- und Personenverkehrs, da er über eine eigene Infrastruktur verfügt, die Netze. Diese Netze stellen hierbei aber nur einen Teil der Infrastruktur dar, den anderen Bestandteil bilden die Endeinrichtungen.[40]
Als Netz oder Netzinfrastruktur soll dabei die Gesamtheit aller Übertragungs- und Vermittlungseinrichtungen bezeichnet werden.[41] Das wichtigste und größte Netz der Deutschen Bundespost Telekom ist nach wie vor das Fernsprechnetz, welches aus 3.500 Ortsnetzen mit 6.200 Ortsvermittlungsstellen und dem Fernnetz besteht. Das Fernnetz, das sich in das regionale und überregionale Netz zur Anbindung an die Netze der Nachbarländer gliedert, ist heute etwa zu 80 % digitalisiert, die vollständige Digitalisierung soll 1995 abgeschlossen sein. Was die Ortsnetze betrifft, die immerhin eine Gesamtlänge von 720.000 km aufweisen, sind erst 30 % der vorhandenen Abschlüsse digitalisiert. Hier wird mit einer vollständigen Umstellung erst im Jahre 2019 gerechnet.[42]

Daneben existiert das IDN, das **I**ntegrierte Text- und **D**aten**N**etz. Dieses Netz faßt die Netze für Fernschreib- und Datenübermittlungsdienste (Teletex-, DATEX-L- und DATEX-P-Netz) zusammen. In das IDN ist auch das GENTEX-Netz eingegliedert. Über das GENTEX (**Gen**eral **T**elegraph **Ex**change) wickelt die Deutsche Bundespost Telekom den Telegrammdienst ab.[43] Das Ziel der Deutschen Bundespost Telekom ist die Integration aller Telekommunikationsdienste in einem (Breitband-) Netz. Der erste Schritt hierzu ist das ISDN (**I**ntegrated **S**ervices **D**igital **N**etwork, diensteintegrierendes Fernmeldenetz). Dieses Netz vereinigt Sprach-, Text-, Daten- und Bildübertragungsdienste, die alle mit einer Rufnummer zu erreichen sind. An einen kombinierten

---

39 Vgl. *Kruse* (1992), S. 2.
40 Vgl. BMPT (1991), S. 56.
41 Vgl. zum Unterschied von Übertragungs- und Vermittlungseinrichtungen z. B. *Knieps/von Weizsäcker* (1989), S. 456 f.
42 Vgl. Deutsche Bundespost Telekom (1992a), S. 42 ff. Für die Länge der Fernnetze liegen leider keine öffentlich zugänglichen Zahlen vor.
43 Vgl. *Kedaj/Joussen* (1994), Kap. 1.2., S. 5.

Netzabschluß lassen sich bis zu acht Endgeräte anschließen, von denen zwei gleichzeitig verwendet werden können.[44] Bis spätestens Ende 1993 sollte das ISDN in den alten Bundesländern und bis Ende 1995 soll es in den neuen Bundesländern flächendeckend zur Verfügung stehen. Das ISDN ist ein Overlay-Netz, d. h. es wird parallel zu den bestehenden Netzen aufgebaut und überlagert diese teilweise.
Weitere Netze der Telekom sind die Netze für den Mobilfunk, B/B2, C und D1.[45]
Rundfunk, d. h. Hör- und Fernsehrundfunk, wird - außer über Richtfunk und Satellit - über die Breitbandverteilnetze (Kabelfernsehnetze) der Deutschen Bundespost Telekom übertragen. 1992 waren 352.000 km Breitbandkabel verlegt.[46]
Speziell für wissenschaftliche Datenkommunikation stellt die Deutsche Bundespost Telekom das paketvermittelte X.25-**W**issenschafts**n**etz (WIN) zur Verfügung. Die Vermarktung erfolgt über den Verein zur Förderung eines Deutschen Forschungsnetzes e. V.. Über mehrere Gateways ist der Anschluß zum europäischen Wissenschaftsnetz IXI möglich. Z. Z. sind ca. 300 Universitäten, Hochschulen und Institute mit ihren Rechnern angeschlossen.[47]
Die Deutsche Bundespost Telekom ist darüber hinaus einer der größten Anteilseigner der INFONET Service Cooperation mit Sitz in Los Angeles. INFONET betreibt und managt ein internationales Datennetz, das in 140 Ländern erreichbar ist.[48]

Aber trotz des Netzmonopols ist nicht nur die Deutsche Bundespost Telekom Anbieter und Betreiber eigener Netze. Soweit es sich um interne Nutzung handelt (d. h. keine Nutzung durch Dritte), dürfen staatliche Institutionen sowie öffentliche und private Unternehmen sehr wohl eigene Fernmeldenetze betreiben.[49] Beispiele hierfür sind sog. Inhouse- oder lokale Netze (**L**ocal **A**rea **N**etworks - LAN; **M**etropolitan **A**rea **N**etworks - MAN).[50] Der externe Informationsaustausch - etwa zwischen zwei lokalen Netzen - fällt jedoch wieder unter das Netzmonopol und ist damit ausschließlich der Deutschen Bundespost Telekom vorbehalten.
Auch die Deutsche Bundesbahn nutzt Netze der Deutschen Bundespost Telekom bzw. betreibt sogar eigene Netze, um ihren Betrieb zu optimieren und eigene interne Informationssysteme anwenden zu können. Wichtigstes Netz ist das Zugbahnfunknetz. 1992 lagen im Bereich der Deutschen Bundesbahn und der Deutschen

---

[44] Auf die Besonderheiten dieses Netzes soll hier nicht weiter eingegangen werden, vgl. dazu z. B. *Rosenbrock* (1988) oder *Kalt* (1990).

[45] Vgl. Kapitel 2.2.2.3.

[46] Vgl. Deutsche Bundespost Telekom (1994), S. 19.

[47] Vgl. Deutsche Bundespost Telekom (1993b), S. 265. X.25 ist eine Richtlinie des **C**omité **C**onsultatif **I**nternational **T**élégraphique et **T**éléphonique (CCITT), welche die Schnittstellen zu Paketnetzen sowie das Format der über Paketnetz übertragenen Daten definiert, vgl. dazu z. B. *Langner* (1989), S. 171.

[48] Vgl. Deutsche Bundespost Telekom (1993b), S. 262.

[49] Und dies nicht erst seit der Poststrukturreform I. Vgl. *Fangmann* u. a. (1990), S. 286 f.

[50] Eine erste Übersicht über lokale Netze bieten z. B. *Gihr u. a.* (1986), S. 506.

Reichsbahn 23.739 km (DB 15.950 km und DR 7.789 km) des Schienennetzes im Bereich des Zugbahnfunks; dies entspricht 58 % der gesamten Betriebslänge.[51] Dieses Netz verbindet auf den Hauptstrecken die Züge untereinander und mit den Betriebsstellen. Die in den Zügen installierten Münzfernsprecher arbeiten teilweise (noch) im B2- und teilweise im C-Netz der Deutschen Bundespost Telekom. Ende 1993 sollten alle ICE-, IC-, EC- und Inter-Regio-Züge mit Funktelefonen für das C-Netz bestückt sein.[52]

Neben dem Zugbahnfunknetz ist das Integrierte Text- und Datennetz (IN) der Deutschen Bundesbahn zu nennen, das seit 1988 in Betrieb ist. Das IN, das mittlerweile auch auf das Gebiet der Deutschen Reichsbahn ausgeweitet wird, verband 1992 bereits rund 6.150 Datenendeinrichtungen, davon ca. 550 im Bereich der DR.[53]

Zusammen mit fünf weiteren nationalen Eisenbahnen (SBB Schweiz; SNCF Frankreich, SNCB Belgien, FS Italien und BR Großbritannien) entwickelte die DB das HERMES-Netz, an welches bis 1992 neun nationale Bahnen angeschlossen waren. Dieses bahneigene Netz dient der Datenkommunikation zwischen den nationalen Datenverarbeitungssystemen der einzelnen Bahnen. Das HERMES-Netz wird zur Voranmeldung von Güterzügen genutzt, aber auch zur Kundenbetreuung. So ist es möglich, den aktuellen Standort von bestimmten Güterwaggons auf dem Schienennetz der angeschlossenen Bahnen zu bestimmen.[54]

Eine immer bedeutendere Rolle bei der Datenkommunikation spielen die Computernetze oder -netzwerke. Das z. Z. weltweit größte Computernetz ist Internet.[55] Internet ging aus der Forschungsarbeit des U.S. Department of **D**efense **A**dvanced **P**rojects **R**esearch **A**gency (DAPRA) hervor. DAPRA entwickelte Standards für die schnelle und effiziente Kommunikation von Computern mit verschiedenen Systemen. Etwa 50 % der Verkehrsmenge im Internet machen Datenübertragungen (File Transfers) aus. Daneben wird Internet auch für E-Mail und andere Dienste genutzt.[56] Der Dienst, der am schnellsten wächst, ist der sogenannte Gopher. Gopher ist ein individuell zugeschnittenes Programm zum Suchen und Abrufen von Daten. Im August 1993 bestand Internet aus 17.000 einzelnen Netzen (internets). Insgesamt gab es zu diesem Zeitpunkt über 50.000 registrierte internets, wöchentlich wächst diese Anzahl um etwa 500.[57] Die Zahl der Nutzer läßt sich nur grob schätzen. Anfang 1994 arbeite-

---

[51] Vgl. DB/DR (1993), S. 12.

[52] Vgl. *Scheele* (1992), S. 223.

[53] Vgl. *Materne* (1992), S. 1227.

[54] Vgl. zu HERMES z. B. *Schenk* (1988) und *Oser/Jung* (1991).

[55] Eigentlich werden alle Computernetze als "internets" bezeichnet. Das Internet ist nun nichts anderes als ein Netzwerk verschiedener "internets", basierend auf dem Internet Protocol (IP). Vgl. dazu *Rutkowski* (1993), S. 9.

[56] Vgl. *o. V.* (1994d), S. 1.

[57] Vgl. *Rutkowski* (1993), S. 9 ff.

ten ca. 15 bis 25 Millionen Nutzer in kommerziellen und gemeinnützigen Organisationen sowie Bildungs- und Regierungseinrichtungen mit Internet. Diese Anzahl soll sich jährlich verdoppeln.[58]

Die Datenanalyse innerhalb des Internet ist aufgrund der Vielzahl der einzelnen Netze äußerst schwierig. Deshalb greift man die größten regionalen oder nationalen Hauptverbindungsrechner (backbone computer) des Internet heraus und mißt an diesen Punkten das Verkehrsaufkommen in Bytes. Der größte Hauptverbindungsrechner in Europa ist bei CERN (European Center for Nuclear Research) in der Nähe von Genf installiert. Dort betrug das Verkehrsaufkommen im März 1993 nach Deutschland 41.400 Megabytes und von Deutschland sogar 59.300 Megabytes.[59] Der weltweit größte Internet backbone computer ist das U.S. National Science Foundation (NSF) Network.

Abb. 2.3 gibt einen Überblick über die wichtigsten Telekommunikationsnetze in der Bundesrepublik Deutschland, unterteilt nach Anbietern.

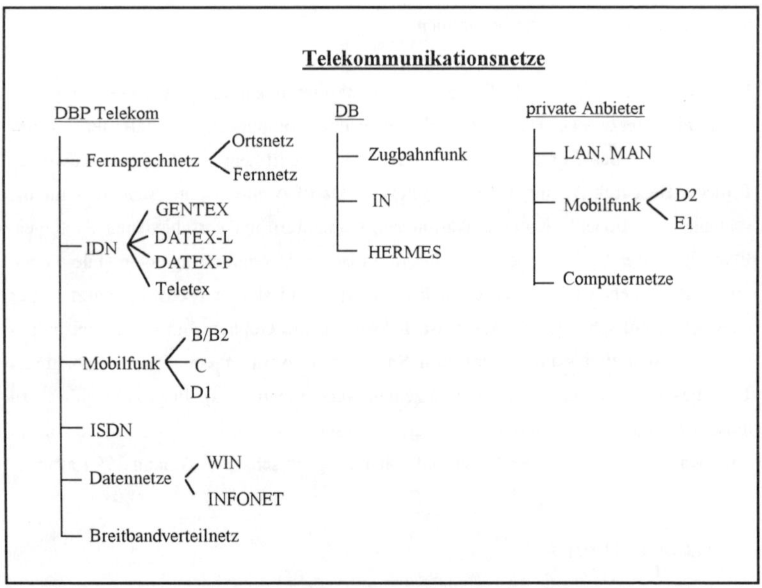


Quelle: Eigener Entwurf

Abb. 2.3: Übersicht über die wichtigsten Telekommunikationsnetze

[58] Vgl. *o. V.* (1994d), S. 1.

[59] Vgl. *Rutkowski* (1993), S. 14. Vgl. dazu auch Kapitel 2.2.4.

### 2.2.2 Sprachkommunikation

#### 2.2.2.1 Telefondienste

Das Telefon in der Gestalt elektrischer Fernsprecher ist der älteste Nachrichtendienst zur Übermittlung von Ton in der Gestalt gesprochener Worte. Der erste funktionstüchtige Apparat wurde 1861 von *Phillip Reis* entwickelt. Die Installation des ersten öffentlichen Fernsprechnetzes in Deutschland 1881 war das Verdienst des damaligen Leiter des Post- und Telegraphenwesens, *Heinrich von Stephan*.[60] Seitdem erfuhr das Telefon weitreichende Verbesserungen. Dies sowohl in bezug auf die Qualität der Übertragungen als auch hinsichtlich der Vielfalt der Dienste, die über den Fernsprecher laufen können.

Das Telefon ist der wichtigste immaterielle Nachrichtenträger, da es zum einen mengenmäßig das stärkste Aufkommen aufweist und zum anderen der Dienst ist, der die höchste Penetrationsrate innerhalb der Bevölkerung besitzt.[61] In der Bundesrepublik Deutschland ist die Deutsche Bundespost Telekom aufgrund des Telefondienstmonopols der einzige Anbieter von leitungsgebundenen Telefondiensten.[62] 1993 gab es in den alten Bundesländern 32,9 Mio. und in den neuen Bundesländern 4,1 Mio. Telefon(haupt-)anschlüsse. Die prozentuale Veränderung in den alten Bundesländern verlief während der letzten Dekade weitgehend stabil, sie bewegte sich zwischen 3,0 und 4,4 %, lediglich 1993 fiel die Rate mit 1,9 % außergewöhnlich gering aus. In den neuen Bundesländern war nach der Vereinigung ein Boom zu verzeichnen. So wuchs die Anzahl der Telefonanschlüsse 1991 um 23,8 %, 1992 um 29,2 % und 1993 sogar um 32,3 %.

Abb. 2.4 zeigt die Entwicklung der Fernsprechhauptanschlüsse, der Gespräche insgesamt und der Gespräche pro Fernsprechhauptanschluß in der Bundesrepublik Deutschland.

---

[60] Vgl. *Bruns* (1907), S. 45 ff.

[61] Die Penetrationsrate gibt an, wieviel Endgeräte auf 100 Einwohner kommen.

[62] Dies ist in anderen Ländern nicht unbedingt der Fall. In den USA gibt es kein staatliches Monopol. Der Fernmeldebereich wird von privaten, aber staatlich regulierten Unternehmen betrieben. Seit der Entflechtung von AT&T im Jahr 1982, das bis dahin immerhin 90 % des Telefonverkehrs in der USA abwickelte, herrscht auf dem Markt für Telefonverkehr starker Wettbewerb. Vgl. zur Deregulierung des Fernmeldesektors in den USA z. B. *Wieland* (1985).

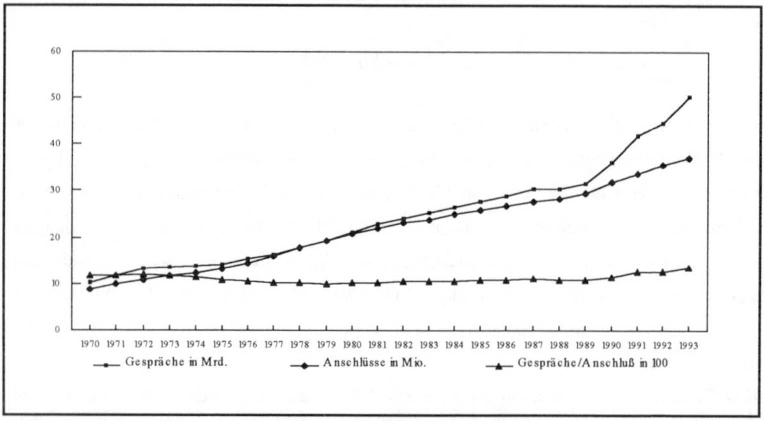


Quelle: BMPF (1981a), S. 118, Direktorium der Deutschen Bundespost (1990), S. 106, Deutsche Bundespost Telekom (1994), S. 6.

Abb. 2.4: Entwicklung im Fernsprechdienst[63]

Unter den Anschlüssen werden, neben den privaten Telefonanschlüssen, auch öffentliche Telefonstellen erfaßt, deren Zahl sich 1993 auf rund 180.000 belief, ca. 60.000 davon waren Kartentelefone. Über diese Anschlüsse kamen 1993 bundesweit (alte und neue Bundesländer) 50,3 Mrd. Verbindungen zustande.[64] Die Ausstattung der privaten Haushalte in den alten Bundesländern ist sehr hoch und ungewöhnlich homogen. 1992 besaßen von 100 ausgewählten Haushalten des Typus 1 (2-Personenhaushalt von Renten- und Sozialhilfeempfängern mit geringem Einkommen) 95,4, des Typs 2 (4-Personenhaushalt von Arbeitern und Angestellten mit mittlerem Einkommen) 97,3 und des Typus 3 (4-Personenhaushalt von Beamten und Angestellten mit höherem Einkommen) 99,5 ein Telefon. Eine ähnlich hohe und homogene Verteilung gibt es sonst nur bei Fernsehgeräten und Staubsaugern.[65]

---

[63] Bis 1990 nur alte Bundesländer.

[64] Vgl. Deutsche Bundespost Telekom (1994), S. 6 f.

[65] Vgl. Statistisches Bundesamt (1993), S. 584. Zu den einzelnen Haushaltstypen vgl. ebenda S. 578.

| Land | Telefonhauptanschlüsse in 1000 | Penetrationsrate |
|---|---|---|
| Australien | 7787 | 47,1 |
| Belgien | 3913 | 39,3 |
| BRD[3] | 31900 | 40,2 |
| Dänemark | 2909 | 56,7 |
| Finnland | 2581 | 52,2 |
| Frankreich | 27000 | 48,3 |
| Griechenland[1] | 3863 | 38,5 |
| Großbritannien | 25363 | 44,4 |
| Irland | 879 | 24,8 |
| Island | 126 | 50,5 |
| Italien[2] | 26766 | 46,3 |
| Japan | 52410 | 42,7 |
| Kanada[1] | 14601 | 56,3 |
| Luxemburg | 176 | 47,0 |
| Neuseeland[1] | 1452 | 43,6 |
| Niederlande | 6694 | 45,1 |
| Norwegen[2] | 2132 | 50,2 |
| Österreich[1] | 3103 | 40,9 |
| Portugal[2] | 2613 | 25,4 |
| Schweden | 5700 | 67,6 |
| Schweiz | 3785 | 56,7 |
| Spanien[2] | 14477 | 37,1 |
| Türkei | 4921 | 9,1 |
| USA[1] | 121507 | 49,3 |

[1]: Stand 1.1. 1989
[2]: Stand 1.1. 1991
[3]: alte und neue Bundesländer, Stand 1.1.1991

Quelle: OECD (1992), S. 252 und eigene Berechnungen

Tab. 2.2: Telefonanschlüsse und Penetrationsrate in den wichtigen Industrieländern, Stand 1.1.1990

Betrachtet man die Anzahl der Telefonhauptanschlüsse im internationalen Vergleich (24 Industrieländer), erkennt man, daß die Bundesrepublik Deutschland absolut zwar an dritter Stelle liegt, aber was die Penetrationsrate betrifft nur an 15. Stelle (vgl. Tab. 2.2). Inwieweit die Penetrationsrate jedoch aussagekräftig ist, läßt sich hier nicht klären. Die Penetrationsrate bezieht sich auf Einwohner und nicht, was sinnvoller wäre, auf Haushalte. So können Staaten unterschiedliche Penetrationsraten haben, obwohl die Ausstattung mit Hauptanschlüssen pro Haushalt gleich ist. Die Penetrationsrate ist also kein perfektes Maß, um den Grad der Durchdringung einer Volkswirtschaft mit technischen Geräten zu ermitteln.

Eine gruppenorientierte Anwendung des Fernsprechens stellen die Telefonkonferenzen dar. Bei einer Telefonkonferenz können 3 bis 15 Anschlüsse zusammengeschaltet werden. Jeder Teilnehmer kann hören, was die anderen Teilnehmer sagen und kann jederzeit selbst in das Gespräch eingreifen. Das Durchführen von Telefonkonferenzen ist in der Bundesrepublik Deutschland oder mit Konferenzteilnehmern aus mehr als 200 Ländern möglich. Die Zusammenschlüsse müssen spätestens eine halbe Stunde vor Beginn der Konferenz angemeldet werden. Innerhalb des ISDN ist eine Dreierkonferenz sogar ohne vorherige Anmeldung möglich. 1992 kamen rund 25.000 dieser Konferenzen zustande.[66]

Daneben gibt es noch weitere Sprach-Mehrwertdienste, die mittels Telefon und Fernsprechnetz bzw. ISDN realisiert werden können, wie z. B. Televotum oder Service 130. Diese Mehrwertdienste sollen hier jedoch nicht näher beschrieben werden, da es sich nicht primär um Leistungen des Nachrichtenverkehrs handelt, sondern um Zusatzleistungen des Fernsprechdienstes.[67]

#### 2.2.2.2 Rundfunk

Die Entwicklung auf dem Gebiet der drahtlosen Übermittlung setzte verstärkt nach dem Ersten Weltkrieg ein, als der drahtlose Telefondienst in Gestalt des Rundfunks zunehmend mit den traditionellen kabelgebundenen Diensten konkurrierte.[68] Die ersten Nutznießer dieser drahtlosen Technik waren die Betreiber des Wirtschafts- und Pressefunks. 1920 wurde dann der Rundfunk als Medium für das ganze Volk geboren. Erste Sprach- und Musikübertragungen fanden statt.[69] Am 29. Oktober 1924 begann der offizielle Sendedienst des Unterhaltungsrundfunks in Deutschland. Im Laufe des Jahres 1924 nahmen dann die ersten Rundfunkgesellschaften ihren Dienst auf.[70]

Die Veranstaltung von Rundfunk war in Deutschland traditionell eine staatliche Aufgabe. In der Bundesrepublik Deutschland stritt man, nachdem das Rundfunkwesen 1955 von den Alliierten unabhängig wurde, bis 1960 darüber, wer die Zuständigkeit über den Rundfunk erhalten sollte. 1961 wurde diese den Ländern zugesprochen.

Heute ist die ARD (**A**rbeitsgemeinschaft der öffentlich-rechtlichen **R**undfunkanstalten der Bundesrepublik **D**eutschland) der wichtigste und größte Anbieter von Rundfunkprogrammen. Innerhalb der ARD sind folgende Rundfunkanstalten organisiert: BR, HR, MDR, NDR, ORB, RB, SR, SFB, SDR, SWF und WDR. Diese Rundfunkanstal-

---

[66] Vgl. Deutsche Bundespost Telekom (1993b), S. 123 und Deutsche Bundespost Telekom (1993a), S. 20.

[67] Einen Überblick über diese neuen Dienste gibt z. B. *Krusch* (1993).

[68] Vgl. *Stohl* (1931), S. 6.

[69] Vgl. *Stohl* (1931), S. 90 ff.

[70] Vgl. *Stohl* (1931), S. 106 f. Zur weiteren Entwicklung des Hörfunks in der Bundesrepublik Deutschland vgl. z. B. *Ratzke* (1984), S. 341 ff.

ten bieten insgesamt 52 Radiosender an (einschließlich Deutschlandfunk, RIAS 1, DS Kultur und Deutsche Welle[71]).
1993 hörten in der Bundesrepublik Deutschland durchschnittlich 82,1 % der Erwachsenen (ca. 51,38 Millionen) Radio. Die durchschnittliche Hördauer betrug dabei 169 Minuten. Davon fielen 38,06 Mio. (ca. 60,8 % aller Erwachsenen) auf die Sender der ARD und 17,69 Mio. (ca. 28,1 % aller Erwachsenen) auf die privaten Sender.[72] Dies bedeutet einen rückläufigen Höreranteil der ARD, 1992 entfielen noch 63,7 % (40,04 Mio. Hörer) auf die öffentlich-rechtlichen Programme.[73]
Die Hörfunkprogramme der ARD sendeten 1993 insgesamt rund 397.230 Stunden im Inland. 58,1 % der Sendungen entfielen auf Musiksendungen (ca. 230.648 Stunden) und 38,1 % auf Wortsendungen (ca. 153.196 Stunden). Dazu kamen 4.440 Stunden Werbung (1,1 %) und 10.778 Stunden Ausländerprogramme (2,7 %). Über die Deutsche Welle wurden 27.863 Stunden im europäischen und außereuropäischen Ausland (in Deutsch und 39 Fremdsprachen) und über DEUTSCHLANDFUNK - bis zur Bildung des DeutschlandRadio - 11.201 Stunden Programm in Deutsch und Fremdsprachen im Bundesgebiet und europäischen Ausland gesendet .[74]

Neben den öffentlich-rechtlichen Anstalten existiert in Deutschland noch eine Vielzahl von privaten Sendern.
Allein in Bayern gab es 1993 50 lokale Rundfunksender, deren Empfangspotential (technische Reichweite) von 62.000 Einwohner (Radio Lindau) bis 2.017.000 Einwohner (München) reicht, sowie dem bayernweiten Sender Antenne Bayern mit einem Empfangspotential von ca. 11 Mio. Einwohnern. Die Lokalsender werden dabei alle über Rundfunk verbreitet, nur in Kempten bietet RSA ein zweites Programm über Kabel an. Eine weitere Nutzung von lokalen Kabelhörfunkprogrammen wurde in Bayern von der Landeszentrale für neue Medien zurückgestellt, um die Konsolidierung des terrestrischen Hörfunks nicht zu unterlaufen.[75]
Die Ausstattung der bundesdeutschen Haushalte mit Rundfunkgeräten (Mono) schwankte 1992 zwischen 78,2 % (Haushalte vom Typ 1) und 88,3 % (Haushalte vom Typ 3). In diesem Bereich lagen die Haushalte vom Typ 2 mit 83,9 %.[76]
Es existieren prinzipiell drei Übertragungswege für die Verbreitung von Rundfunkprogrammen. Neben der kabelgebundenen und der terrestrischen Rundfunkversorgung auch der Satellitendirektempfang. Für Satellitendirektempfang benötigt man eine

[71] Anfang 1994 fusionierten die Sender DEUTSCHLANDFUNK, RIAS und DS Kultur zu dem nationalen Sender "DeutschlandRadio" mit Sitz in Köln.
[72] Vgl. ARD (1994), S. 179 ff.
[73] Vgl. ARD (1993), S. 129 ff.
[74] Vgl. ARD (1994), S. 353 f.
[75] Vgl. BLM (1994) und BLM (1992), S. 155 ff.
[76] Vgl. Statistisches Bundesamt (1993), S. 584. Zu den einzelnen Haushaltstypen vgl. ebenda S. 578.

Parabolantenne, die auf dem Dach oder im Garten aufgestellt werden kann und die entsprechend geneigt sein muß. Hierbei besteht auch die Möglichkeit, die Programme über Kabelanlagen zu verteilen. Eine zentrale Empfangsantenne mit Parabolspiegel kann dann die Programme an beliebig viele angeschlossene Haushalte weitergeben.[77]
In Bayern können z. Z. neben den innerhalb des DSR (**D**igitales **S**atelliten **R**adio) integrierten ARD-Hörfunkprogrammen noch fünf verschiedene Satellitenhörfunkprogramme empfangen werden.[78]

Der Rundfunk kann aber auch zur nutzerspezifischen Informationsübertragung herangezogen werden. Im Oktober 1993 wurde z. B. in Würzburg das Konzept eines Parkfunks vorgestellt. Dieser Parkfunk übermittelt Verkehrsteilnehmern über mobile Empfangsgeräte Informationen über die aktuelle Parkplatzsituation in der Stadt, über die Verbindungen im öffentlichen Personennahverkehr (ÖPNV) sowie allgemeine Meldungen über die Verkehrssituation. Die Informationen werden dabei über das UKW-Signal eines örtlichen Rundfunksenders übertragen.[79]

#### 2.2.2.3 Funkdienste

Das wesentliche Merkmal der Funkdienste ist die Übermittlung von Informationen über drahtlose Netze, d. h. Funkdienste verfügen über keine eigenen Leitungen; die Informationen werden in Form von Schallwellen weitergegeben. Prinzipiell unterschieden werden können dabei die terrestrischen Netze und die extraterrestrischen (Satelliten-) Netze.
Funkdienste lassen sich in private Funkdienste (**P**rivate **M**obile **R**adio - PMR), in der Bundesrepublik Deutschland auch nicht-öffentlicher mobiler Landfunk (nömL) genannt, und öffentliche Funkdienste unterteilen.

Von einem öffentlichen Funkdienst sprich man dann, "wenn jedermann Zugang zu diesem Dienst hat, und der Funkdienst gewissermaßen Bestandteil des öffentlichen Fernmeldenetzes ist".[80]
Das Attribut "öffentlich" ist allerdings irreführend, wenn man es im volkswirtschaftlichen Kontext (nämlich im Sinne eines "öffentlichen Gutes") interpretiert. Der Dienst ist nicht für jedermann zugänglich, sondern nur für die Inhaber eines Netzanschlusses. Somit liegt die wesentliche Eigenschaft eines "öffentlichen" Gutes, die Nichtausschließbarkeit, nicht vor. Es handelt sich hierbei eher um ein Club-Gut, da zum einen

---

[77] Vgl. zum Satellitendirektempfang *Ratzke* (1984), S. 169 f.
[78] Vgl. BLM (1993), S. 27.
[79] Vgl. *o. V.* (1993/1994), S. 20 ff.
[80] *Kedaj/Joussen* (1994), Kap. 3., S. 1.

eine "Nichtmitglieder-Exklusionstechnik" in Form der Kosten für die Anschaffung eines Anschlusses existiert, zum anderen aber für die "Clubmitglieder", also die Inhaber eines Anschlusses an ein Mobilfunknetz, weitestgehend (bis zur Erreichung der Kapazitätsgrenze) Nichtrivalität im Konsum vorliegt.[81] Spricht man also im diesem Kontext von "öffentlichen" Diensten, so hat man darunter solche Dienste zu verstehen, die prinzipiell jedem Antragsteller zugänglich sind (sog. offene Dienste).

Unter dem nicht-öffentlichen mobilen Landfunk werden der Betriebsfunk, die Funkanlagen der **B**ehörden und **O**rganisationen für **S**icherheit (BOS), der CB-Funk, Grundstückssprechfunk u. ä. subsumiert. Private Funkdienste (nömL) besitzen normalerweise keinen Anschluß an öffentliche Netze.[82]

In Abb. 2.5 ist die Unterteilung der bestehenden Funkdienste anhand der Kriterien öffentliche (im Sinne von offenen) Dienste und nicht-öffentlicher mobiler Landfunk dargestellt.

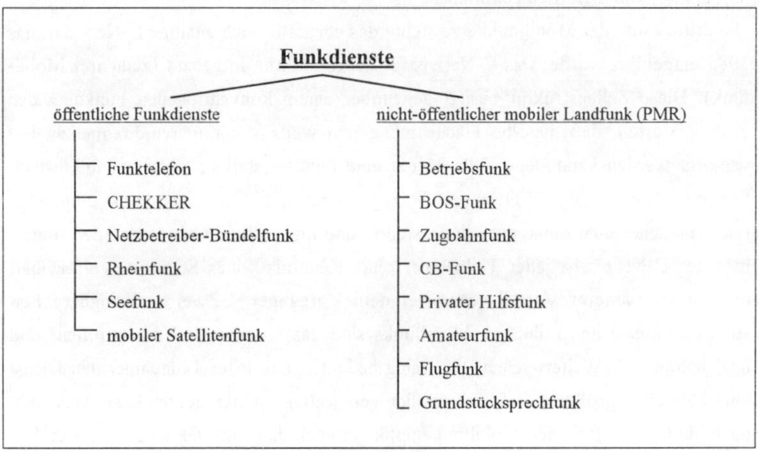


Quelle: Eigener Entwurf

Abb. 2.5: Einteilung der Funkdienste

Die Geburtsstunde des Mobilfunks war im Jahre 1918. Damals wurde auf der Strecke Berlin - Zossen erstmals ein Mobilfunktelefon in fahrenden Zügen im Probebetrieb eingesetzt. Öffentlich eingerichtet wurde der Zugtelefondienst dann 1926 auf der Strecke Berlin - Hamburg. Damals wurden auf der Strecke insgesamt 13.611 Gesprä-

[81] Vgl. dazu *Grossekettler* (1985), S. 212 f. und 245 f.
[82] Vgl. *Kedaj/Joussen* (1994), Kap. 6., S. 1.

che geführt.[83] Aus diesem Eisenbahnfunk entwickelte sich der moderne Mobilfunk. Das erste Netz in Deutschland war das analoge A-Netz. Dieses Netz, welches in den 50er Jahren installiert wurde, war noch handvermittelt und damit sehr kostenintensiv. Mitte 1971 hatte das A-Netz eine maximale Teilnehmerzahl von 10.784 Teilnehmern. 1977 erfolgte die Einstellung des Betriebs des A-Netzes. Zwischen 1972 und 1977 wurde die nächste, verbesserte Generation, das analoge B-Netz nahezu flächendeckend eingeführt. Das B-Netz ist nicht mehr handvermittelt, der Verbindungsaufbau und -abbau sowohl vom Mobil- zum Kabelnetzteilnehmer als auch umgekehrt erfolgt vollautomatisch. Da 1979 die Kapazität des B-Netzes mit ca. 13.000 Teilnehmern erschöpft war, wurde zusätzlich das B2-Netz aufgebaut, das die frei gewordenen Kanäle des A-Netzes nutzte. Der Nachteil des B/B2-Netzes besteht darin, daß dem Expedienten, also dem Anrufer, der ungefähre Standort (Funkverkehrsbereich) des mobilen Teilnehmers bekannt sein muß. Dieses Funknetz ist heute noch in Deutschland, Österreich, in den Niederlanden und Luxemburg in Betrieb, die Betriebsgenehmigung gilt dabei für alle vier Länder. Das B/B2-Netz, das 1986 seine Kapazitätsgrenze mit über 26.000 Teilnehmern erreicht hatte (vgl. Abb. 2.6), wird am 31.12.1994 außer Betrieb genommen.[84]

Die dritte Stufe der Mobilfunknetze stellte das ebenfalls noch analoge C-Netz dar, das 1985 eingeführt wurde. Das C-Netz ist in Zellenstruktur aufgebaut (zellularer Mobilfunk). Diese Zellenstruktur besitzt gegenüber einem konventionellen Funknetz den großen Vorteil, daß dieselbe Fläche mit einem weitaus geringeren Frequenzbedarf versorgt werden kann. Jede Zelle besitzt eine Funkfeststation, mehrere Funkfeststationen sind einer Funkvermittlungsstelle zugeordnet und bilden einen Funkverkehrsbereich. Die einzelnen Funkvermittlungsstellen sind mit Festleitungen verbunden. Innerhalb des C-Netzes ist jeder Teilnehmer ohne Kenntnis seines Standortes erreichbar, dies ist ein weiterer Vorteil gegenüber dem Vorgänger.[85] Zwei unabdingbare Leistungsmerkmale des zellularen Mobilfunks sind das "roaming" (Umherstreifen) und das "handover" (Weiterreichen). Roaming bedeutet, daß jeder Teilnehmer den Dienst innerhalb eines größeren Gebietes an allen versorgten Punkten nutzen kann. Das heißt auch, daß der Rufer einen Mobilfunkempfänger auch dann anrufen kann, wenn er dessen Standort nicht kennt. Handover ermöglicht die unterbrechungsfreie Abwicklung von Gesprächen auch über Zellengrenzen (und Ländergrenzen) hinweg. Das Gespräch wird automatisch (von den Nutzern unbemerkt) an die nächste Zelle weitergereicht.[86]

Der bisher letzte Innovationsschritt im Mobilfunk war die Digitalisierung und die Entwicklung der beiden D-Netze. Diese Funknetze entsprechen dem europaweit gül-

---

[83] Vgl. *Spindler* (1982), S. 279.

[84] Vgl. zu den Netzen A und B/B2 z. B. *Spindler* (1982), S. 282 ff. und *Scheele* (1992), S. 111 f.

[85] Vgl. zu den technischen Ausgestaltungen des zellularen Mobilfunks und den Vorteilen des C-Netzes z. B. *Walke* (1992), *Albensöder* (1990), S. 126 und *Spindler* (1982), S. 285 f.

[86] Vgl. *Kruse* (1992), S. 5 f.

tigen Standard der GSM (**G**roup **S**péciale **M**obile). Durch die Einführung dieses Standards wird es in Westeuropa nur noch ein umfassendes, grenzüberschreitendes System im digitalen Mobilfunk geben. Auch das in Großbritannien als Konkurrenzsystem entwickelte digitale zellulare PCN-Konzept (**P**ersonal **C**ommunication **N**etwork), das in einem höheren Frequenzbereich (1,8 Ghz statt 900 MHz) angesiedelt ist, ist auf der Grundlage des GSM-Standards aufgebaut (DCS 1800 Standard). Hingegen existieren im analogen Bereich in Europa acht verschiedene Systeme.[87] In Deutschland und einigen anderen Ländern entschloß man sich, im Zuge der Deregulierung der Post- und Telekommunikationsmärkte, vor der Einführung des neuen digitalen zellularen Funknetzes das Netzmonopol zu durchbrechen und Wettbewerb einzuführen. So sollte es in der Bundesrepublik neben der Deutschen Telekom Mobilfunk GmbH (DeTeMobil), die eine Tochtergesellschaft der Deutschen Bundespost Telekom ist, mit ihrem D1-Netz noch einen weiteren, privaten Anbieter geben. Als Sieger einer bundesweiten Ausschreibung für ein zweites D-Netz ging die Mannesmann Mobilfunk GmbH hervor. Sie errichtet in direkter Konkurrenz zum D1-Netz das D2-Mobilfunknetz. Beide Netzbetreiber sind allerdings verpflichtet, die Festleitungen, die die einzelnen Netzelemente (Funkvermittlungsstellen) verbinden, bei der Deutschen Bundespost Telekom (zu gleichen Konditionen) zu kaufen.[88]
Zum Stichtag 31.12.1992 wurden von den beiden Betreibern der D-Netze 2.706 Festverbindungen und 260 Netzzusammenschaltungen mit dem Telefonnetz bzw. dem ISDN bei der Deutschen Bundespost Telekom in Auftrag gegeben.[89] Die Gesamtzahl der Teilnehmer in den beiden D-Netzen überstieg im April 1994 bereits die Marke von 1,2 Millionen.[90]

Abbildung 2.6 gibt einen Überblick über die Entwicklung der Teilnehmerzahlen in den drei Netzen der Deutschen Bundespost Telekom.

---

[87] Vgl. *Neumann* (1992), S. 184 ff. und *Lobensommer/Mahner* (1992), S. II.
[88] Vgl. *Mahler* (1992), S. 85.
[89] Vgl. *o. V.* (1993d), S. 5.
[90] Vgl. *Lütge* (1994), S. 21.

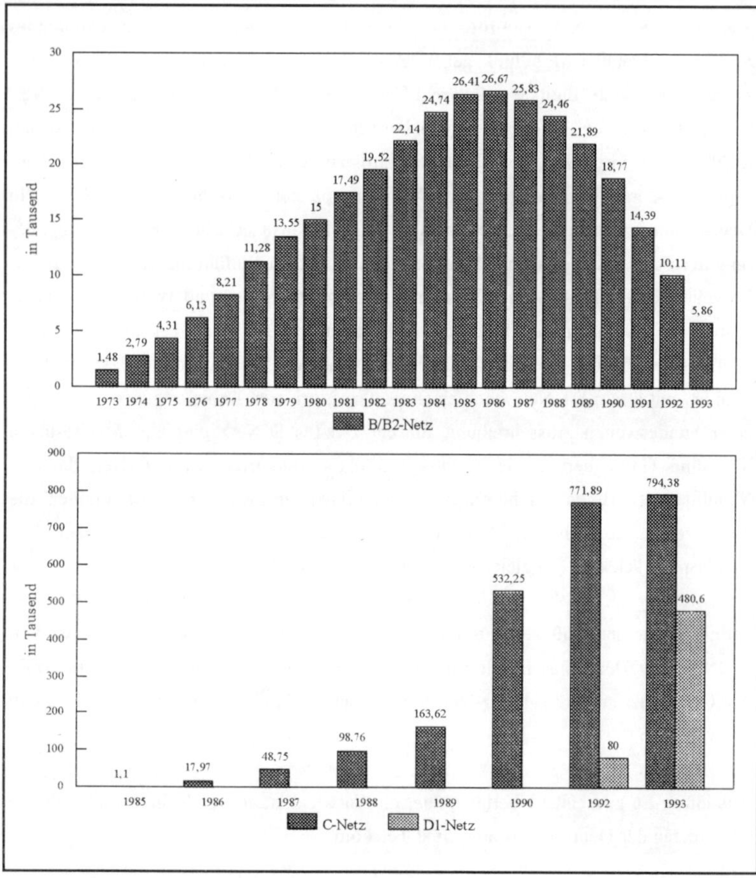


Quelle: Schriftliche Mitteilung des Bundesamtes für Post und Telekommunikation vom 18. März 1994

Abb. 2.6: Teilnehmer im Mobilfunk

Zusätzlich zu den beiden D-Netzen soll ein weiteres digitales zellulares Mobilfunknetz geschaffen werden, das E1-Netz. Dieses Netz soll ebenfalls von einem privaten Unternehmen betrieben werden, um den Wettbewerb weiter zu intensivieren. Aus einer Ausschreibung ging im Februar 1993 das von Veba und Thyssen geführte Konsortium E-PLUS als Sieger hervor. Basis für das E1-Netz ist der europäische Standard DCS 1800, eine Adaption des GSM-Standards auf höherer Frequenz (1,8 GHz).[91]

---

[91] Vgl. *o. V.* (1993c), S. 2 f.

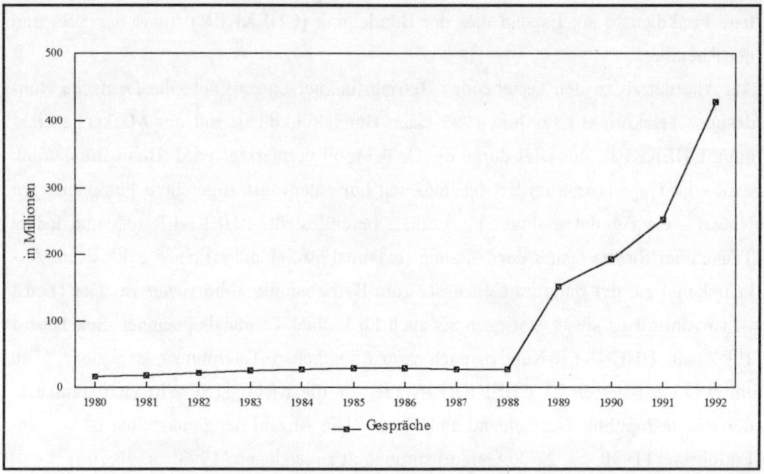


Quelle: Generaldirektion Postdienst (1990), S. 45 und schriftliche Mitteilung des Bundesamtes für Post und Telekommunikation vom 18. März 1994

Abb. 2.7: Verkehrsmenge im Mobilfunk[92]

Die Entwicklung der gesamten Verkehrsmenge im Mobilfunk (außer A-Netz) zeigt Abbildung 2.7. Eine Trennung nach Netzen ist mit den vorliegenden Daten nicht möglich. Nur für 1992 liegen Zahlen vor: danach gingen über das B/B2-Netz 7,7 Mio. und über das C-Netz 421 Mio. Gespräche ab.[93]

Für das D1-Netz werden keine Zahlen freigegeben, da es sich um einen Wettbewerbsbereich handelt.

Bei dieser Art von Mobilfunk erfolgt der Nachrichtentransport über terrestrische Netze. Drahtlose Sprachkommunikation ist jedoch auch über verschiedene Satellitensysteme möglich.[94] Beispiele hierfür sind DIVA, DELOS und INMARSAT M, Dienste der Deutschen Bundespost Telekom. DIVA (Direktverbindung für Telefonanschluß) wird seit 1990 angeboten und kann für die Satellitenkommunikation zwischen den alten und neuen Bundesländern genutzt werden; DELOS bietet Satellitenverbindungen zwischen Deutschland und Osteuropa an. INMARSAT M ist ein Dienst, der über INMARSAT (**In**ternationale **Mar**itime **Sat**elliten-Organisation) abgewickelt wird. Er erlaubt u. a. mobilen digitalen Fernsprechverkehr.[95]

---

92 Die Angaben beziehen sich bis einschließlich 1988 nur auf das B/B2-Netz, die Anzahl der Verbindungen im C-Netz wurden bis dahin nicht veröffentlicht.

93 Laut schriftlicher Mitteilung des Bundesamtes für Post und Telekommunikation vom 18. März 1994.

94 Vgl. dazu z. B. *Ratzke* (1984), S. 173 ff.

95 Vgl. *Szafran* (1993), S. 17 und Deutsche Bundespost Telekom (1993b), S. 191 und S. 274 f.

Neben den Mobilfunkdiensten bietet die Deutsche Bundespost Telekom weitere offene Funkdienste an. Es sind dies der Bündelfunk (CHEKKER) sowie der See- und der Rheinfunk.
Als Alternative zu den bestehenden Betriebsfunknetzen eröffnete die Deutsche Bundespost Telekom am 12. Juni 1993 einen Bündelfunkdienst mit der Markenbezeichnung CHEKKER, der jetzt durch die DeTeMobil vermarktet wird. Beim Bündelfunk wird - im Gegensatz zum Betriebsfunk mit nur einem fest zugeteilten Funkkanal pro Nutzer - ein Bündel analoger Funkkanäle bereitgestellt. CHEKKER teilt nun jedem Teilnehmer für die Dauer der Nutzung (maximal 60 Sekunden) einen exklusiven Verkehrskanal zu, der dann im Gegensatz zum Betriebsfunk, abhörsicher ist. Der Dienst ist sowohl für ortsfeste Stationen als auch für mobile Terminals geeignet. Seit Herbst 1993 sind CHEKKER-Kunden auch vom öffentlichen Telefonnetz erreichbar.[96] Im Juli 1993 existierten 23 CHEKKER-Netze, die die wichtigsten Wirtschaftsräume in der Bundesrepublik Deutschland abdecken.[97] Die Anzahl der Funkstellen ist seit der Einführung (1990: ca. 2.700 Geräte) sprunghaft angestiegen (1993: ca. 48.700).[98]

Der See- bzw. Rheinfunkdienst vermittelt den offenen Nachrichtenaustausch zwischen fahrenden Schiffen und nationalen bzw. internationalen Telefonanschlüssen. Der Rheinfunkdienst ist dabei das Standardkommunikationsmittel der Binnenschiffahrt auf dem Rhein und seinen Zuflüssen sowie den unteren Flußteilen von Main, Mosel und Neckar. Der Seefunkdienst, der seit 1898 besteht und damit der älteste kommerzielle und bewegliche Funkdienst ist, dient als Kommunikationsmittel für die internationale Seefahrt. Neben dem privaten Nachrichtenaustausch ermöglicht der Seefunk auch die Übermittlung von Nachrichten, die für einen reibungslosen Seeverkehr von Bedeutung sind (SafetyNET), z. B. Sturmwarnungen, Eisberichte und koordiniert Such- und Rettungsaktionen. Mit Hilfe des Satellitensystems INMARSAT ist eine weltweite Abwicklung des Seefunks möglich. Über den Seefunk können auch Funktelegramme und Telexe übermittelt werden.[99]
1991 besaß die Deutsche Bundespost Telekom 17 Küstenfunk- und Peilfunkstellen, über die knapp 164.000 Funktelegramme und ca. 264.700 Telefonverbindungen zustande kamen. Daneben gab es knapp 38.300 Seefunkstellen auf Schiffen mit deutscher Flagge.[100]

---

[96] Vgl. *Wegner* (o. J.), S. C2-C3 und Deutsche Bundespost Telekom (1993b), S. 180 ff.
[97] Vgl. *Kedaj/Joussen* (1994), Kap. 6.2.2., S. 19.
[98] Vgl. Deutsche Bundespost Telekom (1993b), S. 180 und Deutsche Bundespost Telekom (1994), S. 18.
[99] Vgl. Deutsche Bundespost Telekom (1992a), S. 156 und 158 sowie *Kedaj/Joussen* (1994), Kap. 8.
[100] Vgl. Deutsche Bundespost Telekom (1992b), S. 18. Neuere Daten wurden nicht veröffentlicht.

Neben den öffentlichen Mobilfunkdiensten existieren noch weitere Funkanwendungen, die allerdings für allgemeine private Nutzung nicht oder kaum von Bedeutung sind. Dabei handelt es sich um den nicht-öffentlichen mobilen Landfunk (nömL). Darunter fallen der Betriebsfunk, die Funkanlagen von **B**ehörden und **O**rganisationen mit **S**icherheitsaufgaben - BOS - (Polizei, Feuerwehr, Katastrophenschutz, Militär, Zoll, Sozialdienste), der private Hilfsfunk, der Flugfunk, die Anlagen der Deutschen Bahnen, der CB-Funk, der private Personenruf- und Grundstückssprechfunk, der Modellfernsteuerungs- und Durchsagefunk. Daneben existiert der Amateurfunk.

Betriebsfunksysteme werden eingesetzt zur Steuerung betrieblicher Abläufe, zur Koordinierung und Abwicklung von Notfalleinsätzen und für diverse Überwachungsaufgaben. Betriebsfunk kann entweder über konventionelle PMR-Systeme, über privaten Bündelfunk oder über (öffentliche) Netzbetreiber-Bündelfunksysteme (z. B. CHEKKER) abgewickelt werden. Die Netzbetreiber-Bündelfunksysteme haben im Gegensatz zum privaten Bündelfunk den Vorteil, daß sie nicht nur innerhalb geschlossener Nutzergruppen betrieben werden können, sondern auch den Zugang zu den öffentlichen Telekommunikationsnetzen ermöglichen.
In den konventionellen privaten Bündelfunksystemen werden z. Z. ca. 1 Million Funkstellen von Unternehmen und Behörden betrieben. Dazu kommen ca. 250.000 mobile und ortsfeste Funkstellen der BOS.[101]
Neben CHEKKER gibt es in Deutschland (bzw. sind im Aufbau) 24 Bündelfunknetze, die von privater Seite erstellt werden und die sich in vier Lizenztypen teilen.[102] A-Lizenzen beziehen sich auf die sogenannten A-Regionen, die 14 deutsche Wirtschaftszentren umfassen. Die B-Lizenzen betreffen die Gebiete zwischen den A-Regionen. Für Betriebsgelände (Flughäfen, Häfen, Firmengelände) können Unternehmen C-Lizenzen beantragen. Lizenzen vom Typ D sind für Bündelfunknetze mit bundesweiter Ausdehnung, vorwiegend für mobilen Datenfunk.[103]
Am 1. April 1994 meldeten die Betreiber von (öffentlichen) Bündelfunknetzen bereits 67.000 Teilnehmer, für den Herbst 1994 wird sogar eine Teilnehmerzahl von über 100.000 erwartet.[104]
Beim CB-Funk (**C**itizen-**B**oard) handelt es sich um einen Bürgerfunk, d. h. jedermann kann auf einer bestimmten Frequenz senden. Die Vorschriften sind dabei in Richtlinien festgelegt, die Reichweite beträgt zwischen 100 Metern und 15 km.[105] Innerhalb der Reichweite kann jeder Nutzer, der sein Gerät auf dem gleichen Kanal eingeschaltet

---

[101] Vgl. *Kedaj/Joussen* (1994), Kap. 6.1., S. 1 f.
[102] Dabei wird unterschieden zwischen Lizenzen für (öffentliche) Betriebsfunknetze und Einzelgenehmigungen für privaten Bündelfunk (konventionelle PMR-Systeme und private Bündelfunksysteme), vgl. *Kedaj/Joussen* (1994), Kap. 6.2.2., S. 22.
[103] Vgl. *von Dabrich-Waechter* (o. J.), S. 8 ff. und *Kedaj/Joussen* (1994), Kap. 6.2.2., S. 22.
[104] Vgl. *o. V.* (1994b), S. 10.
[105] Vgl. *Ratzke* (1984), S. 120.

hat, die Information mithören. Die CB-Funkanlagen sind teilweise genehmigungspflichtig.

### 2.2.3. Text- und Festbildkommunikation

Die Textübertragungsdienste lassen sich in zwei große Gruppen unterteilen. Zum einen existieren Dienste, die nur Textzeichen, zum anderen Dienste, die neben reinem Text auch noch Festbilder übertragen. Zur ersten Gruppe zählen die Systeme Telex (Abk. für **tel**egraph **ex**change) und Teletex. Zur zweiten Gruppe, die außer zur Text- auch zur Festbildübertragung geeignet ist, zählt Telefax. Telefax ist an sich ein Dienst, welcher der Verbundkommunikation zuzurechnen ist. Aber da Telefax am ehesten mit Telex und Teletex verglichen werden kann, soll dieser Dienst hier aufgeführt werden.

Telex, auch Fernschreiben genannt, wurde weltweit 1933 eingeführt. Es basiert auf dem Telegraphenalphabet (nur Groß- oder Kleinschreibung möglich, keine Sonderzeichen) und überträgt normalerweise 400 Zeichen pro Minute (bzw. 50 bit/s) via Fernsprechnetz. Teletex stellt eine Verbesserung des Telex dar. Es wurde 1981 für die Bundesrepublik Deutschland eingerichtet und ist weltweit standardisiert. Gegenüber Telex besitzt Teletex einen größeren Zeichenvorrat (Groß- und Kleinschreibung sowie alle Sonderzeichen einer Schreibmaschine) und eine höhere Übertragungsgeschwindigkeit. So wird eine beschriebene DIN A 4-Seite in 10 Sekunden übermittelt. Daneben bietet Teletex noch andere Leistungen an, wie z. B. einen automatischen Speicher-zu-Speicher-Verkehr. Teletex benötigt ein eigenes Netz, welches Bestandteil des IDN ist.[106] 1992 gab es in der Bundesrepublik Deutschland (alte und neue Bundesländer) rund 111.900 Telexanschlüsse, über die 84,3 Mio. Verbindungen zustande kamen. Daneben existierten in den alten Bundesländern 1991 ca. 14.100 Teletexanschlüsse, über die 9,3 Mio. Verbindungen liefen.[107] Die zeitliche Entwicklung (vgl. Abb. 2.8) zeigt, daß sowohl die Zahl der Telex- als auch die Zahl der Teletex-Anschlüsse in den alten Bundesländern rückläufig ist. Dasselbe gilt für die Anzahl der Verbindungen (vgl. Abb. 2.9). Teletex wurde deshalb als separater Dienst zum 30. Juni 1993 eingestellt und die Kunden bzw. Anschlüsse wurden in den DATEX-L-Dienst überführt bzw. wechselten in das ISDN.[108]

---

[106] Vgl. *Hauser* (1989), S. 87 f. und *Hermanns* (1986b), S. 16 f.

[107] Vgl. Deutsche Bundespost Telekom (1992b), S. 12 f. Die Zahlen für 1992 und 1993 liegen nur für die Anschlüsse vor, nicht aber für die Verbindungen.

[108] Vgl. Deutsche Bundespost Telekom (1993a), S. 22.

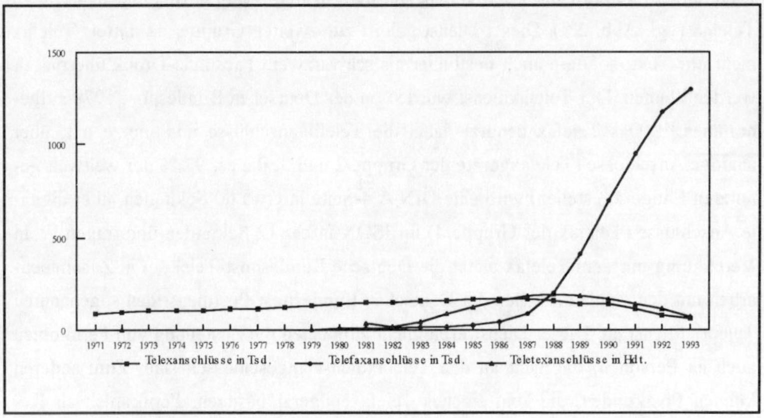


Quellen: BMPF (1981a), S. 118, Generaldirektion Postdienst (1990), S. 36, Deutsche Bundespost Telekom (1992b); S. 12 f. und Deutsche Bundespost Telekom (1994), S. 13 f.

Abb. 2.8: Anschlüsse der Textübertragungssysteme[109]

Besonders drastisch fiel der Rückgang der Teletex-Verbindungen 1991 aus. In diesem Jahr wurde der Teletex-Dienst fast 40 % weniger benutzt als noch im Vorjahr. Dies ist wohl vor allen Dingen auf die starke Konkurrenz des Telefax zurückzuführen, welches gegenüber dem Teletex erhebliche Systemvorteile aufweist.

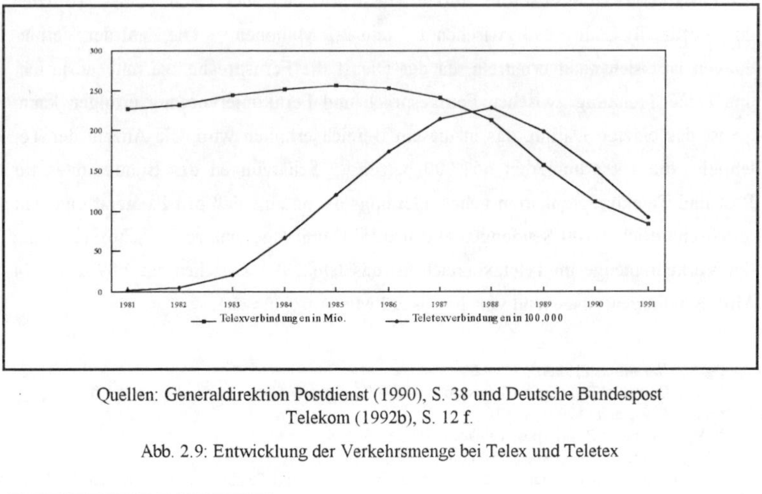


Quellen: Generaldirektion Postdienst (1990), S. 38 und Deutsche Bundespost Telekom (1992b), S. 12 f.

Abb. 2.9: Entwicklung der Verkehrsmenge bei Telex und Teletex

[109] Beim Teletex gelten die Zahlen nur für die alten Bundesländer, beim Telefax und Telex bis 1989 nur für die alten, ab 1990 für die alten und neuen Bundesländer. Beim Telefax sind ab 1987 die Telebriefstellen eingerechnet.

Ganz anders verläuft die Entwicklung bei dem dritten Textübertragungsdienst, dem Telefax (vgl. Abb. 2.8). Dieser Dienst gehört zur zweiten Gruppe, da mittels Telefax nicht nur Text, sondern auch Festbilder als schwarzweiß Facsimile-Druck übermittelt werden können. Der Telefaxdienst wurde von der Deutschen Bundespost 1979 aufgenommen.[110] Das Telefax benutzt dabei die Telefonanschlüsse und -netze mit; über analoge Anschlüsse (Telefaxgeräte der Gruppe 2 und 3, die ca. 97 % der weltweit genutzten Endgeräte stellen) wird eine DIN A 4-Seite in etwa 60 Sekunden, über digitale Anschlüsse (Telefax der Gruppe 4) im ISDN in ca. 12 Sekunden übertragen.[111] In Verbindung mit dem Telefax bietet die Deutsche Bundespost Telekom in Zusammenarbeit mit den Annahmestellen der Deutschen Bundespost Postdienst den sogenannten Telebriefdienst an. Dieser Dienst ermöglicht zum einen die Zustellung von Fernkopien auch an Personen, die nicht an den Telefaxdienst angeschlossen sind. Zum anderen können Postkunden, die kein eigenes Telefaxendgerät besitzen, Fernkopien als Telebriefe über posteigene Faxgeräte verschicken. 1990 besaßen etwa 1.200, also ca. 7 % der Verkaufsstellen der Deutschen Bundespost Postdienst, Telebriefstellen.[112] International wird der Telebriefdienst bereits in 60 Ländern angeboten.[113]

1993 gab es in der Bundesrepublik Deutschland laut Telefaxverzeichnis ca. 1.296.000 offizielle Telefaxanschlüsse.[114] Da zum einen der Eintrag in das Verzeichnis jedoch freiwillig ist, und zum anderen der Verkauf der Fax-Endgeräte im freien Wettbewerb erfolgt und damit von der Deutschen Bundespost Telekom nicht zu kontrollieren ist, dürfte die tatsächliche Zahl der Faxanschlüsse weitaus höher liegen. Schätzungen privater Marktforschungsinstitute zufolge lag die Anzahl aller Faxanschlüsse (offiziell und inoffiziell) Ende 1993 zwischen 1,7 und 2,2 Millionen.[115] Die Zahl der Verbindungen läßt sich nicht ermitteln, da der Dienst die Fernsprechnetze mitbeansprucht und keine Trennung zwischen Ferngespräch und Fernkopiervorgang erfolgen kann. So ist das einzige Datum, das in diesem Bereich erhoben wird, die Anzahl der Telebriefe, die 1990 immerhin 651.000 betrug.[116] Schätzungen des Bundesamtes für Post und Telekommunikation gehen allerdings davon aus, daß pro Faxgerät und Jahr durchschnittlich 1.700 Sendungen abgehen.[117] Damit läge eine realistische Schätzung der Verkehrsmenge im Telefaxbereich für das Jahr 1993 zwischen ca. 2,89 und 3,74 Mrd. Sendungen(ausgehend von 1,7 bis 2,2 Mio Anschlüssen).

---

110 Vgl. *Hermanns* (1986b), S. 19 ff.

111 Vgl. Deutsche Bundespost Telekom (1993b), S. 200 und *Albensöder* (1990), S. 81 ff.

112 Vgl. *Braubach* (1992), S. 101.

113 Vgl. Deutsche Bundespost Telekom (1992a), S. 179.

114 Vgl. Deutsche Bundespost Telekom (1994), S. 13.

115 Laut schriftlicher Mitteilung des Bundesamtes für Post und Telekommunikation vom 18. März 1994.

116 Vgl. *Braubach* (1992), S. 101.

117 Laut schriftlicher Mitteilung des Bundesamtes für Post und Telekommunikation vom 18. März 1994.

Der Telefaxdienst ist ein ausgesprochener Wachstumssektor, wie die zeitliche Entwicklung seit seiner Implementierung im Jahre 1979 zeigt. Er ist somit der einzige Textübertragungsdienst, der steigende Zuwachsraten aufweisen kann. Diese zunehmende Nachfrage nach Telefaxdiensten führte zu weiteren Verbesserungen der Struktur des Dienstes. Ein Beispiel hierfür ist das Telefax400, das von der Deutschen Bundespost Telekom angeboten wird. Dieser Dienst ermöglicht Rundsenden, d. h. das Senden der Nachricht an bis zu 999 mögliche Empfänger, zeitversetztes Senden oder Senden nach Dringlichkeitsstufen.[118]

Telefax ist jedoch nicht nur ein leitungsgebundener Dienst, auch über terrestrische und Satellitenfunknetze können Texte und Festbilder übertragen werden. Über das C-Netz ist der Einsatz von Mobilfax-Geräten möglich. Diese portablen Faxgeräte ermöglichen die Übertragung einer DIN A 4-Seite innerhalb von 25 Sekunden. Das Fax-Endgerät kann mit Hilfe einer Adapterbox direkt an das Mobilfunktelefon angeschlossen werden und ist somit unter derselben Rufnummer zu erreichen.[119] Darüber hinaus ist aber auch die Übermittlung von Telefax über Satellit möglich (INMARSAT).

### 2.2.4 Datenkommunikation

Unter Datenübermittlungsdienste werden generell alle diejenigen Kommunikationstechniken subsumiert, bei denen Informationen in Form von Binärcodes übermittelt werden. Der Übermittlungsprozeß wird folglich durch Datenverarbeitungsgeräte (Computer) abgewickelt und gesteuert. Im allgemeinen wird dabei unterschieden zwischen Kommunikation, die mittels eines Computers, und Kommunikation, die mit einem Computer, stattfindet. Im ersten Fall dient der Computer nur als technisches Medium (hier sind E-Mail-Dienste und Computerkonferenzen zu nennen), im zweiten Fall ist der Computer direkt Kommunikationspartner.[120]

Die Deutsche Bundespost Telekom bietet vier Arten von Datenübermittlungsdiensten mit unterschiedlichen Leistungsmerkmalen an. Es sind dies DATEX-L, DATEX-P, Telebox, der Datendirektruf und der TEMEX-Dienst zum Fernwirken.
Die DATEX-Netze sind Bestandteil des IDN. Die zwei DATEX-Dienste laufen über Wählverbindungen, d. h. die Verbindungen kommen je nach Bedarf mit wechselnden Zieladressen zustande.

---

[118] Vgl. Deutsche Bundespost Telekom (1993b), S. 206.
[119] Vgl. *Silberhorn* (o. J.), S. 24.
[120] Vgl. *Weber* (1993), S. 21.

Die DATEX-L-Dienste sind leitungsvermittelt, d. h. für die gesamte Dauer der Wählverbindung wird zwischen den beiden Anschlüssen ein transparenter Übertragungsweg geschaltet.[121] Der erste Dienst dieser Vermittlungsart wurde 1967 in Betrieb genommen. Die Geschwindigkeit betrug damals 50 bis 200 bit/s. Heutige DATEX-L-Dienste können bis zu 9.600 Bit pro Sekunde übertragen.[122]

Die zweite Gruppe sind die DATEX-P-Dienste, die in der Bundesrepublik Deutschland seit 26. August 1980 angeboten werden. Das P steht hierbei für paketvermittelt (packet switching). Bei dieser Übermittlungstechnik werden lange Nachrichten in kleinere, mit einer Netzadresse versehene Sektionen unterteilt (sog. Pakete), die getrennt voneinander transportiert werden können. Zwischen den Teilnehmern besteht keine dauerhafte, sondern nur eine virtuelle (eine scheinbare) Verbindung. Der Vorteil des "packet switching" liegt in der nahezu optimalen Auslastung der Leitungen, da die Datenpakete zwischengespeichert werden können und in Lücken im fließenden Datenstrom anderer Pakete eingeschleust werden können.[123] Die Deutsche Bundespost Telekom bietet verschiedene DATEX-P-Dienste an, die verschiedenen Anforderungsprofilen genügen. Die Geschwindigkeit reicht dabei von 110 bit/s bis zu 64.000 bit/s.[124]

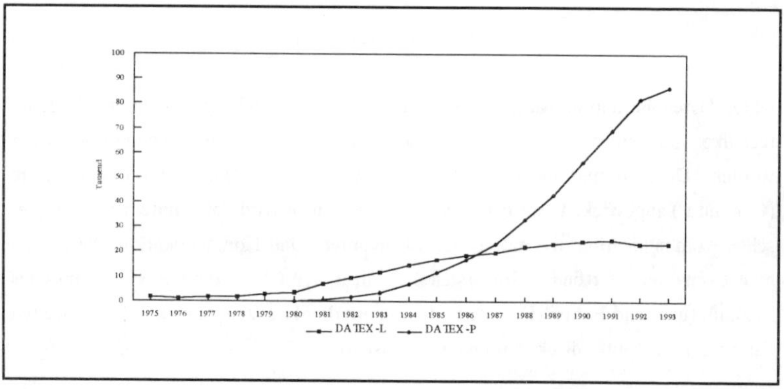


Quellen: Generaldirektion Postdienst (1990), S. 37 und Deutsche Bundespost Telekom (1994), S. 11

Abb. 2.10: Entwicklung der DATEX-Anschlüsse[125]

1993 gab es in der gesamten Bundesrepublik ca. 86.500 DATEX-P-Anschlüsse und etwa 23.400 DATEX-L-Anschlüsse.[126] Schon sieben Jahre nach ihrer Implementie-

---

[121] Zu den einzelnen DATEX-L-Diensten und ihren Leistungsmerkmalen vgl. z. B. *Hillebrand* (1981), S. 113 ff. und Deutsche Bundespost Telekom (1993b), S. 222 f.

[122] Vgl. *Bohm* (1982), S. 96 f.

[123] Vgl. *Littlechild* (1979), S. 9 und *Langner* (1989), S. 170.

[124] Zu den einzelnen DATEX-P-Diensten und ihren Leistungsmerkmalen vgl. z. B. *Hillebrand* (1981), S. 150 ff. und Deutsche Bundespost Telekom (1993b), S. 216 ff.

[125] Bis 1990 nur alte Bundesländer.

rung hatten die Zahl der DATEX-P-Anschlüsse die der leitungsvermittelten DATEX-Anschlüsse überholt (vgl. Abb.2.10).
Eine wichtige Anwendung des DATEX-P-Dienstes ist der Zugriff auf Online-Datenbanken.

Seit 1993 bietet die Deutsche Bundespost Telekom einen dritten DATEX-Dienst an, DATEX-J. Ein wesentlicher Systembestandteil ist der Btx-Dienst (jetzt Btx Classic genannt). Darüber hinaus ist es möglich, über DATEX-J paketvermittelte Datenkommunikation via DATEX-P-Netz zu betreiben. Dadurch ist Btx auch für die allgemeine Datenkommunikation geöffnet, was nichts anderes bedeutet, als daß Datenbanken, die bisher ausschließlich über DATEX-P zu erreichen waren, nun über Btx bzw. DATEX-J nutzbar sind.[127]
Es existieren allein in der Bundesrepublik Deutschland eine Vielzahl von Datenbanken, die teilweise offenen Zugang besitzen, teilweise jedoch nur geschlossenen Benutzergruppen zugänglich sind.
Des weiteren ist Datenübertragung mittels Wählverbindung auch über das Telex- und das Fernsprechnetz möglich, jedoch nur mit erheblich eingeschränkter Geschwindigkeit.[128]

Von den DATEX-Diensten mit Wählverbindungen sind die Datendirektverbindungen abzugrenzen. Hierbei existieren festgeschaltete Standleitungen zwischen zwei Hauptanschlüssen (HfD = **H**auptanschlüsse für **D**irektruf). Durch diese feste Schaltung ergeben sich gewisse Vorteile, wie die ständige Verfügbarkeit, die kleineren Fehlerraten im Vergleich zu Wählverbindungen und die teilweise höheren Übertragungsgeschwindigkeiten. Diese liegen für Datendirektübertragung zwischen 50 bit/s und 1,92 Mbit/s.[129] Die Hauptanschlüsse für Direktruf wurden ab 1. Januar 1988 von der Deutschen Bundespost durch die **D**aten**d**irekt**v**erbindungen (DDV) ersetzt. Hierbei findet die Übertragung im IDN statt, die Übertragungsgeschwindigkeiten wurden gegenüber HfD noch gesteigert auf bis zu 19,2 Mbit/s. An die Endgeräte für diesen Dienst können DATEX-L- und DATEX-P-Anschlüsse angeschaltet werden; sogar Sprachübertragung ist innerhalb des DDV möglich, jedoch nur in geschlossenen innerbetrieblichen Netzen, der Zugang für oder die Weitergabe an Dritte ist gemäß des Telefonmonopols nicht erlaubt.[130] Die Datendirektanschlüsse erfreuen sich im Vergleich

---

126 Vgl. Deutsche Bundespost Telekom (1994), S. 11.
127 Vgl. *o. V.* (1993a), S. 16 und Deutsche Bundespost Telekom (1993a), S. 24.
128 Vgl. *Bohm* (1982), S. 97. Für die Nutzung des Fernsprechnetzes sind jedoch spezielle Modems erforderlich, vgl. dazu *Musiol* (1982), S. 35.
129 Vgl. dazu z. B. *Langner* (1989), S. 198.
130 Vgl. Deutsche Bundespost Telekom (1992a), S. 254.

zu den DATEX-Diensten einer weitaus größeren Nachfrage. So gab es 1990 in der gesamten Bundesrepublik Deutschland etwa 231.000 dieser Anschlüsse.[131]

Als eine Art elektronischer Briefkasten oder Postfach (Electronic Mailbox, E-Mail) führt die Deutsche Bundespost Telekom seit 1985 den Dienst Telebox-400-IPM in ihrem Angebot. Allgemein versteht man unter Mailbox-Diensten "the electronic, one-directional transfer of information in the form of a message, via an intermediate (tele-)communication system, from an identified sending party to one or more identified receiving parties".[132] Das Grundprinzip dieses Mehrwertdienstes beruht lediglich auf der Verbindung von Datenverarbeitungsgeräten - wobei schon ein handelsüblicher PC genügt - mit einem einfachen Netzanschluß. Dieser kann in Form eines Fernsprechanschlusses erfolgen oder über DATEX-Netze.[133] Personen können somit über ihre miteinander vernetzten Rechner Nachrichten austauschen und miteinander kommunizieren. Das Besondere an diesen Diensten ist die Möglichkeit zur Zwischenspeicherung der elektronischen Nachricht in einer Mailbox, die dann von den entsprechenden Nutzern jederzeit abgerufen werden können.[134] Ein weiteres wichtiges Merkmal dieser Dienste ist die Möglichkeit, auf Host-Datenbanken zuzugreifen und Recherchen durchzuführen. Ein Beispiel für eine solche (wissenschaftliche) Datenbank ist z. B. das Economic Information System ECONIS. Via E-Mail über das WIN (bzw. DATEX-P) lassen sich in dieser wirtschaftswissenschaftlichen Datenbank Literaturrecherchen durchführen und die Ergebnisse auf dem heimischen Rechner abspeichern oder ausdrucken. Der Zugriff erfolgt entgeldlos, Voraussetzung ist aber eine Kennung des Teilnehmers.

Beim Telebox-Dienst können die Benutzer mittels PC oder Laptops über das öffentliche Fernsprechnetz oder über DATEX-Netze elektronische Briefe an Mailboxen weiterer Teilnehmer senden bzw. eigene Meldungen jederzeit aus der eigenen Telebox abrufen.[135] 1993 gab es in der gesamten Bundesrepublik bereits rund 8.200 angeschlossene Teleboxen; dies bedeutet einen Zuwachs gegenüber 1992 von 51,9 %.[136] Auf Basis des weltweit normierten Standard X.400 kann der Nutzer via Telebox-400 36 Netzbetreiber in 50 Ländern erreichen. Zusätzlich sind 45 private Netze an das

---

[131] Vgl. Deutsche Bundespost Telekom (1992b), S. 15. Die Zahl für 1990 war die letzte, die für diese Art von Anschlüssen ermittelt wurde.

[132] *Vervest* (1985), S. 15.

[133] Vgl. *Richter* (1986), S. 76. Die Festlegung bzw. Abgrenzung des Begriffs "E-Mail" ist nicht einfach, vgl. dazu *Spengler-Rast/Kampen* (1991), S. 4 ff. Vom Verfasser wird aber als ein wesentliches Merkmal der "E-Mail" die immaterielle Speicherung der Nachricht in einer elektronischen Mailbox gesehen, so daß verschiedene, zur elektronischen Post oder E-Mail zählende Dienste (Telex, Telefax) nicht unter den Begriff fallen. Dies entspricht der Begriffsfestlegung im engeren Sinne bei *Spengler-Rast/Kampen*.

[134] Vgl. *Langner* (1989), S. 135.

[135] Vgl. dazu Deutsche Bundespost Telekom (1993b), S. 236 und *Hermanns* (1986d).

[136] Vgl. Deutsche Bundespost Telekom (1994), S. 14.

System angeschlossen.[137] Telebox ist zwar ein Dienst, der von öffentlicher Hand angeboten wird, dennoch ist die Bezeichnung "öffentlicher" Dienst, wie sie z. B. bei *Langner* zu finden ist, im volkswirtschaftlichen Sinne eines "öffentlichen" Gutes nicht richtig.[138]

Als letzte von der Telekom angebotene Datenkommunikationstechnik soll noch der TEMEX-Dienst erwähnt werden. TEMEX (Abkürzung für **Tele**metry **Ex**change) ist ein Mehrwertdienst zur Datenübermittlung für Telemetrieanwendungen. Telemetrieanwendungen umfassen universale Funktionen wie Fernwirken, Fernsteuern, Ferndiagnose, Fernüberwachen und Fernmessen. Die Realisierung einer Verbindung mit TEMEX besteht eigentlich aus zwei Abschnitten. Der erste Anschnitt, das TEMEX-System, benutzt die Telefonanschlüsse sowie das Telefonnetz mit. Dabei ist ein simultanes Fernsprechen und Fernwirken ohne wechselseitige Störungen möglich. Seine wesentlichen Aufgaben liegen im Fernanzeigen von Störungen, wie z. B. Einbrüche und Feuer, im Fernmessen von Temperatur, Zählerständen u. ä. und im Fernschalten technischer Einrichtungen.[139] Über das Fernsprechnetz werden die Daten von den TEMEX-Anschlüssen an eine TEMEX-Zentrale übertragen, von der aus die Informationen dann via DATEX-, Telefonnetz oder Datendirektverbindung an die Fernwirkleitstelle vermittelt werden (zweiter Abschnitt), die dann entsprechend reagieren kann.[140] Die Verbindung zwischen den TEMEX-Zentralen und den Leitstellen erfolgt über TEMEX-Schnittstellen. 1991 gab es in den alten Bundesländern bereits 27.300 dieser Schnittstellen, gegenüber 1990 entspricht dies einem Zuwachs von 140,2 %.[141] Trotz dieser Zuwachsrate erfüllt TEMEX die Erwartungen der Telekom nicht, da der Dienst nicht kostendeckend arbeitet. Aus diesem Grund soll der Dienst bis 1996 abgebaut werden.[142]

---

137 Vgl. Deutsche Bundespost Telekom (1993a), S. 24.

138 Vgl. dazu *Langner* (1989), S. 249 und Kapitel 2.2.2.3.

139 Vgl. zu den Anwendungen im Fernwirkbereich z. B. *Papandreou* (1984), S. 82 ff.

140 Vgl. zum Aufbau und zur Verwendung von TEMEX z. B. BMPF (1988a), S. 468 ff. und *Schmidt* (o. J.), S. 1 ff.

141 Vgl. Deutsche Bundespost Telekom (1992b), S. 17.

142 Vgl. Deutsche Bundespost Telekom (1993a), S. 25.

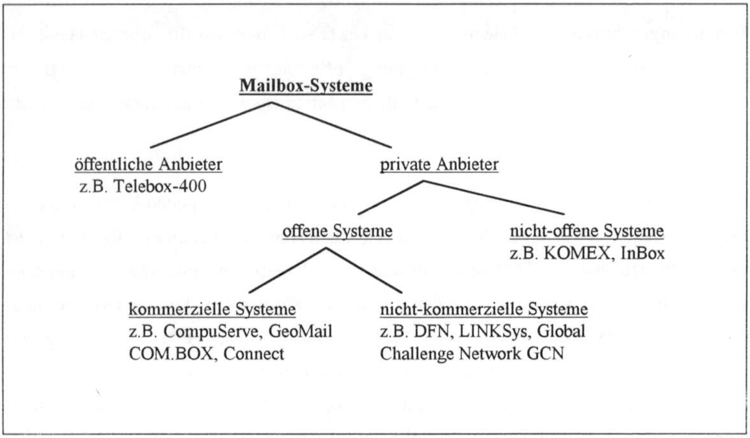


Quelle: Eigener Entwurf

Abb. 2.11: Übersicht über Mailbox-Systeme[143]

Gerade auf dem Gebiet der Datenkommunikation ist die Deutsche Bundespost Telekom aber nur ein Anbieter unter vielen. Mailbox-Dienste werden auch von privater Seite angeboten. So existieren verschiedene private Mailbox-Dienste, die entweder mit offenen oder geschlossenen Systemen arbeiten. Bei den offenen Systemen kann grundsätzlich jeder Benutzer werden (wie z. B. bei der Telebox).[144] Geschlossene, organisationseigene Systeme gewähren nur berechtigten Subjekten ein Nutzungsrecht und damit den Zugriff (z. B. Kunden eines Unternehmens, Mitarbeiter einer Organisation). Daneben differenziert man noch zwischen kommerziellen und nicht-kommerziellen Mailboxen.

Der Markt für Mailbox-Systeme ist völlig unübersichtlich. Über DATEX-P kann jeder Betreiber seine Mailbox zugänglich machen, er wird registriert und bekommt eine eigene Adresse.[145] Über Computernetze ist es noch schwieriger, Mailboxen zu registrieren, da in diesem Fall jeder an das Netz angeschlossene Nutzer eine Maibox betreiben kann. So besitzt jeder Teilnehmer am WIN bereits eine eigene Mailbox und kann somit E-Mailing betreiben.

Einer der größten internationalen, kommerziellen offenen Mailbox-System-Anbieter ist die CompuServe GmbH. Das Angebot dieser Mailbox reicht von Kommunika-

---

143 Einen Überblick über die einzelnen Mailboxen geben z. B. *Spengler-Rast/Kampen* (1991), S. 7 ff. und *Steinbach* (1994).

144 Vgl. *Langner* (1989), S. 249.

145 Die Vielzahl von Mailbox-Systemen ist nicht mehr zu überblicken. Dies zeigt sich allein an der Tatsache, daß die Fachzeitschrift "bildschirmtext magazin" jeden Monat eine eigene Rubrik "Mailbox Szene" führt, in der die jeweils neuesten Mailboxen kurz vorgestellt werden.

tionsanwendungen (E-Mail, öffentliche elektronische "schwarze Bretter") über verschiedene Informationsabfragen von Datenbanken bis hin zu electronic banking und shopping. In Deutschland kann CompuServe via Modem mit Telefonanschluß über DATEX-P oder DATEX-J kontaktiert werden. 1992 hatte CompuServe rund 1,2 Mio. Teilnehmer.[146]

Aufgrund der Unübersichtlichkeit und der Vielzahl von E-Mail-Diensten läßt sich das Verkehrsaufkommen nicht vollständig erfassen. Eine der Möglichkeiten besteht darin, das Aufkommen an einem der großen backbone computer des Internet zu erfassen. Tab. 2.3 stellt das ankommende und abgehende Verkehrsaufkommen am NSF Net Backbone der zehn größten Nutzerländer im Juni 1993 dar.
Zur Veranschaulichung dieses Verkehrsaufkommens soll folgender Vergleich dienen: eine Seite dieser Dissertation beansprucht ca. 4.457 Byte und wiegt in etwa 7,5 g. Rechnet man die 6.057 Gigabyte, die allein im Juni 1993 im NSF aus den USA ankamen, um, würden sich knapp 1,36 Mrd. Seiten im Format dieser Arbeit ergeben. Dies entspricht ca. 10.192 Tonnen bedrucktes Papier oder der Wagenladung von 340 30-Tonnen-Lkw.

| Land | ankommender Verkehr in Megabytes | abgehender Verkehr in Megabytes |
|---|---|---|
| USA | 6.057.250 | 5.445.958 |
| Kanada | 116.703 | 277.418 |
| Vereinigtes Königreich | 69.838 | 169.383 |
| Bundesrepublik Deutschland | 47.511 | 112.331 |
| Frankreich | 89.776 | 80.677 |
| Australien | 59.348 | 93.818 |
| Niederlande | 52.166 | 48.870 |
| Schweiz | 40.880 | 45.218 |
| Finnland | 50.763 | 27.171 |
| Taiwan | 33.222 | 40.593 |

Quelle: *Rutkowski* (1993), S. 16.

Tab. 2.3: Verkehrsaufkommen am NSF Hauptverbindungsrechner

Eine gruppenübergreifende Anwendung der computergestützten E-Mail ist das sog. "Computer-Conferencing". Während bei E-Mail - genauso wie beim materiellen Pendant, dem Briefdienst - eine Punkt-zu-Punkt-Kommunikation vorliegt, besteht bei einer Computer Konferenz die Möglichkeit, daß einer bzw. viele mit vielen Kontakt aufnehmen (Punkt-zu-Mehrpunkt- bzw. Mehrpunkt-zu-Mehrpunkt-Kommunikation).

[146] Vgl. z. B. *Glossbrenner* (1983), S. 90 ff. und *Steinbach* (1994), S. 22.

Die Voraussetzung ist die Teilnahme an einem Computer-Conferencing-System. In Abhängigkeit der Anzahl der Expedienten und Perzipienten (also dem Grad der Vertraulichkeit) kann man vier Gruppen von Computer-Conferencing unterscheiden:[147]

- Suggestion Board (beliebig viele Expedienten, nur privilegierte Perzipienten)
- Bulletin Board (nur privilegierte Expedienten, beliebig viele Perzipienten)
- Open Forum (beliebig viele Expedienten, beliebig viele Perzipienten)
- Private Conferences (nur privilegierte Expedienten, nur privilegierte Perzipienten)

Computerkonferenzen können von jeder Person, die an ein entsprechendes System (z. B. CompuServe) angeschlossen ist (also auch über einen vernetzten PC plus notwendiger Software verfügt), gestartet werden. Dazu muß der Interessent die Konferenz benennen und einige Informationen über den Zweck und das Ziel eingeben. Das Computersystem wird den Titel automatisch in seiner Liste der aktuellen Konferenzen aufnehmen. Diese Liste ist dann, in Abhängigkeit zum Konferenztyp, potentiellen Teilnehmern zugänglich. Ist jemand an dem Thema interessiert, kann er die Informationen abrufen und gegebenenfalls kommentieren. Beispiele für Computerkonferenzen in den USA sind z. B. EIES und PARTICIPATE.[148]
Ein wesentliches Anwendungsgebiet der Computerkonferenz liegt im Bereich der Delphi-Methode. Die Delphi-Methode ist eine Prognose-Methode, die auf einer umfassenden Befragung einer untereinander anonymen Expertengruppe beruht, mit dem Ziel, über deren subjektive Individualprognosen einen Gesamtkonsens zu erreichen. Dabei wird nach jeder Befragung ein statistisches Urteil, bestehend aus Mittelwert und Varianz (bzw. Zentralwert [Median] und Quartilen [Höchst- und Mindestwert] zur Elimination von Extremwerten), an die Experten zurückgeschickt.[149]

Ein weitere wichtige Art des elektronischen Nachrichtenverkehrs auf dem Gebiet der Datenübermittlung ist der Elektronische Datenaustausch (**E**lectronic **D**ata **I**nterchange - EDI). EDI ist ein rein geschäftlich genutzter Datenaustausch. Hierbei werden wichtige Papiere (Rechnungen, Bestellungen, Zolldokumente usw.) mittels Telekommunikation übertragen. Es findet ein Transport von strukturierten Daten von Computer zu Computer statt. Wichtig ist dabei, daß die Nachrichtenübermittlung sich an vereinbarte Standards halten muß. Das Problem dabei ist, daß der durch die UNO gebilligte Standard EDIFACT nicht der einzige ist und wohl noch einige Jahre brauchen wird, bis er sich durchsetzt. Die Dokumente müssen zuerst mit Hilfe spezieller EDI-Software in ein EDI-Dokument transferiert werden. Diese EDI-Dokumente werden dann vom Computer über geeignete Netze versandt. Dies kann über normale Telefonleitun-

---

[147] Vgl. *Spengler-Rast/Kampen* (1991), S. 6, Fußnote 1.
[148] Vgl. *Glossbrenner* (1983), S. 212.
[149] Vgl. *Papandreou* (1984), S. 128 und S. 210 ff.

gen, über DATEX-Netze oder - vor allem bei multinationalen Organisationen - über Privatnetze erfolgen.[150]

Nicht unerwähnt bleiben sollte auch die Vielzahl der nicht-offenen und nicht-kommerziellen Datenübermittlungsdienste, die besonders im Personen- und Güterverkehr Einsatz finden. Diese Nutzanwendungen der Telekommunikation haben erhebliche Einflüsse auf den Umfang, die Struktur und die Richtung materieller Verkehrsströme. Einen Überblick über die verschiedenen Anwendungsgebiete nicht-öffentlicher Telekommunikationsdienste geben z. B. *Ernst/Walpuski*.[151]
Ein solcher Informationsdienst ist z. B. die **L**inien**z**ug**b**eeinflussung der Deutschen Bundesbahn (LZB). Über Funk werden dabei transportbegleitende Informationen in das LZB-Fahrzeuggerät in der Lokomotive übermittelt. Dieses Endgerät verarbeitet die Informationen, wie Signalstellungen und Zielgeschwindigkeiten, und leitet sie weiter, z. B. an die im Triebwagen installierte automatische Fahr- und Bremssteuerung, die dann entsprechend reagieren kann.[152]

Eine weitere große Gruppe von Anwendungen nicht-öffentlicher Dienste sind die verschiedenen Verkehrsleitsysteme, die eine Kommunikation von Verkehrsinfrastruktur und Fahrzeugen bzw. Fahrzeuglenker ermöglichen sollen. Hierzu zählen vor allen Dingen das europäische Projekt PROMETHEUS, die regionalen Projekte STORM (**S**tuttgart **T**ransportation **O**peration by **R**egional **M**anagement), DAISY (**D**ual **A**utomobile **I**nformation **Sy**stem), MOVE (Kooperatives Verkehrsmanagement Hannover) sowie das Kooperative Verkehrsmanagement für die Region München.[153]

Ähnlich wie bei den Fernsprechdiensten ist auch bei der Datenkommunikation der Trend hin zur mobilen, leitungsungebundenen Übertragung nicht zu übersehen. Die Deutsche Bundespost Telekom bietet seit 1993 auf dem Anwendungsgebiet der mobilen Datenkommunikation den Dienst MODACOM (**Mo**bile **Da**ta **Com**munication) an. Dieses System ist geeignet für den Datentransfer zwischen zentralen Datenverarbeitungsanlagen und mobilen Terminals. Das MODACOM-System setzt sich aus drei Komponenten zusammen:

- den mobilen MODACOM-Terminals
- dem MODACOM-Netz der Telekom
- dem Zentralrechner mit einem Anschluß an das DATEX-P.

---

[150] Vgl. *Cuyvers/Janssens* (1992), S. 52 f. und S. 55 f.
[151] Vgl. *Ernst/Walpuski* (1993).
[152] Vgl. *Münchschwander* (1990), S. 132 ff.
[153] Vgl. dazu u. a. *Prätorius* (1993), S. 127 ff.

Wird das mobile Terminal eingeschaltet, sucht es sich automatisch den günstigsten Funkkanal und nimmt via MODACOM-System Verbindung mit dem Zentralrechner auf. Das MODACOM-System und der Zentralrechner sind dabei über die DATEX-P-Netze miteinander verbunden. MODACOM soll in der Bundesrepublik Deutschland bis 1994 flächendeckend angeboten werden.[154] 1993 betrug die Anzahl der Teilnehmer am MODACOM-Dienst knapp 400.[155]

### 2.2.5 Verbundkommunikation

#### 2.2.5.1 Video- und Bildschirmtext

Videotext ist eine Form der Verbundkommunikation, die seit 1980 als Feldversuch und seit Juni 1984 von den beiden öffentlichen Rundfunkanstalten ARD und ZDF flächendeckend angeboten wird. Dabei überträgt der Dienst die Informationen in Datenform in den Leerzeilen (sog. Austastlücke[156]) des normalen Fernsehsignals. Sie sind somit im Fernsehen nicht sichtbar. Erst ein Decoder im Fernsehgerät des Perzipienten wandelt die Daten in Text oder Festbilder (Graphiken) um.[157] Die Darstellung auf dem Fernsehschirm erfolgt in Textseiten, die beliebig lange festgehalten werden können. Diese Textseiten, von denen jede bis zu 24 Zeilen zu je 40 Buchstaben enthalten können, werden in einem sich ständig wiederholenden Zyklus zusammengefaßt. Die Zugriffszeit auf die einzelne Seite hängt von der Gesamtzahl der Textseiten ab. Bei 100 Seiten beträgt die maximale Zugriffszeit 24 Sekunden.[158] Die dargestellten Informationen sind dabei prinzipiell von jedem Videotextteilnehmer einsehbar.

In der Bundesrepublik Deutschland bieten neben ARD und ZDF sowie den Regionalprogrammen im Dritten auch die drei privaten Fernsehgesellschaften SAT.1, RTL plus und PRO 7 (EXPRESS-TV) eigene Videotext-Dienste an. Dazu kommt noch der 3Sat-Text des deutsch-österreichisch-schweizerischen Gemeinschaftssenders 3Sat, des deutsch-belgisch-französischen Kulturkanals ARTE sowie die Videotext-Dienste der internationalen Sender EUROSPORT (Eurotext), SUPERCHANNEL (Supertext) und MTV (MTV-Text).

Tab. 2.4 gibt eine Übersicht über das Videotextangebot der deutschen Sender (inklusive 3Sat).

---

[154] Vgl. *Wegner* (o. J.), S. M3-M4.
[155] Vgl. Deutsche Bundespost Telekom (1994), S. 18.
[156] Vgl. dazu z. B. *Greiffenberg* (1989), S. 577, Fußnote 7.
[157] Vgl. *Tietz* (1987), S. 330.
[158] Vgl. *Greiffenberg* (1989), S. 577.

| Videotext | Sender | ∅ Seitenzahl |
|---|---|---|
| ARD/ZDF-Videotext | ARD/ZDF | 400 |
| Bayerntext | Bayerischer Rundfunk | 420 |
| hessentext | Hessischer Rundfunk | 450 |
| Nordtext | Norddeutscher Rundfunk/Radio Bremen | 350 |
| ORB/MDR-Text | Ostdeutscher Rundfunk Brandenburg/ Mitteldeutscher Rundfunk | k. A. |
| Saartext | Saarländischer Rundfunk | k. A. |
| Berlintext | Sender Freies Berlin | k. A. |
| Südwest-Text | Süddeutscher Rundfunk/Südwestfunk | 530 |
| WDR-Text | Westdeutscher Rundfunk | 340 |
| SAT1.Text | SAT.1 | 500 |
| EXPRESS-TV | PRO 7 | k. A. |
| 3Sat-Text | 3Sat | 600 |

Quelle: Eigene Recherche

Tab. 2.4: Übersicht über Videotextanbieter

Das Informationsangebot ist in verschiedene Blöcke gegliedert. Die wichtigsten Blökke sind dabei die Themen "Aktuelles/Nachrichten", "Sport" und "Fernsehen/Rundfunk". Über Videotext sind auch die Untertitel für Hörgeschädigte zu empfangen. Die einzelnen Videotexte bieten dann noch teilweise regionale Informationen an, z. B. Fahr- und Flugpläne, Theateraufführungen etc. So bietet z. B. der Südwest-Text ab Mitte 1994 folgende On-Line-Dienste an: Flughafen Frankfurt aktuell, Flughafen Stuttgart aktuell, Verkehrshinweise aktuell und Börse Stuttgart aktuell.

Videotext kann auch als Medium der Werbung eingesetzt werden. Z. Z. bieten allerdings in Deutschland nur SAT.1 und der Saarländische Rundfunk (Saartext) diese Möglichkeit zur Wirtschaftswerbung.[159]

1992 gab es in der Bundesrepublik Deutschland 13,2 Mio. videotexttaugliche Fernsehapparate, damit sind rund 40 % der 31,5 Mio Fernsehhaushalte in der Lage, Videotext zu empfangen.[160]

Tab. 2.5 zeigt die Entwicklung der Videonutzung vom 1. Quartal 1989 bis zum 2. Quaral 1991. Neue Zahlen liegen zwar vor, die Umfrage der Gesellschaft für Konsumforschung (GfK) ist allerdings fehlerhaft und unklar, so daß diese Daten hier nicht verwendet werden können (vgl. Kap. 1.3)

[159] Vgl. *Gericke* (1993), S. 376.

[160] Vgl. *Gericke* (1993), S. 374.

| Quartal | Gesamt[1] | ARD/ZDF | ARD III[2] | SAT.1 |
|---|---|---|---|---|
| 1/1989 | 5 | 3 | 1 | - |
| 2/1989 | 7 | 4 | 1 | 1 |
| 3/1989 | 7 | 3 | 1 | 1 |
| 4/1989 | 11 | 5 | 1 | 1 |
| 1/1990 | 11 | 7 | 1 | 1 |
| 2/1990 | 12 | 7 | 1 | 1 |
| 3/1990 | 14 | 7 | 2 | 1 |
| 4/1990 | 16 | 9 | 2 | 1 |
| 1/1991 | 21 | 11 | 2 | 2 |
| 2/1991 | 17 | 8 | 2 | 2 |

[1]: einschließlich aller sonstigen Videotextanbieter
[2]: Regionalprogramme im Dritten

Quelle: *Kulpok* (1991), S. 522.

Tab. 2.5: Videotextnutzung an einem durchschnittlichen Wochentag (in Minuten)

Der in der Bundesrepublik Deutschland von der Deutschen Bundespost Telekom angebotene Bildschirmtext (Btx) ist eine Verbundkommunikationstechnik, die neben Text und Festbildern in Form von graphischen Darstellungen auch noch Daten übertragen kann. Die Deutsche Bundespost Telekom übernimmt dabei die Rolle des Netzbetreibers, der Informationsanbieter - die die alleinige Verantwortung für Inhalt und Zusammenstellung der Informationen innehaben - und Btx-Teilnehmer verbindet. Die eigentliche Kommunikation erfolgt wie beim Videotext über Bildschirmgeräte. Der Zugang des Teilnehmers, der neben einem Btx-tauglichen Endgerät (dies kann neben einem Fernseher mit entsprechendem Decoder ein PC oder das spezielle Endgerät der Post, Multitel, sein) auch über eine Fernbedienung zum Informationsabruf und über ein Modem als Verbindung zwischen Fernseher und Fernsprechnetz verfügen muß, zum Btx-Dienst erfolgt im Regelfall über den Telefonanschluß. Über das Fernsprechnetz ist er dann mit einer oder mehreren Btx-Zentralen verbunden, welche die von den Informationsanbietern bereitgestellten Informationen in Form einzelner Btx-Seiten speichern und die Kommunikation steuern. Untereinander und mit externen Rechnern und Datenbanken sind diese Zentralen über das schnellere DATEX-P-Netz verbunden.[161] Grundsätzlich lassen sich drei Gruppen von Anwendungen unterscheiden. Zum einen die individuelle Nutzung, die dadurch möglich wird, daß der Informationsnachfrager das Btx-System über das eigene Telefon erreicht. Dazu ist eine persönliche Identifizierung mittels einer Btx-Nummer, die meistens der Telefonnummer entspricht, erforderlich. Eine Erweiterung dieser individuellen Nutzung stellen Geschlossene Benutzergruppen (GBG) dar. Im Falle der GBG wird der Zugriff auf Btx-Seiten nur den Teilnehmern der jeweiligen GBG gestattet, der Zugang erfolgt über individuelle Teil-

161 Vgl. *Hermanns* (1986c), S. 27.

nehmernummern.[162] Zum anderen ist aber auch die Information zahlenmäßig nicht beschränkter Gruppen möglich. Darüber hinaus bietet Btx noch die Möglichkeit, mit Rechnern zu kommunizieren, Datenbanken abzurufen oder direkt mit elektronischen Bestell-, Buchungs- und Reservierungssystemen in Kontakt zu treten.[163] Diese Kommunikation erfolgt meist in GBG. Zur Zeit existieren in der Bundesrepublik Deutschland etwa 800 solcher Geschlossener Benutzergruppen.[164]

Daneben bietet Btx die Möglichkeit zum Übergang auf andere Dienste, wie z. B. Telefax, Telex und Telebrief. Jedoch ist die Nutzung über die Dienstübergänge teilweise erheblich eingeschränkt.[165] Beim Btx handelt es sich um einen Mehrwertdienst, da neben der einfachen Informationsabrufung auch Kommunikation möglich ist und daher weitere Dienstleistungen in Anspruch genommen werden können, wie z. B. Tele-Banking, Tele-Shopping.

| Jahr | Anschlüsse in Tsd. | Anbieter in Tsd. | Externe Rechner | Anrufe in Mio. | Btx-Seiten in Tsd. |
|---|---|---|---|---|---|
| 1983 | 10,1 | 2,7 | 0 | 1,8 | 378,0 |
| 1984 | 21,3 | 3,1 | 37 | 3,4 | 521,8 |
| 1985 | 38,9 | 4,0 | 151 | 6,2 | 762,7 |
| 1986 | 58,4 | 3,5 | 218 | 12,8 | 589,3 |
| 1987 | 95,9 | 3,4 | 256 | 22,0 | 612,3 |
| 1988 | 146,9 | 3,4 | 305 | 32,1 | 667,2 |
| 1989 | 194,8 | 3,2 | 360 | 45,5 | 665,2 |
| 1990 | 259,8 | 3,1 | k. A. | 63,2 | 701,2 |
| 1991 | 302,3 | 3,0 | k. A. | 75,6 | 742,0 |
| 1992 | 340,4 | 2,8 | k. A. | 87,8 | 762,0 |
| 1993 | 496,7 | 2,6 | k. A. | 104,0 | k. A. |

Quelle: Generaldirektion Postdienst (1990), S. 38, Deutsche Bundespost Telekom (1993a), S. 24 und Deutsche Bundespost Telekom (1994), S. 12

Tab. 2.6: Leistungen im Btx[166]

[162] Vgl. Deutsche Bundespost Telekom (1993b), S. 212.

[163] Vgl. *Albensöder* (1990), S. 103 ff. Zu den elektronischen Reservierungssystemen vgl. z. B. *Ernst/Walpuski* (1994a).

[164] Vgl. *o. V.* (1993a), S. 16.

[165] Vgl. *Danke* (1991), S. 26 ff. und Deutsche Bundespost Telekom (1992a), S. 190.

[166] Die Zahlen bis einschließlich 1990 beziehen sich nur auf die alten Bundesländer. Seit 1993 läuft Btx als DATEX-J.

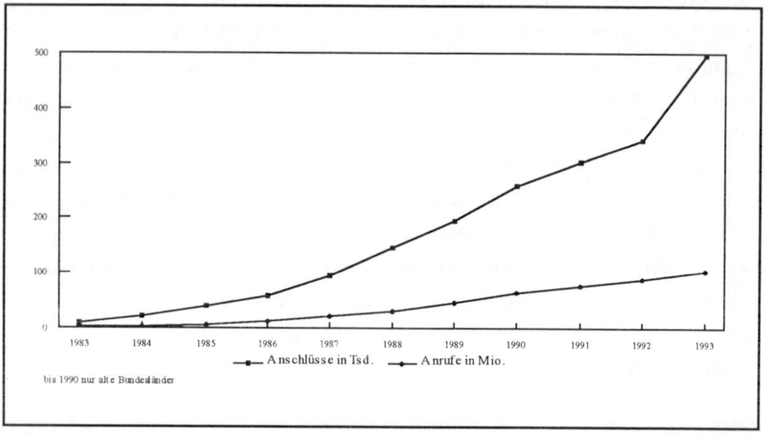


Quelle: Generaldirektion Postdienst (1990), S. 38, Deutsche Bundespost Telekom (1993a), S. 24 und Deutsche Bundespost Telekom (1994), S. 12.

Abb. 2.12: Entwicklung im Btx-Dienst

Die Deutsche Bundespost begann 1980 mit ersten Btx-Feldversuchen in Berlin und Düsseldorf/Neuss; am 1. September 1983 wurde dann ein bundesweiter öffentlicher Btx-Dienst installiert.[167] Seitdem stieg sowohl die Anzahl der Anschlüsse und Anrufe als auch der angeschlossenen externen Rechner stetig an. Nur die Zahl der Informationsanbieter sank ab 1985 kontinuierlich (vgl. Abb. 2.12 und Tab. 2.6). 1992 gab es 338.804 Btx-Anschlüsse und 2.823 Anbieter.[168] Trotz dieser positiven Entwicklung lag die Zahl deutlich unter der, die die Deutsche Bundespost bereits 1986 realisieren wollte, nämlich eine Million Anschlüsse. Gemessen an der ausländischen Konkurrenz - das deutsche Btx liegt, was die Teilnehmer angeht, hinter dem französischen Télétel und dem spanischen Ibertex in Europa nur auf Rang drei (vgl. Tab. 2.7) - entwickelte sich Btx zum Fehlschlag. So fuhr der Btx-Dienst jährlich ca. 100 Millionen DM Verlust ein. Deshalb entschloß sich die Telekom 1992 dazu, den Dienst umfassend zu erneuern und auszuweiten. Dazu wurde ein neues Netz eingerichtet mit den Namen DATEX-J ("J" steht für "Jedermann") und es erfolgte die Einführung neuer, für die Telekom kostengünstigerer Zugangsrechner.[169]

---

[167] Vgl. *Ratzke* (1984), S. 199.
[168] Vgl. *o. V.* (1993b), S. 24.
[169] Vgl. *o. V.* (1993a), S. 16.

| Land | Name | Jahr der Einführung | Zahl der Teilnehmer | Zahl der Anbieter/Dienste | Verbindung zu Btx |
|---|---|---|---|---|---|
| Andorra | Andortex | 1991 | 1.200 | k. A. | nein |
| Belgien | RTT-Videotex | 1986 | 11.000 | 240 | ja |
| Dänemark | Teledata[170] | 1984 | 5.500 | 80 | ja |
| Finnland | TeleSampo | 1987 | 40.000 | 100 | ja |
| Frankreich | Télétel | 1983 | 6.200.000 | 8.000 | ja |
| Großbritannien | Prestel Network | 1978 | 95.000 | 1.200 | nein |
| Griechenland | Kapa-TEL | 1990 | 1.500 | k. A. | nein |
| Italien | Videotel | 1982 | 183.600 | 946 | nein |
| Irland | Minitel | 1991 | 7.500 | 110 | nein |
| Luxemburg | Videotex | 1986 | 492 | 40 | ja |
| Niederlande | Videotexnet | 1990 | 235.000 | 500 | ja |
| Norwegen | Datatorget | 1992 | 8.000 | 45 | nein |
| Österreich | Bildschirmtext | 1985 | 16.000 | 320 | ja |
| Portugal | Servicio Público Videotex | 1989 | 6.349 | 214 | ja |
| Schweden | Swedish Videotex Service | 1982 | 24.000 | 175 | ja |
| Schweiz | Videotex | 1987 | 90.427 | 580 | ja |
| Spanien | Ibertex | 1990 | 410.000 | 450 | nein |
| Türkei | Telebilgi | 1987 | k. A. | k. A. | nein |

Quelle: *O. V.* (1993b), OECD (1993a), S. 73 und Deutsche Bundespost Telekom (1992a), S. 191.

Tab. 2.7: Europäische Videotex-Dienste im Vergleich

International gibt es verschiedene vergleichbare Systeme, die alle unter dem Oberbegriff "Videotex" laufen. Diese Dienste (vgl. Tab. 2.7) sind über Einwählpunkte via deutsches Btx anwählbar. Teilweise ist dazu aber noch die Zugangskennung des jeweiligen Landes erforderlich. Der Btx-Dienst ist über das Fernsprech- und das DATEX-P-Netz aus der ganzen Welt zu erreichen, bei einigen Ländern (Frankreich mit Télétel, Großbritannien, Schweiz, Österreich, Luxemburg, Niederlande) besteht sogar ein beiderseitiger Zugang über die Videotex-Endgeräte.[171]

#### 2.2.5.2 Bewegtbildübertragung

Die Übertragung von bewegten Bildern wird in der Regel begleitet von Sprachübertragung. Beim Fernsehen, bei Videokonferenzen, aber auch beim Bildtelefon stellen Bewegtbild- und Sprachübertragung Komplemente dar. Die Übertragung nur der einen Informationsart bringt dem Nachfrager normalerweise keinen Nutzen. Deshalb werden die genannten Arten der Verbundkommunikation unter dem Begriff Bewegtbildübertragung subsumiert.

---

170 Wurde im Oktober 1993 durch Diatel ersetzt, vgl. *o. V.* (1993b), S. 24.

171 Vgl. *Danke* (1991), S. 22 und Deutsche Bundespost Telekom (1993b), S. 212.

Hierbei handelt es sich vor allen Dingen um Fernsehübertragungen. Heutzutage existieren analog zum Rundfunk drei Möglichkeiten, Fernsehsendungen zu übertragen: die traditionelle Funkübertragung, die Übertragung über Kabel und der Satellitendirektempfang.

Das erste Fernsehbild in Deutschland wurde 1928 auf der fünften Großen Funkausstellung in Berlin übertragen. Seitdem entwickelte sich das Medium Fernsehen ständig weiter. Nach dem Zweiten Weltkrieg wurde in Deutschland 1948 - noch unter der Hoheit der britischen Militärregierung - wieder mit Fernsehversuchen begonnen. 1950 wurde die ARD, 1961 das ZDF (Zweites Deutsches Fernsehen) gegründet. Der erste Regionalsender im "Dritten Programm" war der Bayerische Rundfunk, der 1964 auf Sendung ging.[172]
Bis zum 01.01.1984, als mit SAT.1 der erste private Fernsehsender auf Sendung ging, waren ARD und ZDF die einzigen Anbieter von Fernsehprogrammen in der Bundesrepublik Deutschland. Die endgültige Beseitigung des Rundfunkmonopols erfolgte durch den "Staatsvertrag zur Neuordnung des Rundfunkwesens in der Bundesrepublik Deutschland" im Dezember 1987. Bis dahin war privates Fernsehen nur auf der Basis vorläufiger Regelungen möglich.[173]
Erst mit der zunehmenden Verkabelung und dem Einsatz von Satelliten zur Übertragung veränderte sich die Fernsehlandschaft.

Über die normale Hausantenne sind bundesweit derzeit bis zu sieben Programme zu empfangen: ARD, ZDF, das Regionalprogramm im Dritten, SAT.1, RTL plus, RTL2 und PRO7. Das Angebot über Kabel erstreckt sich auf bis zu 38 Programme. Neben den genannten sieben z. B. noch weitere Regionalprogramme, 3Sat, Arte, KABEL-KANAL, DSF, n-tv, VOX, die internationalen Programme wie TV5 (französisch), TRT1 (türkisch), SUPERCHANNEL sowie verschiedene Spartenprogramme, wie MTV und EUROSPORT.
Dazu hat sich in der Bundesrepublik Deutschland der Pay-TV-Sender Premiere etabliert, der verschlüsselte Sendungen überträgt, die ein entsprechender Decoder dechiffrieren kann. Dafür muß der Nutzer monatliche Gebühren entrichten.
Zum Stichtag 30. Juni 1993 waren in der Bundesrepublik Deutschland 12,7 Mio. Haushalte in der Lage, Kabelfernsehen zu empfangen.

Das Angebot an lokalen und regionalen Fernsehsendern in der Bundesrepublik Deutschland ist heute schon so umfangreich, daß eine systematische Erfassung nur

---

[172] Vgl. zur Entwicklung z. B. *Ratzke* (1984), S. 342 ff.
[173] Vgl. dazu z. B. *Wenger* (1988), S. 63 ff. und S. 99.

schwer möglich ist. Deshalb wurde stellvertretend das Bundesland Bayern herangezogen.
Seit 1990 werden in Bayern lokale und regionale Fernsehangebote auf der Basis des Fensterkonzepts innerhalb der beiden bundesweiten Programme SAT.1 und RTL plus zu bestimmten Zeiten ausgestrahlt. Die Verbreitung erfolgt terrestrisch über Funk oder Kabel. Von 2.008.000 angeschlossenen Kabelhaushalten in Bayern konnten 1993 87 % die bayernweiten Fensterprogramme empfangen.[174]
1992 gab es in Bayern in acht großen Städten lokale Fensterprogramme im RTL plus-Programm sowie 13 lokale Kabelfernsehprogramme in elf Städten, dazu kam das bayernweit ausgestrahlte Programm "Bayern Aktuell", das 1991 einen Marktanteil von 18 % in den Empfangshaushalten aufwies. Dabei ist zu beachten, daß "Bayern Aktuell" nur von 18.00 bis 18.30 Uhr übertragen wird.[175]

Die Ausstattung mit Fernsehgeräten lag in der Bundesrepublik Deutschland (nur alte Bundesländer) 1992 über der mit Rundfunkgeräten. Von den Haushalten des Typus 1 besaßen 94,8 % ein Farbfernsehgerät (12,1 % einen Schwarzweiß-Fernseher), von den Haushalten des Typus 2 98,0 % einen Farbfernseher (18,6 % einen Schwarzweiß-Fernseher) und von den Haushalten des Typus 3 98,5 % einen Farbfernseher (27,4 % ein Schwarzweiß-Gerät).[176]

Beim Fernsehen bleibt dem Perzipienten, also dem Zuschauer, als Handlungsparameter eigentlich nur die Wahl zwischen verschiedenen Programmen bzw. die Wahl, wann er das Medium nutzt. Der Zuschauer ist somit in einer rein passiven Rolle, er kann nicht agieren. Diesem Nachteil - wenn es denn einer ist - versucht das interaktive Fernsehen abzuhelfen. Interaktives Fernsehen will den Zuschauer in eine handelnde Rolle versetzen. Das soll von einfachen Reaktionen auf die Programme und dem Abrufen von Filmen über Live-Einblendungen in TV-Shows bis hin zum selbständigen Verändern und Zusammenstellen von Sendungs- und Programmversionen gehen. Erste Schritte hin zum interaktiven Fernsehen wurden bereits in den USA gemacht. Dort existiert seit 1988 das "Interactive Network" (IN), das im April 1992 im Großraum San Francisco auf Sendung ging. Innerhalb des IN kann jeder Teilnehmer an interaktiven Spielen teilnehmen oder sich während Sendungen an Gewinnspielen beteiligen. IN besaß Anfang 1993 rund 4.000 Abonnenten. In Deutschland führte der Pay-TV-Sender Premiere interaktives Fernsehen ein. Über Telefon,

---

174 Vgl. BLM (1993), S. 20.
175 Vgl. BLM (1992), S. 322 ff.
176 Vgl. Statistisches Bundesamt (1993), S. 584. Zu den einzelnen Haushaltstypen vgl. ebenda S. 578.

Fax und Btx können sich Zuschauer am "Nighttalk" beteiligen und untereinander oder mit dem Moderator kommunizieren.[177]
Einen ersten Schritt zum interaktiven Fernsehen machten am 15.12.1991 auch ARD und ZDF. Sie strahlten einen Thriller aus, dessen Handlung sich in zwei Stränge aufteilte. Je nach Geschmack konnte der Zuschauer dann wählen, welche Handlung er weiterhin begleiten wollte. Die Abenteuer des männlichen Darstellers konnten auf ZDF verfolgt werden, die der weiblichen Hauptperson auf ARD.[178]
Die neuesten Entwicklungen im Bereich der Mehrwertdienste, die Bewegtbild- und Sprachdienste kombinieren, sind Bild- und Videotelefone. Der Unterschied dieser beiden Dienste liegt in der Übertragungsgeschwindigkeit und damit in der Übertragungsqualität.[179] Die Deutsche Bundespost Telekom bietet seit Februar 1992 ein Pilotprojekt Bildtelefon via ISDN an. Dabei können mit Hilfe einer Videokamera feste und bewegte Bilder direkt in das laufende Telefonat eingebunden werden.[180]
Daneben bietet die Deutsche Bundespost Telekom seit 1993 ein Bildtelefon mit analogem Anschluß an. Xitel ist ein Endgerät mit einem etwa drei Zoll großen LCD-Bildschirm, auf dem das Bild des Gesprächspartners erscheint. Eine über dem Schirm eingebaute Kamera nimmt die beiden Gesprächspartner auf. Allerdings nur, wenn beide Akteure die sog. Bildtaste drücken. Ohne diese Aktivierung ist Xitel als normaler Telefonapparat nutzbar. Die Bildqualität ist aufgrund des gewählten LCD-Displays schlechter als bei den ISDN-Bildtelefonen.[181]

Neben dem Fernsehen und ersten Ansätzen des Bildtelefons ist noch ein Dienst zur Übertragung von Bewegtbildern wichtig, die Videokonferenz.
Bei Videokonferenzen wird versucht, mit Hilfe von Nachrichtentechnik Konferenzsituationen zu simulieren. Dabei werden spezielle Videokonferenzstudios, die sich an verschiedenen Orten befinden, über Netze miteinander verbunden. Dadurch können die Konferenzteilnehmer in einem Studio sowohl untereinander als auch mit den Teilnehmern in den angeschlossenen Studios konferieren.[182]
In der Bundesrepublik werden seit 1984 in einem Videokonferenzversuchsnetz und ab 1988 in einem öffentlichen Freiwählnetz Konferenzen dieser Art realisiert.
Seit der Einführung der Selbstwählnetze 1988 hat sich die Anzahl der Videokonferenzeinrichtungen mehr als verachtfacht (Stand 1993). So existieren neben den End-

---

[177] Vgl. *o. V.* (1993f), S. 54 und *o. V.* (1993g), S. 62.
[178] Vgl. *Drösser* (1994), S. 18.
[179] Bildtelefone werden mit Geschwindigkeiten bis zu 2 Mbit/s, Videotelefone mit Geschwindigkeiten über 2 Mbit/s abgewickelt. Videotelefone erreichen dadurch mindestens die Qualität eines TV-Gerätes. Vgl. *Ohnsorge* (o. J.), S. 37 und S. 51.
[180] Vgl. Deutsche Bundespost Telekom (1992a), S. 67.
[181] Vgl. Deutsche Bundespost Telekom (1993b), S. 97.
[182] Vgl. zu den technischen Möglichkeiten und Ausstattungen z. B. *Hermanns* (1986e), S. 56 ff.

einrichtungen der Deutschen Bundespost Telekom (1993: 135) schon 593 private Einrichtungen.[183]

Wichtig ist dabei jedoch, daß nicht jeder Videokonferenzanschluß auch für die Durchführung solcher Konferenzen genutzt wird. Das Wissenschaftliche Institut für Kommunikationsdienste (WIK) schätzt, daß ungefähr 30 % der Einrichtungen für Überspielungen von Videos beansprucht werden. Dennoch dürften 1990 ca. 10.000 Videokonferenzen durchgeführt worden sein, mit einer durchschnittlichen Verbindungsdauer von 45 bis 60 Minuten.[184]

#### 2.2.5.3 Funkrufdienste

Funkrufdienste können, im Gegensatz zu den Funkdiensten, nur Signale übermitteln bzw. Daten übertragen. Dies können akustische Signale sein oder aber einfache optische Zeichenketten. Es wird also vor allen Dingen die Informationsform Daten übertragen; darüber hinaus ist eine eingeschränkte Übertragung von Tönen und einfachen Texten möglich. Dem Signal wird vorher in Absprache zwischen Expedient und Perzipient eine bestimmte Bedeutung zugeordnet. So kann ein Piepton z. B. bedeuten, sich mit der Dienststelle telefonisch in Verbindung zu setzen. Diese Funkrufdienste werden auch Paging-Systeme genannt.[185] Der Perzipient des Signals wird durch dieses lediglich aufgerufen, sich so zu verhalten, wie es abgesprochen ist.

Der einfachste Funkdienst ist dabei der europäische Dienst Eurosignal, der im April 1974 in der Bundesrepublik eingeführt wurde. Von beliebigen Telefonanschlüssen können Signale an die beweglichen Empfänger (Funkrufanschlüsse) übermittelt werden. Bei Eurosignal können dabei mehrere Informationen übertragen werden, die optisch durch vier verschiedene Lämpchen angezeigt werden. Die Bedeutung der einzelnen Signale muß vorher genau vereinbart sein. Eurosignal-Systeme existieren noch in Frankreich (seit 1975) und der Schweiz (1985). Der Stellenwert als europäisches System ist damit weitaus geringer, als ursprünglich vorgesehen war.[186]

Der 1989 eingeführte Dienst Cityruf ist ein Funkrufdienst, der neben Tonsignalen auch Kurzinformationen als Ziffern oder Text innerhalb festgelegter Rufzonen (Städte, Ballungszentren, zusammenhängende Wirtschaftsräume), die in Superzonen zusammengefaßt werden, übertragen kann. Dabei existieren zwei Ausprägungen des Cityrufs: Cityruf regional und Cityruf überregional. Der regionale Funkruf kann nur in

---

[183] Vgl. Deutsche Bundespost Telekom (1994), S. 15.

[184] Vgl. *Köhler* (1993), S. 17 f.

[185] Paging ist ein englisches Wort und bedeutet: Ausrufen eines Gastes durch einen Bediensteten (Pagen), vgl. *Ratzke* (1984), S. 118.

[186] Vgl. *Schulte-Ebbert* (o. J.), S. 3.

einer ausgewählten Rufzone ausgestrahlt werden, der überregionale in einer Superzone. Deutschland ist z. Z. in acht Superzonen gegliedert. Die Eingabe kann über Telefon, Telex, Telefax oder Btx geschehen, Empfänger sind Funkrufendgeräte. Cityruf bietet drei verschiedene Rufklassen an. Die einfachste Klasse ist die Rufklasse "Nur-Ton", die in der Lage ist, bis zu vier verschiedene Tonsignale zu übertragen. Die Rufklasse "Numerik" kann bis zu 15 Ziffern übertragen und diese auf einem Display des Funkrufempfangsgerätes anzeigen. Bei diesen beiden Klassen müssen die einzelnen Bedeutungen der Signaltöne und Ziffernkombinationen vorher festgelegt werden. Bei der dritten Rufklasse "Alphanumerik" ist dies nicht unbedingt nötig, da innerhalb dieser Kategorie ein vollständiger Text von bis zu 80 Zeichen übertragen und angezeigt werden kann. Der Text kann im Endgerät sogar gespeichert werden. Neben diesen drei Rufklassen bietet Cityruf noch vier Rufarten an. Beim Einzelruf wird ein Empfänger in einer oder mehreren Rufzonen verständigt. Beim Gruppenruf kann eine Nachricht an mehrere Perzipienten gleichzeitig, beim Sammelruf nacheinander übermittelt werden. Beim Gruppenruf besitzen dabei alle Empfänger dieselbe Rufnummer. Durch Zielruf kann eine Nachricht in eine gesamte Region (Rufzone bzw. Superzone) ausgesandt werden.[187]
Der Anteil der Cityruf-Teilnehmer, die lediglich über Nur-Ton-Empfänger verfügen, macht den größten Teil aus (ca. 54 % der Cityruf-Teilnehmer). 28 % der Cityruf-Teilnehmer besitzen Numerik-Empfänger und der Anteil der alphanumerischen Cityruf-Teilnehmer beträgt gerade 18 %. Das bedeutet, daß das technische Potential beim Cityruf bisher nur unzureichend ausgeschöpft wird.[188]
Cityruf kann zur Benutzung innerhalb Europas mit dem zusätzlichen Leistungsmerkmal EUROMESSAGE eingesetzt werden. Damit sind die nationalen Funkrufdienste Hutchinson Paging (Großbritannien), France Télécom, SIP (Italien) und Sprintel (Schweiz) erreichbar und die wichtigsten Wirtschaftsräume zusammengefaßt.[189]

Die Deutsche Bundespost Telekom bietet außerdem innerhalb des Cityfunks einen Mehrwertdienst an, den Inforuf. Der Inforuf ist ein Wirtschaftsdienst, der permanent über Nachrichten aus Wirtschaft und Politik, wie z. B. Börsen-, Wetter-, Verkehrs- und Sportinformationen, berichtet. Der Inforufempfänger ist gleichzeitig ein Cityruf-Empfänger der Rufklasse "Alphanumerik". Inforuf kann z. Z. in den Wirtschaftszentren (23 Städte) empfangen werden. Ende 1993 wurde dieser Dienst von mehr als 1.200 Teilnehmern genutzt.[190]

---

[187] Vgl. *Albensöder* (1990), S. 131 ff., *Schulte-Ebbert* (o. J.), S. 6 ff. und Deutsche Bundespost Telekom (1993b), S. 172.
[188] Vgl. *Siedek* (1993), S. 15.
[189] Vgl. *Schulte-Ebbert* (o. J.), S. 19.
[190] Vgl. Deutsche Bundespost Telekom (1993b), S. 177 und *Kedaj/Joussen* (1994), Kap. 5.2.3., S. 3 ff.

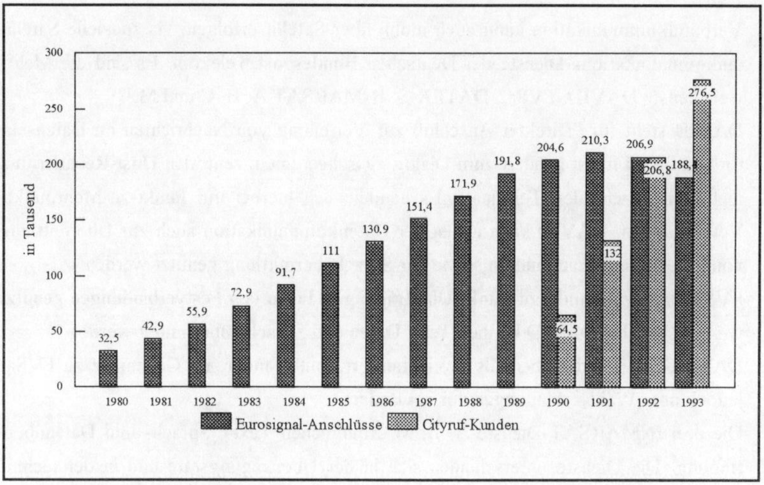


Quelle: Generaldirektion Postdienst (1990), S. 45 und Deutsche Bundespost Telekom (1994), S. 18.

Abb. 2.13: Entwicklung der Teilnehmerzahlen im Funkrufdienst[191]

Der erste paneuropäische Funkrufdienst ERMES (**E**uropean **R**adio **M**essage **S**ystem), der z. Z. in Berlin von der Deutschen Bundespost Telekom getestet wird, soll voraussichtlich Ende 1994 in Betrieb genommen werden. Der Start von ERMES (ursprünglich für Januar 1993 geplant) mußte aufgrund auftretender Probleme bei der Frequenzkoordinierung immer wieder verschoben werden. ERMES wurde als Funkrufstandard vom Europäischen Institut für Telekommunikationsstandards (ETSI) entwickeltet und 1990 von 16 Ländern angenommen. ERMES bietet verschiedene Pflichtfunktionen (Nur-Ton-Ruf, Numerik mit mindestens 20 Ziffern sowie Alphanumerik, Roaming) und optionale Leistungen an (z. B. Rufwiederholung, Rufumleitung, Gebühreninformation, Zielruf und Datenübertragung) an.[192]

Ab Januar 1994 ist ein neuer bundesweiter Funkrufdienst der DeTex Deutsche Textfunk GmbH - eine gemeinsame Tochter der Deutschen Bundespost Telekom und der TDF/RS (ein Unternehmen der France Telekom) - verfügbar, Omniport. Omniport übermittelt Informationen in Form von Ziffern (Numerik). Die Empfänger sind bundesweit mit einer einzigen Nummer erreichbar. Das Omniport-Signal wird in Deutschland flächendeckend über Satellit (Kopernikus I) sowie über 140 Rundfunksender ausgestrahlt.

---

[191] Die Zahlen für Eurosignal beziehen sich alle nur auf die alten Bundesländer.

[192] Vgl. *o. V.* (1993e), S. 28.

### 2.2.5.4 Satellitenverbundkommunikation

Verbundkommunikation kann auch mobil über Satellit erfolgen, via spezielle Satellitenkommunikations-Dienste der Deutschen Bundespost Telekom. Es sind die Mehrwertdienste DAVID, FVSat, DATEX-S, INMARSAT A, B, C und M.[193]
DAVID steht für "Direkter Anschluß zur Verteilung von Nachrichten im Datensektor" und wird meist genutzt zum Dialog zwischen einem zentralen Host-Rechner und mehreren dezentralen Terminals. Es handelt sich hierbei um Punkt-zu-Mehrpunkt-Verbindungen. DAVID kann neben der Datenkommunikation auch zur Übermittlung von Telefax und Standbildern sowie zur Sprachübermittlung genutzt werden.
FVSat kann zur Punkt-zu-Punkt-Übertragung in Form von Festverbindungen genutzt werden. Wie bei DAVID können Text, Daten und Sprache übermittelt werden.
DATEX-S verbindet ebenfalls zwei Standorte miteinander, im Gegensatz zu FVSat jedoch über Wählverbindungen nur bei Bedarf.
Die drei INMARSAT-Dienste A, B, M ermöglichen Text-, Sprach- und Datenübertragung. Die Dienste unterscheiden sich in der Übertragungsrate und in der technischen Abwicklung.
Über INMARSAT C erfolgt nur Text- und Datenkommunikation über Zwischenspeicher. Sprachübertragung ist nicht möglich. Der Zwischenspeicher dient dazu, fehlerhafte oder unvollständige Übertragungen zu erkennen. Die Übermittlung wird dann automatisch so lange wiederholt, bis ein einwandfreier Empfang zustande kommt.

## 2.3 Gebrochener Nachrichtenverkehr

### 2.3.1 Telegramm

Das Telegramm wird in dieser Arbeit dem gebrochenen Verkehr zugeordnet, da sich die Transportkette aus materiellen und immateriellen Komponenten zusammensetzt. Im heute gebräuchlichen Telegraphensystem wird die Nachricht vom Expedienten in einem Telegraphenbüro eingereicht. Von dort wird sie dem Zielbüro zugesendet, von wo aus Telegraphenboten das Telegramm an den Perzipienten übermitteln. Dabei müssen sich die Boten der materiellen Infrastruktur bedienen.[194]

Der immaterielle Bestandteil der Transportkette ist die eigentliche Telegraphie. Jedoch erst die Kombination der immateriellen Telegraphie mit der materiellen Über-

---

193 Vgl. Deutsche Bundespost Telekom (1993b), S. 276 ff. und S. 191 sowie *Kedaj/Joussen* (1994), Kap. 9.1., S. 10 ff.

194 Vgl. *Littlechild* (1979), S. 8.

mittlung macht den Telegrammdienst aus. Dabei existieren verschiedene Möglichkeiten, physische und nicht-physische Transportketten zu verbinden. Das Überbringen der Nachricht in das Telegraphenbüro kann materiell erfolgen (indem die Nachricht persönlich in schriftlicher Form eingereicht wird) oder immaterielle Dienste nutzen (Telefon, Telex, Teletex). Das Zustellen des Telegramms erfolgt entweder per Bote, dies können, falls erwünscht, Eilboten, aber auch normale Postboten sein, oder mittels Telekommunikationsdiensten.[195] Nur in dem Fall, daß alle drei Komponenten der Kette nicht-physischer Natur sind, könnte man das Telegramm den immateriellen Diensten zuordnen. Innerhalb dieser Arbeit soll jedoch die Besonderheit des Telegrammdienstes als gebrochener Verkehr herausgestellt werden. Somit wird unterschieden zwischen der rein immateriellen und der gebrochenen Form des Telegramms. Analog zum Briefdienst wäre es angebracht, die Anzahl der übermittelten Telegramme als Grundlage für eine Analyse zu verwenden. Jedoch ist mit dem vorliegenden Datenmaterial der Deutschen Bundespost resp. Deutschen Bundespost Telekom innerhalb dieser Gruppe keine Unterscheidung nach immateriellem Verkehr und gebrochenem Verkehr möglich. Deshalb müssen die erfaßten Daten für die aufgegebenen bzw. zugestellten Telegramme verwendet werden.[196]

---

[195] Wobei bei einer telefonischen Übermittlung eine Zusendung des Telegramms als Brief erfolgt. Vgl. zu den möglichen Übermittlungsformen des Telegramms z. B. Deutsche Bundespost Telekom (1992a), S. 94.

[196] Die Anzahl der zugestellten Telegramme ist eine Teilmenge der übermittelten Telegramme. Die Anzahl der zugestellten Telegramme plus die Anzahl der Telegramme in die ehemalige DDR plus die Anzahl der Telegramme ins Ausland ergeben die Anzahl der übermittelten Telegramme. Wie die Anzahl der aufgegebenen Telegramme mit der der übermittelten Telegramme zusammenhängt, läßt sich aus den vorliegenden Daten nicht erkennen, vgl. Generaldirektion Postdienst (1990), S. 39 f.

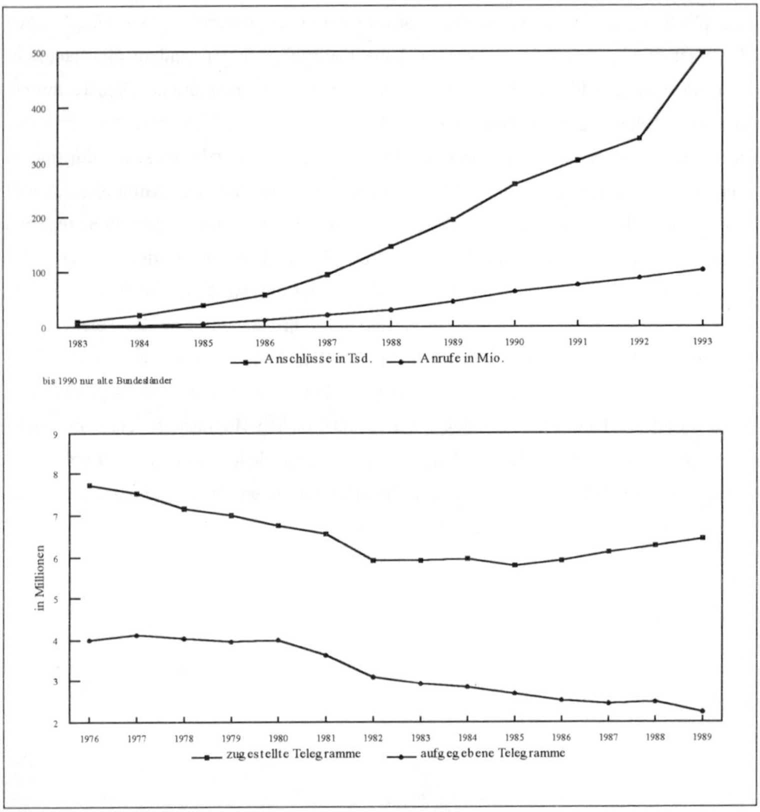


Quelle: Generaldirektion Postdienst (1990), S. 39 f. und Deutsche Bundespost Telekom (1994), S. 14.

Abb. 2.14: Entwicklung der Verkehrsmengen im Telegrammdienst[197]

Die obenstehenden Abbildungen zeigen die Entwicklung der aufgegebenen und zugestellten Telegramme insgesamt und der Telegramme, die dem gebrochenen Verkehr zuzurechnen sind ("gebrochene" Telegramme).[198] Da mit dem vorliegenden Datenmaterial allerdings nicht festzustellen ist, ob die Transportkette eines Telegramms durchgehend immateriell ist, kann hier die Trennung zwischen immateriellem und gebroche-

---

[197] Für die zugestellten Telegramme liegen die Zahlen nur bis 1991 vor, eine Trennung zwischen "gebrochenen" und "immateriellen" Telegrammen ist mit dem vorliegenden Datenmateriel sogar nur bis einschließlich 1989 möglich.

[198] Hierunter fallen bei den aufgegebenen Telegrammen die am Schalter aufgegebenen Telegramme und die dienstlichen Telegramme der DBP; bei den zugestellten Telegrammen die durch Eilboten und Briefpost zugestellten Telegramme sowie die dienstlichen Telegramme der Deutschen Bundespost.

nem Verkehr nur auf einen Teil der Transportleistung, entweder Zustellung oder Aufgabe, bezogen werden.

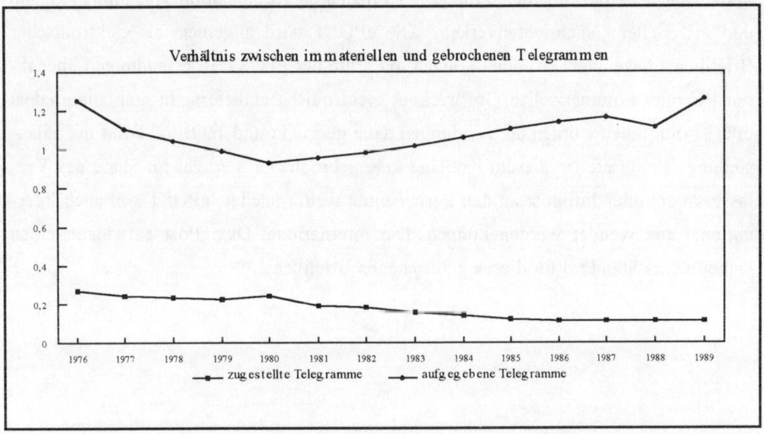


Quelle: Generaldirektion Postdienst (1990), S. 39 f. und Deutsche Bundespost Telekom (1994), S. 14.

Abb. 2.15: Verhältnis zwischen immateriellen und gebrochenen Telegrammen

Es fällt auf, daß im Bereich der zugestellten Telegramme die Anzahl der "gebrochenen" Telegramme[199] die der "immateriellen" Telegramme überstieg und sich das Verhältnis weiter zugunsten der "gebrochenen" Telegramme veränderte. Bei den aufgegeben Telegrammen verhielt es sich umgekehrt, hier stellen die "immateriellen" Telegramme die größere Gruppe (vgl. Abb. 2.15).

Daraus läßt sich folgern, daß bei der Aufgabe der Telegramme i. d. R. eine immaterielle Bestellung des Telegramms (Telefon, Telex) dem Gang zum Telegrafenamt (und der damit verbundenen Einreichung einer schriftlich fixierten Nachricht) vorgezogen wird, während die Auslieferung in stärkerem Maße durch Briefe oder Eilboten (materiell) erfolgt. Somit wird eine rein immaterielle Transportkette beim Telegrammdienst nur in Ausnahmefällen auftreten. Dies ist wohl auch zu erwarten, da die Hypothese naheliegt, daß der Telegrammdienst immer dann gewählt wird, wenn entweder Perzipient oder Expedient über keinerlei immaterielle Nachrichtenverkehrsdienste verfügen können.

[199] Zu den "immateriellen" Telegrammen zählen diejenigen, die entweder über Telefon oder Telex zugestellt bzw. aufgegeben werden.

### 2.3.2 ePOST

Dieser Mitte 1992 von der Deutschen Bundespost Postdienst als Pilotprojekt installierte Dienst beruht auf dem Prinzip der effizienten Kombination von immateriellem und materiellem Nachrichtenverkehr. Die ePOST wird allgemein als elektronischer Briefdienst bezeichnet. Kunden können mit Hilfe der ePOST Briefsendungen über ihren PC oder kommerziellen Großrechner elektronisch einliefern. In empfängernahen ePOST-Stationen werden die Sendungen dann gedruckt und als Brief, Brief mit Eilzustellung, Telebriefe (in diesem Fall läge kein gebrochener Verkehr im Sinne des Verfassers vor) oder Infopost an den Perzipienten weitergeleitet. ePOST soll auch international angewendet werden können. Die International Data Post entwickelt einen einheitlichen Standard für diesen gebrochenen Briefdienst.[200]

[200] Vgl. Deutsche Bundespost Postdienst (1993a), S. 23 f.

## 3. Mikroökonomische Determinanten der Nachfrage nach Nachrichtenverkehrsdienstleistungen

Gegenstand dieses Kapitels sind die mikroökonomischen Determinanten, die die Nachfrage nach Nachrichtenverkehrsdiensten beeinflussen. Hierbei soll jedoch explizit weder der Markt als Ganzes noch die Angebotsseite betrachtet werden, sondern es erfolgt eine mikroökonomisch orientierte theoretische und empirische Analyse möglicher Bestimmungsfaktoren privater und geschäftlicher Nachfrage.
Untersuchungen über das Nachfrageverhalten im Bereich des Nachrichtenverkehrs sind von besonderem Interesse, nicht nur für die Anbieter von Leistungen, sondern auch für das Bundesministerium für Post und Telekommunikation, dessen Aufgabe es ist, Pflichtleistungen zu definieren und Wettbewerbsbereiche auszuweisen.[1]
Die Analyse der Determinanten der Nachfrage nach einzelnen Diensten ist jedoch eine ungleich schwierige Aufgabe. Zum einen deswegen, weil das Gut Information ebenso wie das Gut Transportleistung nicht homogen ist. Zum anderen bietet das Nachfrageverhalten aufgrund seiner atomistischen Struktur ein ungemein komplexes und vielschichtiges Bild. Verschiedenen Gruppen von Nachfragern mit unterschiedlichen Intentionen (Expedient - Perzipient) stehen nicht nur verschiedene Anbieter, sondern auch unterschiedliche Angebotsformen gegenüber. So existieren neben Wettbewerbsbereichen (Mobilfunk, Satellitenkommunikation) auch nach wie vor Monopole (Netzmonopol, Telefondienstmonopol, Beförderungsvorbehalt).

### 3.1 Abgeleitete und originäre Nachfrage

Gerade in der Verkehrswirtschaft hat sich die Unterscheidung der Nachfrage in originäre und abgeleitete Nachfrage durchgesetzt. Alle Güter - und damit auch Dienstleistungen wie Personen-, Güter- und Nachrichtentransporte - dienen letztendlich der Befriedigung von Bedürfnissen. Dies kann direkt geschehen, d. h. die Nachfrage nach einem Gut kann unmittelbar ein Bedürfnis befriedigen. Dies nennt man originäre Nachfrage oder Endnachfrage. Aber gerade viele Dienstleistungen stiften keinen direkten Nutzen, sie sind vielmehr notwendige Komplementärleistungen für andere Waren und Dienstleistungen. Die Nachfrage nach Transportleistungen wird also bestimmt von der Nachfrage nach anderen Waren und Dienstleistungen. In diesem Fall spricht man von abgeleiteter Nachfrage.[2] Diese Unterteilung in originäre und abgeleitete Nachfrage mag im Personenverkehr noch sinnvoll sein. Die meisten Raumüberwindungsprozesse von Personen befriedigen nicht unmittelbar Bedürfnisse, sie sind

[1] Vgl. z. B. *Berger/Schöttner* (1991a), S. 232 und *Hartkorn* (o. J.).
[2] Vgl. z. B. *Voigt* (1973), S. 11 und *Kanafani* (1983), S. 14.

vielmehr Bestandteil eines Produktionsprozesses (Berufs-, Ausbildungs-, Einkaufsverkehr) oder Komplemente für andere Leistungen (Besuchsverkehr). Jedoch existieren auch Beispiele für Personenverkehr zum Selbstzweck. Es werden z. B. Ausflugsfahrten gemacht, deren einziges Ziel darin besteht, die Landschaft zu betrachten oder das Fahrerlebnis auszukosten.
Im Güter- und Nachrichtenverkehr ist eine derartige Abgrenzung nicht möglich. Güter und vor allen Dingen Nachrichten sind Sachen, die kein Bewußtsein und damit keine Bedürfnisse haben. Ein Transportvorgang zur unmittelbaren Nutzenstiftung ist daher ausgeschlossen. Es sind immer Personen, die die Nachrichtenübertragung in Gang setzen bzw. initiieren. Der Transport erfüllt also immer komplementäre Aufgaben, das Gut Transportleistung ist folglich ein Gut zweiter oder höherer Ordnung. Der Zweck ist es, Informationen zu übertragen, die dann auf verschiedene Art und Weise genutzt werden können, um Bedürfnisse zu befriedigen, und sei es das Bedürfnis nach Unterhaltung. Damit würde es sich analog der obigen Definition beim Nachrichtenverkehr (und Güterverkehr) immer um abgeleitete Nachfrage handeln.

Es gibt aber Ansätze, eine Unterscheidung von originärer Nachfrage (im Sinne von Endnachfrage) und "abgeleiteter" Nachfrage durchzusetzen. *Antonelli* definiert abgeleitete Nachfrage (derived demand) als Nachfrage nach Produktionsfaktoren.[3] D. h. werden Informationen nachgefragt, um diese in einem Produktionsprozeß als Inputs einzusetzen, liegt nach *Antonelli*'s Meinung abgeleitete Nachfrage vor. In diesem Fall dienen die Informationen nur indirekt der Befriedigung der Endnachfrager. Endnachfrage ist dann gegeben, wenn die Information direkt verwertet wird, um Bedürfnisse zu stillen. Diese Unterscheidung lehnt sich an die Einteilung von Gütern in Produktions- und Konsumgüter an, die auf der Güterlehre nach *Menger*, der die Güter in verschiedene Ordnungsklassen aufgeteilt hat, basiert.[4] Güter, die direkt Bedürfnisse befriedigen, werden als Güter erster Ordnung bezeichnet; Güter, die "zur Hervorbringung von (...) anderen Gütern erster Ordnung dienen und solcher Art - obzwar der Regel nach untauglich, menschliche Bedürfnisse in unmittelbarer Weise zu befriedigen - doch mittelbar hiezu (sic.) geeignet sind"[5], stellen Güter zweiter oder höherer Ordnung dar. Nachrichtenverkehrsleistungen können sowohl Konsum- als auch Produktionsgüter sein, d. h. diese Eigenschaften sind nicht unbedingt produktionstechnisch bedingt, sondern sie bilden sich oftmals erst in der Wertschätzung durch den Nachfrager, der je nach Dienst sowohl Expedient (Telefon, Briefverkehr) als auch Perzipient (Radio, Fernsehen) sein kann. Dies macht eine deutliche Abgrenzung der Nachfrage äußerst schwierig. Vor allen Dingen stellt sich die Frage, wann Produktion und wann

[3] Vgl. *Antonelli* (1989/90), S. 47.
[4] Vgl. zur Ordnung der Güter *Menger* (1871), S. 8 f.
[5] *Menger* (1871), S. 8 f.

Konsum vorliegt. Versucht man, den Begriff "Produktion" im volkswirtschaftlichen Sinne zu beschreiben, bedient man sich meistens der Abgrenzungen, die innerhalb der Volkswirtschaftlichen Gesamtrechnung festgelegt werden. Haushalte können nur in geringem Umfang produzieren (Dienstleistung eines Butlers oder einer Putzfrau). Der Kauf von Grundstücken oder Eigenheimen wird deshalb innerhalb der Volkswirtschaftlichen Gesamtrechnung den Unternehmen zugeordnet. Diese konsumieren ex definitione nicht, jede Übermittlung von Informationen zum Zwecke des Kaufes oder Verkaufes von Grundstücken, Wohnungen etc. würde also eine Vorleistung zur Produktion bedeuten. Was ist aber, wenn ein Privatmann telefonisch einen Gebrauchtwagen von einer anderen Privatperson kauft? In der Volkswirtschaftlichen Gesamtrechnung wird dieser Prozeß nicht problematisiert. Es findet zwar eine Markttransaktion statt, aber im volkswirtschaftlichen Sinne keine Produktion, da es sich bei den Akteuren um private Haushalte handelt. Nun ist aber eindeutig, daß es sich in diesem Fall bei der Inanspruchnahme des Telefondienstes nicht um Endnachfrage handelt. Das Bedürfnis, das befriedigt wird, ist der Wunsch nach einem neuen Fahrzeug, nicht der Wunsch nach einem Kaufgespräch. Dieser sicherlich nicht selten vorkommende Fall einer rein privaten Interaktion zum Zwecke der Vorbereitung oder Durchführung einer Markttransaktion wird von der obigen Unterscheidung in Konsum- und Produktionsgut falsch erfaßt. Der Produktionsbegriff der Volkswirtschaftlichen Gesamtrechnung ist zur Lösung des Problems somit nicht geeignet. Eine weitere Fassung des Terminus "Produktion" ist notwendig.

Eine weitere Definition besagt, daß Produktion "Einsatz und Kombination von materiellen und immateriellen Gütern zur Herstellung und Verwertung anderer Güter"[6] umfaßt.

Aber selbst unter Zugrundelegung dieses Produktionsbegriffes bleibt die Unterscheidung zwischen Konsum und Produktion bezogen auf die Nachrichtenverkehrsdienste diffus und willkürlich. Werden Informationen genutzt, um das Gut Unterhaltung zu "produzieren", liegt Produktion vor. Inputs (Information, Infrastruktur) werden kombiniert, um einen Output (Unterhaltung) herzustellen. Fernseh- und Radiosender produzieren folglich das Gut, die Dienstleistung "Unterhaltung". Liegt dann - analog dazu - auch eine "Produktion" vor, wenn jemand am Telefon eine Geschichte erzählt? Oder spricht man in diesem Fall nicht doch lieber von Endnachfrage, da die Informationen direkt verwendet werden, um das Bedürfnis nach Unterhaltung zu befriedigen?

Besonders problematisch wird diese Abgrenzung beim Zeitungsdienst. Liest man die Zeitung nur, um sich zu informieren, liegt Endnachfrage vor. Liest man jedoch die Verkaufs- oder Kaufanzeigen mit dem Ziel, Transaktionen durchzuführen, wäre der Zeitungsdienst eine Vorleistung für eine Produktion. Hier kann also die Nachfrage

---

[6] *Küpper* (1993), S. 1707.

nach ein und demselben Dienst im Sinne *Antonelli*'s sowohl Endnachfrage als auch abgeleitete Nachfrage sein.
Eine klare Abgrenzung, was Nachfrage nach Produktionsgütern und was letztendlich Endnachfrage ist, ist im Falle von Informationen schwer zu finden. Eine vergleichbare Unterscheidung in originäre und abgeleitete Nachfrage läßt sich allerdings am Vorhandensein oder Fehlen von Markttransaktionen festmachen. Leitet Nachrichtenverkehr also eine (auch nur potentielle) Markttransaktion ein oder begleitet diese, kann man von abgeleiteter Nachfrage sprechen. Ist das Ziel des Nachrichtenverkehrs letztendlich nicht das Zustandekommen einer Markttransaktion, liegt originäre, also Endnachfrage vor.[7]
Sinnvoller als diese relativ weit gefaßte Definition ist allerdings die Beantwortung der Frage, welche exakten Ziele mit Nachrichtenverkehr verbunden sind. Es ist eine genauere Abgrenzung notwendig, inwiefern Markttransaktionen eingeleitet oder begleitet werden. Damit verbunden ist dann schließlich auch die Frage, wer an den Transportvorgängen beteiligt ist.

## 3.2. Ziele des Nachrichtenverkehrs

Der erste Schritt einer Untersuchung über das Nachfrageverhalten muß die Bestimmung der allgemeinen Ziele des Nachrichtenverkehrs sein. Der zweite Punkt ist dann die Analyse der Bestimmungsgrößen für die Wahl eines speziellen Nachrichtendienstes.[8]

Allein der erste Teil wirft schon eine Reihe äußerst diffiziler Fragen auf. Denn die Nachfrage nach Informationsübertragung ist nicht nur von monetären und nichtmonetären ökonomischen Parametern abhängig, wie Einkommen, Preise, aber auch Externalitäten, Konjunkturverlauf, Grad der Industrialisierung, sondern auch von geographischen, demographischen und sozialpsychologischen Aspekten. Welche Rolle spielen Bevölkerungswachstum, Alter und Bildung, Wanderungsbewegungen, räumliche Erschließung für die Nachfrage nach Nachrichtenverkehrsleistungen? All diese Punkte lassen sich - wenn überhaupt - nur mit großem statistischen Aufwand analysieren. Deshalb sollen hier lediglich die wesentlichen Ziele kurz umrissen werden.
*Spranger* unterscheidet an Hand der Ziele drei Arten von Nachrichtenverkehr:[9]

---

[7] Dabei stellt die Inanspruchnahme von Nachrichtenverkehrsdiensten zumindest auf seiten der Expedienten ebenfalls eine Martkttransaktion dar. Diese systemimmanente Transaktion soll hier aber nicht betrachtet werden.

[8] Eine analoge Vorgehensweise findet sich im Bereich des Personenverkehrs bei *Voigt/Zachcial/Solzbacher* (1976a).

[9] Vgl. dazu *Spranger* (1961), S. 70 ff.

- den erschließenden Nachrichtenverkehr, den er in zwei Gruppen einteilt: den eigentlich erschließenden und den werbenden Nachrichtenverkehr
- den abwickelnden Nachrichtenverkehr
- den informatorischen oder privaten Nachrichtenverkehr.

Der eigentlich erschließende Nachrichtenverkehr besitzt die Aufgabe, Räume miteinander zu verbinden, die bisher noch keine oder nur geringe wirtschaftliche Beziehungen miteinander hatten. Mit Hilfe des Austausches von Nachrichten soll ermittelt werden, ob und wie stark sich die wirtschaftliche Erschließung eines Gebietes rentiert. Der eigentlich erschließende Nachrichtenverkehr induziert deshalb i. d. R. Güter- und Personenverkehr von und zu den "neu erschlossenen" Räumen.[10] Der erschließende Nachrichtenverkehr erweitert den Kreis der Wirtschaftssubjekte, die in der Lage sind, miteinander in Tauschbeziehungen zu treten, liefert relevante Informationen über das Bestehen von Märkten, und er ist notwendig für die räumliche und zeitliche Preisangleichung.[11] Primäres Ziel des erschließenden Nachrichtenverkehrs ist folglich eine verbesserte Markttransparenz. Bereits *Jevons* hält das Vorliegen von Nachrichtenverkehr für eine wichtige Voraussetzung für die Bildung von räumlichen Märkten. So schreibt er: "Die Kaufleute können über eine ganze Stadt oder einen Teil des Landes zerstreut sein und doch einen Markt bilden, wenn sie durch (...) veröffentlichte Preislisten, das Postamt (...) in enger Verbindung stehen."[12] Weiter geht *Jevons* sogar davon aus, daß das Fehlen von Kommunikationsmitteln den Markt erheblich einschränken kann, denn "alle Personen (...) deren Vorräte wegen Mangels an Kommunikationsmitteln nicht verfügbar sind, dürfen nicht als Teil des Marktes angesehen werden."[13] Auch die Feststellung und Änderung eines Marktpreises ist abhängig von einem entsprechend ausgeprägten Nachrichtenfluß. Das Gesetz der Unterschiedlosigkeit der Preise (Law of Indifferences), das *Jevons* formulierte, basiert damit auf einem möglichst vollkommenen Nachrichtenverkehr.[14] Diese erste Art von Nachrichtenverkehr besitzt somit Pioniercharakter.

Im Gegensatz zum eigentlich erschließenden Nachrichtenverkehr, der von gesamtwirtschaftlichem Interesse ist, wird der werbende Nachrichtenverkehr aus primär einzelwirtschaftlichem Interesse durchgeführt. Er soll den Umsatz der beteiligten Unternehmen (Expedienten) dadurch erhöhen, daß er in den schon erschlossenen Räumen ihre speziellen Waren bekanntmacht. Werbung weckt oftmals erst neue Bedürfnisse

[10] Vgl. *Spranger* (1961), S. 70.
[11] Vgl. dazu bereits *Sax* (1920), S. 340 ff.
[12] *Jevons* (1924), S. 81.
[13] *Jevons* (1924), S. 82.
[14] Vgl. *Jevons* (1924), S. 83 f. "Es gehört zum eigentlichen Wesen des Handelsverkehrs, ausgedehnte und fortwährende Nachrichten zu besitzen!"

und zieht die Abwicklung wirtschaftlicher Transaktionen nach sich. Der erschließende Nachrichtenverkehr dient also vordergründig der Übermittlung orientierender Informationen.

Der abwickelnde Nachrichtenverkehr wird in nicht unerheblichem Maße erst durch den erschließenden Nachrichtenverkehr induziert. Jede wirtschaftliche Tätigkeit (sei es nun Produktion, Absatz, Konsum etc.) wird begleitet von einer Reihe von Transaktionen. Die Entscheidung, ob eine Transaktion durchgeführt werden soll, ihre Vorbereitung und letztendlich ihre Durchführung erfordern sehr viele spezifische Einzelinformationen. Informationen über Preise und Qualitäten sind ebenso notwendig wie Informationen über Prozeßsteuerung, -abwicklung und Logistik. In der heutigen Zeit spielt in diesem Bereich die optimierende Komponente eine immer wichtigere Rolle. D. h. Nachrichtenverkehr (speziell immaterieller Nachrichtenverkehr) wird immer mehr dazu herangezogen, um bestehende Prozesse effizienter zu gestalten und abzuwickeln. Durch die Entwicklung moderner Telekommunikationstechnologien wächst das Potential des Nachrichtenverkehrs, Produktions- und Transportabläufe zunehmend effizienter zu gestalten. Das gilt für alle Bereiche. Haushalte sind zunehmend in der Lage, durch Nutzung von Telekommunikation (Tele-Shopping, Tele-Banking etc.) nachfrageseitige Transaktionen (Einkauf, Erledigung von Bankgeschäften) effektiver und damit opportunitätskostensparender zu gestalten. In Unternehmen führt der Einsatz von Nachrichtenverkehr (speziell Telekommunikation) dazu, daß eine limitierende Variable, die Zeit, effektiver genutzt werden kann. Letztendlich ist damit eine Steigerung der Produktivität der Faktoren Arbeit und Kapital verbunden.[15] Auch die neuen Trends innerhalb der Produktionsunternehmen (Just-in-Time, Out-Sourcing, Hoffice[16]) sind ohne den modernen Nachrichtenverkehr nicht denkbar. Dieser optimierende Nachrichtenverkehr hat einen gravierenden Einfluß auf den Personen- und Güterverkehr. Die Wechselwirkungen zwischen optimierendem Nachrichtenverkehr und den beiden anderen Verkehrsarten sind ambivalent. Vor allem im Bereich des Personenverkehrs kann zunehmend mit einer Substitution zwischen Nachrichten- und Personenverkehrsdienstleistungen gerechnet werden. Beim Güterverkehr kann der Einsatz der Telekommunikation einerseits zu einer Substitution führen (Vermeidung von Leerfahrten durch Transportbörsen), andererseits kann aber auf einigen Gebieten auch mit einer Induktion aufgrund zunehmender Dezentralisierung gerechnet werden (Just-in-Time, Out-Sourcing).[17]

---

[15] Vgl. *Taylor* (1994), S. 68 oder *Antonelli* (1993), der nachweist, daß Investitionen im Bereich Telekommunikation stärker mit der Arbeitsproduktivität (positiv) korrelieren, als Investitionen in anderen Bereichen.

[16] Hoffice ist die Abkürzung von home-office und bedeutet die Auslagerung von Büros in die Wohnheime der Angestellten (Teleheimarbeit).

[17] Vgl. *Ernst/Walpuski* (1993).

Der Nachrichtenverkehr, der nach *Spranger* abwickelnd genannt wird, beinhaltet also zwei unterschiedliche, aufeinander aufbauende Motive. Zum einen ist er notwendig, um wirtschaftliche Transaktionen und Prozesse überhaupt in Gang zu setzen. Er wirkt in dem Fall wie ein Katalysator und soll deswegen als katalytischer Nachrichtenverkehr bezeichnet werden. Daneben spielt aber die optimierende Komponente eine erhebliche Rolle, d. h. die Nutzung von Nachrichtenverkehrsdiensten zur Optimierung wirtschaftlicher Vorgänge. Dieser optimierende Nachrichtenverkehr ist demnach der Teil des abwickelnden Nachrichtenverkehrs, der nicht auf das Zustandekommen von Transaktionen hinwirkt, sondern auf deren effizientere Ausgestaltung. Der Drang zur Optimierung - und damit zur Einsparung von Transaktions-, Informations- und Opportunitätskosten - kann als Haupttriebfeder für die Entwicklung neuer Informations- und Kommunikationstechnologien gesehen werden. Ziel des abwickelnden Nachrichtenverkehrs ist es also, motivierende Informationen zu transportieren.
Der erschließende und der abwickelnde Nachrichtenverkehr wird primär verwendet zur Vorbereitung und Abwicklung von Markttransaktionen. Im Gegensatz dazu steht der private Nachrichtenverkehr.

Der private Nachrichtenverkehr dient der Übermittlung von Nachrichten mit dem Ziel der Unterhaltung, also der Übertragung distraktiver Informationen. Der Begriff "privat" kann in diesem Zusammenhang allerdings zu Mißverständnissen führen, im Sinne einer Unterscheidung "privat" und "öffentlich". Deswegen soll diese Art distraktiver Nachrichtenverkehr genannt werden.
Eine exakte empirische Abgrenzung dieser Ziele ist nicht einfach. Wo ist die Grenze zu ziehen, ob eine Information letztendlich motivierend oder nur distraktiv ist? Informiert sich eine Person über Preise, z. B. von Neuwagen, kann sowohl katalytischer Nachrichtenverkehr vorliegen, wenn die Person aufgrund der Information einen Wagen nachfragt; es kann jedoch auch privater Nachrichtenverkehr vorliegen. Vor allen Dingen kann eine transportierte Nachricht Komponenten verschiedener Informationsarten in sich vereinen. In einem Brief können sowohl motivierende und orientierende als auch distraktive Informationen zeitgleich und nebeneinander übermittelt werden.
Distraktive Informationen sind nicht mit Markttransaktionen verbunden, deshalb kann man die Nachfrage nach dieser Gruppe von Informationen als Endnachfrage bezeichnen. Alle anderen Informationen sind direkt oder indirekt auf die Abwicklung von Markttransaktionen gerichtet oder begleiten diese sogar. Nachfrage nach erschließendem oder abwickelndem Nachrichtenverkehr läßt sich dann als abgeleitete Nachfrage definieren.

Wichtig in diesem Zusammenhang ist anzumerken, daß vor allen Dingen der erschließende Nachrichtenverkehr weiteren Nachrichtenverkehr induziert und ambivalente Wirkungen auf Richtung, Umfang und Stärke von Personen- und Güterverkehr hat.[18]

In Abbildung 3.1 sind die Arten des Nachrichtenverkehrs übersichtlich dargestellt.

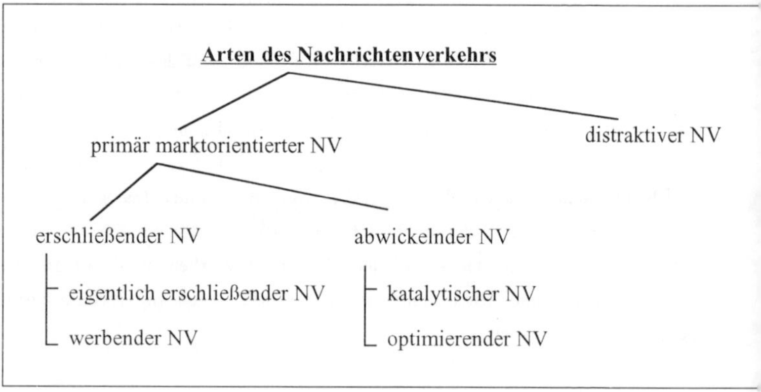


Quelle: Eigener Entwurf

Abb. 3.1: Arten des Nachrichtenverkehrs (NV)

## 3.3 Die zweistufige Entscheidungssituation

Schwieriger wird die Betrachtung der Frage nach den Determinanten der nachfrageseitigen Entscheidung eines bestimmten Nachrichtenverkehrsdienstes.
Die Grundannahmen, die dem Nachfrageverhalten der Wirtschaftssubjekte zugrunde liegen, brechen mit der impliziten Annahme, daß Nachrichtenverkehrsdienste ausschließlich gemäß ihrem Grad der "social presence" ausgewählt werden,[19] d. h. ausschließlich nach dem Grad ihrer Ähnlichkeit mit Face-to-Face-Kommunikation. Vielmehr wird davon ausgegangen, daß die Wahl des Dienstes abhängig ist von den individuellen Anforderungen des Nutzers, also seiner speziellen Situation und dem Zweck der Übermittlung.[20] Des weiteren wird zugrunde gelegt, daß die Auswahl nicht mehr allein aus technischen Effizienz-Kriterien getroffen werden, sondern "that systems are used efficiently or inefficiently according to the communicators' personal preferences

[18] Vgl. dazu *Ernst/Walpuski* (1993).
[19] Der Grad der "social presence" gibt an, wie nahe sich der Expedient während des Übermittlungprozesses dem Perzipienten fühlt, vgl. *Rogers* (1986), S. 52.
[20] Vgl. *Lievrouw/Finn* (1990), S. 39.

and purposes"[21]. Mit anderen Worten findet hier eine Verlagerung von der reinen Betrachtung der technischen Merkmale eines Dienstes (Systems) hin zu einer präferenzorientierten Sichtweise statt. Diese Abkehr von der Effizienzannahme bezieht die Interessen und Anforderungen des Nachfragers explizit mit ein, sie ist also nicht nur abhängig von der Information und ihren spezifischen Eigenschaften.

Die Betrachtung der Determinanten bzw. der Ziele der Nachfrage nach immateriellen Nachrichtenverkehrsdiensten ist komplex, da sich der Nachfrager (Expedient) einer zweistufigen Entscheidungssituation gegenüber sieht. Zuerst muß er sich entscheiden, ob er den Anschluß an ein bestehendes Nachrichtenverkehrsnetz nachfragt, als Voraussetzung für die Nutzung des Dienstes (Nachfrage nach dem Zugang zu einem Dienst, demand of access). Danach erst wird die Entscheidung relevant, ob und in welchem Maße er den Dienst nutzt (demand of usage).[22]
Hierbei bedeutet die Nachfrage nach einem Netzanschluß nicht nur, daß man einen physischen Zugang zum Netz bzw. ein Endgerät erwirbt, sondern man erwirbt ein zusammengesetztes Gut. Dieses zusammengesetzte Gut enthält neben den materiellen Bestandteilen auch noch eine immaterielle Komponente, und zwar das Recht, ein Telekommunikationsnetz (hier: Fernmeldenetz) zu nutzen.[23]
Die gesamte Nachfrage nach einem Nachrichtenverkehrsdienst wird somit determiniert durch die Größen, die zum einen die Nachfrage nach dem Anschluß und zum anderen die Nachfrage nach der Nutzung beeinflussen. Erst wenn der Expedient im Besitz eines entsprechenden Endgerätes ist, bzw. der Zugang zu einem solchen ohne große Kosten (hier ist vor allem der Faktor Zeit zu nennen) möglich ist, reduziert sich das Problem auf eine einstufige Entscheidungssituation, auf die Nachfrage nach der Inanspruchnahme.
Der Brief- und Zeitungsdienst sind nicht leitungsgebunden. In diesen Fällen liegt ein "Netzanschluß" automatisch vor, und zwar in Form einer Adresse. Die Anschlußdichte beträgt 100 % und ist damit vollkommen. Die Entscheidungsfindung betrifft hier also auch nur die Frage nach der Inanspruchnahme des betreffenden Dienstes. Die zweiseitige Entscheidungssituation ist also im materiellen Nachrichtenverkehr nicht von Relevanz.[24]

Bei der Frage der Determinanten muß man zwischen den beiden Arten von Wirtschaftssubjekten private Haushalte und Unternehmen trennen. Der Staat soll innerhalb dieser Arbeit nicht betrachtet werden, da die Nachfrage des Staates i. d. R. völlig an-

---

[21] *Lievrouw/Finn* (1990), S. 40. Vgl. dazu auch *Rogers* (1986), S. 211.
[22] Vgl. *Taylor* (1980), S 17 und *Wenders* (1987), S. 43 ff.
[23] Vgl. dazu *Kruse* (1992), S. 10.
[24] Lediglich bei der Rohrpost als leitungsgebundenem Dienst tritt ein zweistufiger Prozeß auf; dieser Dienst ist in der Praxis aber kaum noch verbreitet.

dere Ziele verfolgt, wie z. B. die Bedarfsdeckung, Versorgung mit öffentlichen Gütern wie innere und äußere Sicherheit.[25] Die Determinanten, die die staatliche Nachfrage beeinflussen, werden daher auf dem Gebiet der politischen Wissenschaften zu finden sein.[26]

## 3.4 Nachfrage der privaten Haushalte

### 3.4.1 Ein mikroökonomisches Nachfragemodell

Ein einfaches mikroökonomisches Modell soll exemplarisch an Hand des Telefondienstes die Nachfrage der privaten Haushalte nach Nachrichtenverkehrsdiensten verdeutlichen.[27] Auf unterschiedliche Preisstrukturen und Tarife soll hier nicht eingegangen werden.[28] Deshalb wird die Annahme zugrunde gelegt, daß Telefonate homogene Güter seien, obwohl dies in der Realität natürlich nicht der Fall ist. Telefonate stellen in Abhängigkeit der Tageszeit, der Dauer und der Distanz unterschiedliche Güter dar.[29]

Betrachtet wird ein Konsument, der in seinem potentiellen Warenkorb nur zwei Güter enthält: Telefongespräche Q mit der korrespondierenden Verkehrsmenge q und ein zusammengesetztes Gut X, der Warenkorb, der alle anderen nachgefragten Güter und Dienstleistungen repräsentiert.

N sei die Anzahl der an das Telefonnetz angeschlossenen Nutzer. Noch nicht bearbeitete Anmeldungen für einen Anschluß werden nicht berücksichtigt.

$\delta$ ist eine dichotonomische Variable, die nur zwei Werte annehmen kann:

$$\delta = \begin{cases} 1, \text{ wenn der Nutzer an das Netz angeschlossen ist} \\ 0, \text{ wenn er nicht angeschlossen ist} \end{cases} \tag{3.1}$$

Der Konsument besitze eine Nutzenfunktion U, die neben der nachgefragten Menge (x) von Gut X noch die Argumente q und N enthält.

Im Gegensatz zu den Modellen bei *Artle/Averous*, *Rohlfs* und *Taylor* wird hier davon ausgegangen, daß der Konsument die Möglichkeit hat, auch ohne eigenen Anschluß zu telefonieren, und zwar mit öffentlichen Fernsprechern. Seine Nutzenfunktion ist also unabhängig von der dichotonomischen Variablen.

---

[25] Zu diesem Zweck fragt der Staat Nachrichtenverkehr nach, z. B. Militärfunk, BOS.

[26] Sie sollen deswegen nicht Gegenstand einer wirtschaftswissenschaftlichen Dissertation sein.

[27] Das Modell ist eine Modifikation der Modelle von *Artle/Averous* (1973), *Rohlfs* (1974) und *Taylor* (1980).

[28] Lediglich auf Preisdifferenzierungen zwischen öffentlichen und privaten Anschlüssen wird eingegangen.

[29] Vgl. z. B. *Bewley/Fiebig* (1988), S. 394.

(3.2) $U = U(q; x; N)$

Zusätzlich soll von den Monotonie-Annahmen ausgegangen werden, d. h. die Grenznutzen sind nicht negativ.

(3.3) $$\frac{\partial U}{\partial q} \geq 0, \quad \frac{\partial U}{\partial x} \geq 0, \quad \frac{\partial U}{\partial N} \geq 0$$

Hier werden positive Netzwerkeffekte erfaßt, ein Zuwachs an Anschlüssen erhöht den Nutzen des Konsumenten. Mögliche negative Netzwerkeffekte werden ausgeschlossen, bzw. es wird davon ausgegangen, daß die positiven Wirkungen die negativen mindestens ausgleichen. Auch werden die Nutzungsexternalitäten in Form der Anrufe, die das Individuum von anderen bekommt, von diesem Modell nicht erfaßt.[30] Denn dies würde das Modell erheblich komplizieren, da dann die dritte Monotonie-Bedingung nicht unbedingt erfüllt wäre.

Der Konsument sieht sich folgender Budgetrestriktion gegenüber:

(3.4) $$\delta(r_t + p_1 \cdot q) + (1-\delta)\, p_0 \cdot q + p_x \cdot x = Y$$

mit:

$r_t$ = entscheidungsrelevante Anschlußgebühr zum Zeitpunkt t

$p_1$ = Preis pro Telefongespräch bei Anschluß

$p_0$ = Preis pro Telefongespräch bei Nichtanschluß[31]

$p_x$ = Preis des zusammengesetzten Gutes x bzw. Lebenshaltungspreisindex

Y = Einkommen des Konsumenten

Bei der Wahl der entscheidungsrelevanten Anschlußgebühr muß der Zeitpunkt beachtet werden. Die Anschlußgebühr setzt sich zusammen aus einer einmaligen Anschliessungsgebühr und einer monatlichen Grundgebühr. Im Extremfall würde der Konsument seine Entscheidung, ob er sich anschließen läßt, nur für einen Monat (bzw. eine Periode) treffen. Handelt es sich also um einen Erstanschließer (t = 0), würde sich $r_t$

---

[30] Dies folgt der Argumentation von *Littlechild*, der davon ausgeht, "that any substantial or repeated externalities associated with telephone calls are likely to be 'internalized' (...), but that interactions costs make this much less likely with connections.", *Littlechild* (1975), S. 667. Vgl. zu den externen Effekten Kapitel 3.4.2.2.

[31] $p_0$ setzt sich zusammen aus dem Preis für das Telefonat von öffentlichen Fernsprechern (in der Bundesrepublik Deutschland beträgt diese Gebühr 30 Pfennig, $p_1$ lediglich 23 Pfennig) und den Opportunitätskosten. Diese sind eine Funktion der Anschlußdichte der öffentlichen Fernsprecher. Ist die Dichte gleich Null, d. h. existieren keine öffentlichen Fernsprecher, gehen die Kosten und damit $p_0$ gegen unendlich.

aus der einmaligen Anschließungsgebühr und den relevanten periodisch wiederkehrenden Grundgebühren zusammensetzen. Die relevanten Grundgebühren wären die Anzahl der Grundgebühren, die in dem Zeitraum anfallen, für den der Konsument seine Entscheidung trifft (im Extremfall ein Monat). Für alle Zeitpunkte $t > 0$ würde für den bereits angeschlossenen Konsumenten die Anschließungsgebühr wegfallen, sein entscheidungsrelevantes $r_t$ bestünde nur noch aus der anfallenden Grundgebühr (bzw. für längere Entscheidungszeiträume der Anzahl der periodisch wiederkehrenden Grundgebühren). In Abhängigkeit des Zeitpunktes sind folglich zwei verschiedene Entscheidungen zu treffen. Im Zeitpunkt $t = 0$ (für alle Erstanwender) stellt sich die Frage, ob man sich überhaupt anschließen läßt, für alle Zeitpunkte $t > 0$ bezieht sich die Entscheidungssituation darauf, ob man seinen Anschluß behält oder aufgibt.[32]
Je niedriger also die einmalige Anschließungsgebühr im Vergleich zu den periodisch wiederkehrenden Grundgebühren ist und je länger der betrachtete Zeitraum ist, desto weniger entscheidungsrelevant wäre - theoretisch gesehen - die einmalige Gebühr. Eine empirische Auswertung der sechziger und frühen siebziger Jahre von *Böhm/Wacker* kommt allerdings zu einem anderen Ergebnis. In der Praxis werden die Gebührenarten nicht rational entsprechend ihres objektives Anteils an dem gesamten Gebührenaufkommens beurteilt, sondern subjektiv bewertet. Dabei kamen *Böhm/Wacker* zu dem Ergebnis, daß die einmalige Anschließungsgebühr doppelt so hoch gewichtet wird, wie die monatliche Grundgebühr.[33] Wie heutzutage die subjektiven Gewichtungen aussehen, läßt sich allerdings nicht sagen.
Nun sollen die Bedingungen für die Nachfrage nach Nutzung und Netzanschluß abgeleitet werden. In einem ersten Schritt wird dabei der Nettonutzen $S^1$ des Konsumenten bei Anschluß an das Netz abgeleitet. In einem zweiten Schritt wird der Nettovorteil mit den Kosten, den Anschlußgebühren, verglichen, um zu sehen, ob der Konsument bereit ist, sich an das Netz anschließen zu lassen.

In Schritt 1 soll zuerst angenommen werden, daß $\delta = 1$ ist. Die LaGrange-Funktion hat dann folgendes Aussehen:

$$L = U(q; x; N) - \lambda(r_t + p_1 \cdot q + p_x \cdot x - Y) \tag{3.5}$$

Die LaGrange-Funktion wird in Abhängigkeit der beiden für den Konsumenten endogenen Variablen q und x sowie des Multiplikators $\lambda$ maximiert. Dazu werden die partiellen Ableitungen gleich Null gesetzt.
Die erste partielle Ableitung nach $\lambda$ ergibt genau die Nebenbedingung in Form der Budgetrestriktion:

---

32 Vgl. zu dieser Erweiterung z. B. *Curien/Vilmin* (1983), S. 231 ff.
33 Vgl. *Böhm/Wacker* (1977), S. 8.

(3.6) $$\frac{\partial L}{\partial \lambda} = r_t + p_1 \cdot q + p_x \cdot x - Y = 0$$

Die anderen Bedingungen erster Ordnung für ein Extremum lauten:

(3.7) $$\frac{\partial L}{\partial q} = U_q - \lambda \cdot p_1 = 0$$

(3.8) $$\frac{\partial L}{\partial x} = U_x - \lambda \cdot p_x = 0$$

Daraus ergibt sich die Marginalbedingung für ein Extremum:

(3.9) $$\frac{U_q}{U_x} = \frac{p_1}{p_x}$$

Aus der Marginalbedingung und der Budgetrestriktion läßt sich dann unter ceteris-paribus-Bedingung die direkte Nachfragefunktion nach Telefonaten ableiten:[34]

(3.10) $$q = q(p_1; p_x; N; Y-r_t)$$

Diese Nachfragefunktion stellt, solange der Anschluß in Frage gestellt ist, lediglich eine hypothetische Funktion dar.
In Anlehnung an *Taylor*'s Modell soll zur Schätzung des Nettovorteils, den der Konsument aus dem Anschluß an das Netz zieht, das Konzept der Konsumentenrente herangezogen werden.[35]

Die inverse Nachfragefunktion lautet:

(3.11) $$p_1 = g(q; p_x; N; Y-r_t)$$

Geht man davon aus, daß der Konsument weiß, daß er in dem betrachteten Zeitraum n Telefonate machen wird, so berechnet sich seine Konsumentenrente als Wert der Fläche zwischen der Nachfragefunktion und der Preisgerade bis zur Menge n.

---

[34] Die für ein Maximum notwendige Bedingung zweiter Ordnung soll hier nicht weiter problematisiert werden.

[35] Die abgeleitete Nachfragefunktion ist eine *Marshall*'sche Funktion. Die Fläche unterhalb dieser Kurve stellt an sich nur dann ein adäquates Maß für die Konsumentenrente dar, wenn der Einkommenseffekt des betreffenden Gutes gleich Null ist. *Willig* stellte jedoch fest, daß der Unterschied zwischen der *Marshall*'schen Funktion und den beiden Einkommensvariationen nach *Hicks* vernachlässigbar klein ist, vgl. *Willig* (1976).

(3.12) $$S^1 = \int_0^n f(q; p_x; N; Y - r_t)\,dq - p_1 \cdot n$$

Im zweiten Schritt wird jetzt der Nettovorteil $S^1$ mit den Kosten des Anschlusses in Relation gesetzt. Ist $S^1$ mindestens so groß wie $r_t$, wird der Konsument sich an das Netz anschließen lassen. Im anderen Fall wird er darauf verzichten.

(3.13) $$\delta = \begin{cases} 1, \text{ wenn } S^1 \geq r_t \\ 0, \text{ wenn } S^1 < r_t \end{cases}$$

Läßt sich der Konsument anschließen, wird die in (3.10) abgeleitete Funktion seine aktuelle Nachfragefunktion nach Nutzung des Telefonsystems. Zeigt sich jedoch, daß die Kosten des Anschlusses den Nutzen (Nettovorteil) übersteigen, wird sich der Konsument nicht anschließen lassen.
Für $\delta = 0$ lautete die Budgetrestriktion:

(3.14) $$p_0 \cdot q + p_x \cdot x = Y$$

Die abgeleitete Nachfragefunktion unterscheidet sich von Gleichung (3.10) nur durch den höheren Preis für q, $p_0$, und den Wegfall von $r_t$.

Neben den monetären Größen Einkommen und Preise und den positiven externen Effekten ist eine weitere wesentliche nichtmonetäre Determinante im Zusammenhang mit der Nachfrage nach Netzanschluß relevant, der Optionsnutzen. Das Telefon bietet die Möglichkeit, jederzeit jemanden zu erreichen. Diese Option trägt in nicht unerheblichem Maße zur Steigerung der Sicherheit vor allem bei alten oder kranken Menschen bei, die mit dem Netzanschluß quasi auch an die notwendigen Versorgungssysteme (Arzt, Polizei, Seelsorge etc.) angeschlossen sind.[36]
Es läßt sich zwischen einem aktiven Optionsnutzen, dem Nutzen, den man aus der Tatsache zieht, jederzeit anrufen zu können, und einem passiven Optionsnutzen (Nutzungsexternalität), dem Nutzen, den man daraus zieht, jederzeit angerufen werden zu können, unterscheiden.[37] Die Nutzungsexternalität sind externe Effekte im Konsum, die allerdings nur den Perzipienten betreffen. Er wird angerufen, zieht aus dem Gespräch einen Nutzen, ohne dafür zu bezahlen. Sein Nutzen wird also nicht in-

[36] Vgl. hierzu *Adler* (1992), S. 14.
[37] Ein Beispiel für diesen passiven Optionsnutzen des Telefons stellt die Altenbetreuung per Telefon dar, bei der ältere Menschen jeden Tag von Sozialhelfern angerufen werden. Vgl. dazu *Lester* (1979), S. 455.

ternalisiert.[38] Der Anschluß an ein Netz kann also auch dann von Vorteil sein, wenn man selbst nicht beabsichtigt, Nachrichten zu senden, sondern nur auf den Empfang von Nachrichten wartet.

Der Optionsnutzen oder die Nachfrage nach der Option ("option demand") bedeutet, daß die Nutzer einen Vorteil daraus ziehen, daß sie an ein Netz angeschlossen sind, sie also in der Lage sind, ein Kommunikationsmittel (als Expedient oder Perzipient) zu nutzen. Dieser Nutzen entsteht unabhängig davon, ob nun eine Nachricht letztendlich wirklich übermittelt wird, d. h. die Option tatsächlich ausgeführt wird; die bloße Möglichkeit der Übermittlung bringt schon einen Nutzen. Die Theorie der Optionsnachfrage, die zum ersten Mal von *Weisbrod* an Hand des Beispieles des Sequoia-Nationalparks aufgegriffen wird, erweitert die Betrachtungen der Determinanten der Nachfrage nach Nachrichtenverkehrsdiensten um den Aspekt "Unsicherheit".[39] Ein Maß für die Höhe des Optionsnutzen stellt der Optionswert ("option value") dar, "the maximum amount a consumer with uncertain future preferences (...) would be willing to pay for the option to purchase a particulary commodity at a specified price."[40] Hier wäre dies der maximale Betrag, den ein Konsument für einen Netzanschluß bezahlen würde, um Telefongespräche zu den geltenden Gebühren führen zu können. Betrachtet man die Möglichkeit, daß der Konsument in Abhängigkeit der Dichte der öffentlichen Telefone unter unterschiedlich hohen Kosten ebenfalls Anrufe tätigen könnte, ließe sich der aktive Optionswert auch dahingehend interpretieren, daß er den maximalen Betrag darstellt, den der Betroffene bereit wäre zu entrichten, damit er zu einem geringeren Preis telefonieren kann. Der Optionswert ist in diesem Fall abhängig von den Opportunitätskosten, die wiederum eine Funktion der Anschlußdichte darstellen.

*Long* brachte den Optionswert in Zusammenhang mit dem Konzept der Konsumentenrente. Für ihn ist der Optionswert "exactly the expected consumer surplus from consuming the good at the terms specified in the option"[41].

In neueren Modellen wird jedoch davon ausgegangen, daß der Optionswert nicht dem Erwartungswert der Konsumentenrente entspricht. Der "option value" ist vielmehr die Differenz zwischen der zustandsunabhängigen maximalen Zahlungsbereitschaft für die Option (Optionspreis) und dem Erwartungswert der Konsumentenrente, d. h. der Summe der mit ihrer Eintrittswahrscheinlichkeit bewerteten, zustandsabhängigen Konsumentenrenten.[42] Der "option value" ist also die Differenz zwischen dem Erwar-

---

[38] Vgl. *Neumann* (1984), S. 47 f.

[39] Vgl. hierzu z. B. *Weisbrod* (1964), S. 472, *Taylor* (1980), S. 39 f. und *Wolak* (1993), S. 181.

[40] *Schmalensee* (1972), S. 813.

[41] *Long* (1967), S. 351 f.

[42] Dabei wird angenommen, daß der Konsument das Eintreten verschiedener Umweltzustände für unterschiedlich wahrscheinlich hält. Für jeden Zustand wird die Konsumentenrente gemessen, also die maximale Zahlung, die der Konsument bereit ist zu leisten, um in den Genuß der Option zu

tungswert des Nettovorteils (als Maß dient die Konsumentenrente in Form der kompensierenden Einkommensvariation), den der Anschluß bei Eintritt bestimmter Umweltzustände bringt, und dem Nettovorteil, den der Anschluß zustandsunabhängig hat. Der Optionswert wäre damit genau der Nutzen, den der Konsument dadurch erhält, daß er angeschlossen ist und deswegen die Option hat, jederzeit den Dienst in Anspruch nehmen zu können. Besteht keine Unsicherheit über die zukünftige Nutzung, bzw. ist der Konsument ein sicherer Nachfrager, wäre der Optionswert null, da der Konsument dann genau den Optionspreis zahlen würde, bei welchem er indifferent ist zwischen der Situation, die Option zu kaufen, und der Situation, die Option nicht zu erwerben.[43] Besteht aber Unsicherheit darüber, welcher Umweltzustand eintritt, und sind die Konsumenten risikoavers und ihre zukünftigen Einkommen sicher, so ist der Optionswert bei Zugrundelegung des Konzeptes der kompensierenden Einkommensvariation als Maß für die Konsumentenrente positiv.[44] Die Begründung hierfür ist einfach. Risikoaverse Individuen sind bereit, einen Betrag zu bezahlen, der ihre erwartete Konsumentenrente übersteigt, um Unsicherheit zu reduzieren oder gar zu beseitigen.

Ein Beispiel soll das illustrieren. Konsument P, der über ein sicheres Einkommen in Höhe von Y' verfügt, überlegt sich, ob er sich an das Telefonnetz anschließen lassen soll. Da P ein Einzelgänger ist, benötigt er das Telefon nur, wenn ein Notfall eintritt und er Hilfe holen muß. Die Eintrittswahrscheinlichkeit eines solchen Notfalls (Umweltzustand 1) schätzt P auf 50 % ($p_1 = 0,5$). P ist risikoavers, d. h. seine Risikonutzenfunktion vom Typ *von Neumann-Morgenstern* U(Y) ist streng konkav (vgl. Abb. 3.2).[45] Würde Umweltzustand 2 ("kein Notfall") eintreten, betrüge das verfügbare Einkommen von P genau Y', sein Nutzen wäre dann $U_3$. Würde hingegen der Notfall eintreten, wäre sein verfügbares Einkommen Y' - OP'. OP' ist der Optionspreis 1, d. h. die maximale Zahlungsbereitschaft, um sich bei Eintreten des Umweltzustands 1 im Nicht-Anschluß-Fall nicht schlechter zu stellen als im Anschluß-Fall. Der korrespondierende Nutzen ist $U_1$.

---

kommen. Von dieser Konsumentenrente in Form der kompensierenden Einkommensvariation [vgl. dazu z. B. *Hicks* (1943)] wird dann der Erwartungswert gebildet. Zu dieser Definition des "option value" vgl. *Cicchetti/Freeman III* (1971), S. 529 ff., *Schmalensee* (1972), S. 813 f., der den "option value" sowohl für die kompensierende als auch die äquivalente Einkommensvariation definiert, oder *Kridel/Lehman/Weisman* (1993), S. 129 ff.

[43] Vgl. *Krutilla* u. a. (1972), S. 101.

[44] Vgl. dazu *Krutilla* u. a. (1972), S. 104 f., *Schmalensee* (1972), S. 821 oder *Smith* (1982), S. 667.

[45] Vgl. dazu z. B. *Friedman/Savage* (1948), S. 287 ff.

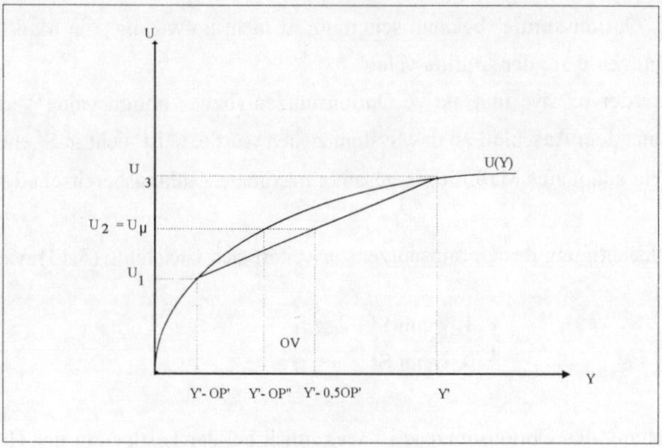


Quelle: *Krutilla* u.a. (1972), S. 105.

Abb. 3.2: Optionswert einer risikoaversen Person

Der Erwartungswert seiner Konsumentenrente μ berechnet sich wie folgt:

(3.15) $\mu = 0{,}5 \cdot OP' + 0{,}5 \cdot 0 = 0{,}5 \cdot OP'$

Sein Einkommenslevel, der mit dieser Unsicherheit verbunden ist, ist $Y' - 0{,}5 \cdot OP'$, der korrespondierende erwartete Nutzen beträgt $U_\mu$. Dieser erwartete Nutzen ist der Mittelpunkt der Verbindungslinie zwischen $U_1$ und $U_3$.

(3.16) $U_\mu = 0{,}5 \cdot U(Y') + 0{,}5 \cdot U(Y'-OP')$

Nun ist P aber risikoavers, d. h. er möchte seine Unsicherheit ausschalten. Welchen Betrag wäre er jetzt bereit zu zahlen, um den unsicheren Einkommensstrom gegen ein sicheres Einkommen einzutauschen? Dieser Betrag wäre Optionspreis OP", da sein sicherer Nutzen $U_2$ nach Zahlung von OP" ($U_2 = U(Y' - OP'')$) gleich dem erwarteten Nutzen $U_\mu$ wäre. Mit Zahlung des Optionspreises OP" und damit dem Erwerb der Option Telefonanschluß stellt sich P genauso gut wie in der unsicheren Variante ohne Anschluß. Die Differenz zwischen den Einkommensniveaus ($Y' - 0{,}5 \cdot OP'$) und ($Y' - OP''$) ist dann der Optionswert OV.

Der aktive und passive Optionsnutzen läßt sich in das Nachfragemodell des Haushaltes integrieren. Der Optionsnutzen ist der Nutzen, den der Konsument daraus zieht, daß er zum einen bei Eintritt eines bestimmten Umweltzustands die Möglichkeit (Option) hat, mehr als seine gewünschten q Telefonate zu führen bzw. diese kostengünstiger zu führen, und zum anderen die (bedeutendere) Möglichkeit besitzt, jederzeit angerufen zu werden. Die bei *Taylor* getroffene Annahme, daß dem Konsumenten

die Zahl der "Optionsanrufe" bekannt sein muß, ist nicht notwendig. Ein Maß für diesen Optionsnutzen wäre der "option value".
So sei nun ω der passive und aktive Optionsnutzen (bzw. "option value"), den der Konsument aus dem Anschluß an das System ziehen würde. ω ist nicht in $S^1$ enthalten, $S^1$ ist also kein adäquates Maß für die gesamte maximale Zahlungsbereitschaft für den Anschluß.
Unter Berücksichtigung des Optionsnutzens erweitert sich Gleichung (3.13) wie folgt:

(3.17)
$$\delta = \begin{cases} 1, \text{ wenn } S^1 + \omega \geq r_t \\ 0, \text{ wenn } S^1 + \omega < r_t \end{cases}$$

Die Einbeziehung des Optionsnutzens ist wesentlich bei der Festlegung der Höhe etwaiger Grundgebühren für den Anschluß an ein Telekommunikationsnetz. So zeigt sich, daß das amerikanische Gebührenmodell, welches eine "flat rate" beinhaltet (bei Zahlung der Grundgebühr sind beliebig viele Ortsgespräche frei), nicht an den Bedürfnissen der Kunden orientiert ist. Konsumenten, bei denen der Optionsnutzen überwiegt, die also wenig Gespräche führen, zahlen eventuell zu viel für ihren Anschluß. Nach Schätzungen von *Kridel/Lehman/Weisman* würden 10 - 5 % der "flat rate"-Kunden in den USA keinen Anschluß erwerben, würden sie gemäß dem Modell ihren Nettovorteil mit den Anschlußgebühren vergleichen.[46] Es findet folglich eine interne Subventionierung der Gruppe, die viele Ortsgespräche führt, durch diejenigen Nutzer statt, die ihren Anschluß vorrangig aus Gründen der Sicherheit besitzen bzw. vorwiegend Ferngespräche führen.
Auf die Problematik der Anschlußgebühren kann hier nicht näher eingegangen werden, da dieses Thema zu komplex ist, um innerhalb der Arbeit exakt bearbeitet zu werden. Es wäre sicherlich interessant zu untersuchen, ob und wie eine optimale Grundgebühr ausgestaltet sein sollte. Sie müßte nicht nur den aktiven und passiven Optionsnutzen mit einbeziehen,[47] sondern auch den Nutzen, den der Expedient dadurch erhält, daß der Perzipient angeschlossen ist. Es stellt sich dann die Frage, ob nicht der Anrufer für diesen Nutzen auch bezahlen sollte, d. h. mit seinen Telefongebühren (Preis für Telefonate) die Anschlußgebühr des Angerufenen subventionieren sollte?
Das vorgestellte Modell ist nur ein Grundmodell, das bereits in vielerlei Hinsicht erweitert wurde.[48]

---

[46] Vgl. *Kridel/Lehman/Weisman* (1993), S. 133.

[47] Wie *Kridel/Lehman/Weisman* am Beispiel des "extended area service" (EAS) im Raum Rockwall, Texas, zeigen, ist der Optionswert mit ca 28 % des Gesamtnutzens des EAS nicht zu vernachlässigen. Vgl. *Kridel/Lehman/Weisman* (1993), S. 137 f.

[48] Einen Überblick über den Stand der Diskussion bezüglich der Nachfragemodelle und ihrer empirischen Relevanz vor allen Dingen in den USA und Kanada geben z. B. *Rabiee* (1992), *Wolak* (1993) und *Elixmann* (1994).

Dieses Modell, das am Beispiel des Fernsprechdienstes abgeleitet wurde, läßt sich auf alle immateriellen Nachrichtenverkehrsdienste übertragen. Diese Dienste sind netzgebunden, d. h. für die Nutzung ist ein Netzanschluß erforderlich, so daß der Konsument immer vor einer zweistufigen Entscheidungssituation steht. Für den Fernsprechverkehr ist das Modell allerdings nur noch eingeschränkt relevant. Betrachtet man die Penetrationsraten des Fernsprechdienstes (vgl. Tab. 2.2) in den wichtigsten Industriestaaten, erkennt man, daß die meisten potentiellen Nachfrager bereits an das Netz angeschlossen sind. Rechnet man noch die Dichte der öffentlichen Fernsprecher hinzu, ist die Frage nach Netzanschluß für die meisten Konsumenten der Industriestaaten bereits beantwortet. Dieses zweistufige Modell ist aber z. B. für die ehemaligen Ostblockstaaten von besonderer Bedeutung, da dort ein Nachfrageüberschuß nach Anschlüssen besteht. So liegt die durchschnittliche Penetrationsrate der Staaten der GUS bei 13,7, die der drei baltischen Staaten bei 22,2.[49]

Für die materiellen Nachrichtenverkehrsdienste ist das Modell ebenfalls verwendbar. Bei der Rohrpost, als einzigem leitungs- oder netzgebundenem physischem Dienst, ist das zweistufige Modell ohne weiteres übertragbar.

Der Brief- und der Zeitungsdienst sind nicht leitungsgebunden. Hier kann man das Modell dahingehend interpretieren, daß ein "Netzanschluß" automatisch vorliegt, und zwar in Form einer Adresse. $\delta$ ist also immer eins, da die Anschlußdichte 100 % beträgt und damit vollkommen ist. Der Preis für den Anschluß $r_t$ beträgt null, die Netzexternalitäten können ausgeschlossen werden, da keine neuen Nutzer mehr hinzukommen können. Im Falle des Brief- und Zeitungsdienstes sieht dann die tatsächliche Nachfragefunktion nach Nutzung wie folgt aus:

(3.18) $$q = q(p_q; p_x; Y)$$

## 3.4.2 Determinanten des Netzzugangs

Wie in dem obigen Modell gezeigt wurde, ist die Nachfrage der privaten Haushalte nach System- oder Netzzugang von monetären Variablen, die sich aus der mikroökonomischen Haushaltstheorie ableiten (Einkommen, Preise, Opportunitätskosten bei Nichtanschluß), ebenso abhängig wie von nichtmonetären (positive und negative externe Effekte,[50] Optionsnutzen, Qualität, Präferenzen des Nutzers). In diesem Abschnitt sollen die Größen, die in das Modell integriert sind, auf ihre theoretische und empirische Relevanz untersucht werden sowie weitere nichtmonetäre Determinanten,

---

[49] Vgl. OECD (1993b), S. 72.

[50] Hierbei handelt es sich um externe Effekte im Konsum, und nicht um diejenigen, die auf einem Unterschied zwischen privaten und sozialen Kosten beruhen.

die sich aus mathematischen und datentechnischen Gründen nicht in das Modell einbauen ließen.
Die Frage nach Netzzugang betrifft nur die immateriellen Dienste, da diejenigen materiellen Dienste, die heute noch in großem Umfang nachgefragt werden (Brief- und Zeitungsdienst) netzungebundene Dienste sind.

#### 3.4.2.1 Monetäre Determinanten des Netzzugangs

Mögliche monetäre Determinanten der privaten Nachfrage nach Gütern und Dienstleistungen stellen das verfügbare Einkommen der Haushalte, die Preise sowie die Kreuzpreise anderer, i. d. R. vor allem substitutionaler Güter dar. Somit wären relevante Größen für die Nachfrage nach dem Anschluß an einen Dienst (Netzzugang) das Einkommen, der Preis für den Anschluß und die Preise der anderen Güter, die der Haushalt in seinem Warenkorb hält. Daneben könnte man auch noch die Preise für die tatsächliche Inanspruchnahme des Dienstes betrachten, d. h. die Fragestellung, wie die Nachfrage nach Netzzugang von den Preisen für die Benutzung abhängt (Gesprächsgebühren).

Die relevanten Preise für den Anschluß setzen sich in der Regel aus einer einmaligen Anschließungsgebühr sowie monatlichen Grundgebühren zusammen. Diese beiden Größen sollen hier unter dem Oberbegriff "Anschlußgebühr" zusammengefaßt werden. Dazu kommen je nachdem einmalig der Kaufpreis für ein Endgerät bzw. monatliche Mieten. Eine Einbeziehung des Endgerätepreises könnte zu Verzerrungen führen. Viele Endgeräte, wie z. B. das Telefon, besitzen Zusatzleistungen (Anrufbeantworter, Lautsprecher, Wahlwiederholung, Design etc.), die über den reinen Zweck der Kommunikation hinausgehen. Der Preis für solche Geräte spiegelt dann natürlich nicht die Zahlungsbereitschaft für ein reines Kommunikationsendgerät wider. Es kann deshalb zu Nachfragereaktionen aufgrund von Preisänderungen führen, die nicht auf den eigentlichen Kommunikationszweck bezogen sind. Die Preise für Endgeräte sind auch nicht im amtlichen Preisindex für Telefonanschlüsse enthalten. Besonders problematisch ist die Betrachtung der Anschlußgebühren beim digitalen Mobilfunk (D-Netze). So zahlen die Netzbetreiber den Serviceanbietern (den Anbietern von Endgeräten und Serviceleistungen) Prämien für neugewonnene Netzteilnehmer. Diese Prämien geben die Serviceanbieter teilweise an ihre Kunden in Form von verbilligten Endgeräten weiter. Wer sich also gleich für ein D-Netz entscheidet, kann somit stattliche Rabatte bei den Mobilfunktelefonen erzielen.[51] Hier kann die Entscheidung für einen Netzan-

[51] Vgl. *Lütge* (1994), S. 21.

schluß also nur sehr schwer von der Entscheidung für ein bestimmtes Endgerät getrennt werden.

Bei der Analyse muß man zwischen "Standardgütern", d. h. Nachrichtenverkehrsdienstleistungen, die bereits zum täglichen Gebrauch gehören, wie z. B. das Telefon, und "Innovationsgütern", d. h. neuen Techniken und Kommunikationsformen, unterscheiden.

Die Adaption neuer Kommunikationsformen wird stärker vom Einkommen abhängig sein als bereits weit verbreitete Dienste. In Japan werden diejenigen Konsumenten, Unternehmen oder Haushalte, die neue Systeme, insbesondere neue Kommunikationstechniken zuerst annehmen, als "hot markets" bezeichnet.[52] Es liegt die Vermutung nahe, daß im privaten Bereich die "hot markets" i. d. R. Konsumenten mit hohem Einkommen, mit längerer Ausbildung und prestigeträchtigen Berufen (Wissenschaftler, Ingenieure, Makler) sind. Es besteht - zumindest theoretisch - eine enge positive Beziehung zwischen sozio-ökonomischem Status und damit Einkommen und Innovationsfreude.[53]

Amerikanische Studien belegen z. B., daß sich zwischen 1988 und 1990 die Struktur im Bereich Mobilfunk in den USA erheblich verändert hat. Einhergehend mit einer starken Preissenkung fiel das Durchschnittseinkommen der Mobilfunknutzer von 90.000 auf 50.000 US$ Jahresgehalt. Kamen 1988 die Nutzer überwiegend aus den Berufsgruppen, die auf Mobilität und Kommunikation angewiesen waren, Makler, Handelsreisende, wurden 1990 schon etwa 40 % aller Mobiltelefone privat genutzt.[54]

Auch in der Bundesrepublik Deutschland zeigt sich, daß die Nutzer des C-Netzes zu 95% ihr Gerät gewerblich nutzen. Dabei überwiegen die Berufsgruppen mit höheren Einkommen (Ärzte, höherer Angestellte, Außendienstmitarbeiter).[55] Dies ist ein Hinweis darauf, daß auf diesem Sektor zuerst eine starke Abhängigkeit vom Einkommen herrscht, diese Einkommensabhängigkeit aber im Laufe der Zeit (d. h. mit zunehmender Penetration) zurückgeht.

In der Bundesrepublik Deutschland läßt sich allerdings nur der Fernsprechdienst einer genaueren statistischen Auswertung unterziehen, da dies der einzige Dienst ist, für den langfristige Zeitreihen existieren.

---

[52] Vgl. *Rogers* (1986), S. 132.

[53] Vgl. *Rogers* (1986), S. 133. Nach *Rogers* haben diese Erstnutzer andere Kommunikationsgewohnheiten als die Nutzer, die sich erst später an das Netz anschließen lassen, vgl. ebenda S. 134.

[54] Vgl. *Voßberg/Hanel* (1992), S. 126.

[55] Vgl. *Voßberg/Hanel* (1992), S. 217.

In einem aggregierten Modell wurden die Elastizitäten im Fernsprechdienst in der Bundesrepublik Deutschland für den Zeitraum 1970 bis 1989 geschätzt.[56] Elastizitäten sind ein Maß für die Abhängigkeit einer (abhängigen) Variablen von einer (unabhängigen) Größe. Ein Maß für die Abhängigkeit der Nachfrage vom Einkommen stellt die Einkommenselastizität ε dar.

ε gibt an, um wieviel Prozent sich die Nachfrage verändert, wenn das Einkommen um ein Prozent variiert. In der Regel ist ε positiv. Ist die Elastizität gleich Null, bezeichnet man die Nachfrage als vollkommen unelastisch, d. h. die Nachfrage reagiert nicht auf Einkommensveränderungen. Bei einem Wert zwischen 0 und 1 spricht man von einer unelastischen Nachfrage, das nachgefragte Gut wird als Standardgut bezeichnet. Nimmt ε einen Wert größer als 1 an, spricht man von einer elastischen Nachfrage bzw. einem Luxusgut.[57]

Elastizitäten lassen sich berechnen als Quotient der Veränderungsrate der abhängigen Variablen (Wirkung) und der Veränderungsrate der unabhängigen Variablen (Ursache).

Die Einkommenselastizität der Nachfrage nach einem Gut/Dienstleistung x, ε, läßt sich dann darstellen:

$$(3.19) \qquad \varepsilon = \frac{wx}{wY}$$

Analog zum Einkommen werden auch (Eigen-)Preis- und Kreuzpreiselastizitäten berechnet. Bei einer normalen Reaktion der Nachfrage ist die Preiselastizität negativ, die Kreuzpreiselastizität positiv.

In einem ersten aggregierten Modell wurde die Abhängigkeit der Penetrationsrate von den Variablen Volkseinkommen, Anschlußgebühr, Gesprächsgebühren und der Referenzgröße Lebenshaltungskosten untersucht. Der Preis dieser Referenzgröße "Warenkorb" kann als Kreuzpreis interpretiert werden.

Wesentlich aussagekräftiger wäre es gewesen, getrennte Kausalmodelle für die inhomogene Gesamtheit der Anschlüsse zu entwickeln.[58] Leider ist mit dem vorliegenden Datenmaterial der Deutschen Bundespost Telekom eine Untersuchung getrennt nach privaten/geschäftlichen Anschlüssen oder gar nach einzelnen (in sich homogenen) sozio-ökonomischen Gruppen oder Marktsegmenten nicht möglich. Es blieb letztendlich nur die Durchführung einer Regressionsanalyse der aggregierten Zeitreihen, obwohl dieses Modell im Vergleich zu Kausalmodellen in seiner Aussagekraft relativ begrenzt ist.

---

[56] Aufgrund der Wiedervereinigung 1990 können die neueren Zahlen nicht miteinbezogen werden, da diese wegen des grundlegenden Strukturwandels die Analyse verzerren würden.

[57] Vgl. dazu z. B. *Klatt* (1959), S. 294 und 296.

[58] Vgl. dazu *Böhm/Wacker/Thornton* (1980), S. 149.

Eine multiple lineare Regressionsanalyse ergab, daß die Gesprächsgebührelastizität der $\varepsilon_q$ nicht signifikant ist (vgl. Anhang 1.2). In einem modifizierten aggregierten Modell wurde deswegen diese Variable ausgeklammert.
Eine zweite Analyse ergab für das Gesamtmodell folgende signifikante Elastizitäten (Standardabweichung in Klammern):

| | | | |
|---|---|---|---|
| Einkommenselastizität | $\varepsilon$ | = 0,58 | (0,15) |
| Anschlußgebührelastizität | $\varepsilon_r$ | = - 0,15 | (0,07) |
| Kreuzpreiselastizität | $\varepsilon_x$ | = 0,81 | (0,25) |

Eine einfache Regressionsanalyse unter ceteris-paribus-Bedingungen ergab für die Anschlußgebührelastizität $\varepsilon_r$ keine Signifikanz. Die anderen beiden Elastizitäten nahmen folgende Werte an:[59]

| | | | |
|---|---|---|---|
| Einkommenselastizität | $\varepsilon$ | = 0,94 | (0,09) |
| Kreuzpreiselastizität | $\varepsilon_x$ | = 1,14 | (0,17) |

Die Einkommenselastizität der Nachfrage nach Netzzugang ist folglich positiv und liegt unter 1. Der Telefonanschluß wäre demnach ein Standardgut. Hierbei ist jedoch zu beachten, daß innerhalb der Zahl der Hauptanschlüsse auch Doppelanschlüsse (zwei getrennte Telefonanschlüsse mit getrennten Rufnummern) enthalten sind, deren Zahl kontinuierlich steigt.[60] Diese Doppelanschlüsse stellen jedoch sicherlich kein Standardgut dar, sondern eher ein Luxusgut.
Die Kreuzpreiselastizität in bezug auf die Lebenshaltungskosten ist ebenfalls positiv. Dieses Ergebnis ist zu erwarten gewesen, da eine Erhöhung der Lebenshaltungskosten ceteris paribus zu einer relativen Reduktion der Anschlußpreise führt. Eine negative Kreuzpreiselastizität würde bedeuten, daß das Telefon ein Komplement zum Warenkorb des Haushalts darstellte.
Auch die Anschlußgebührelastizität ist - sofern sie signifikant nachweisbar ist - negativ und läßt auf ein normales Verhalten der Nachfrager schließen.

Diese signifikante Abhängigkeit der Penetrationsrate von der Entwicklung des Volkseinkommens pro Kopf (und damit des Einkommens) zeigt sich auch bei der Betrachtung der Ausstattung bundesdeutscher Haushalte mit Telefonen. So zeigt Abbildung 3.3, daß vor allem die unteren Einkommensklassen (ausgewählte Haushalte vom Typ

---

[59] Die Gesprächsgebührelastizität wurde aufgrund der fehlenden Signifikanz im multiplen Modell nicht mehr überprüft.

[60] Waren es 1983 erst 83.980 Doppelanschlüsse, so existierten 1989 bereits 777.653. Vgl. BMPF (1988b), S. 52 und Generaldirektion Postdienst (1990), S. 46.

1) seit 1972 einen deutlichen Zuwachs an Anschlüssen zu verzeichnen haben. Die ausgewählten Haushalte mit hohem Einkommen waren schon sehr früh überdurchschnittlich mit Telefonanschlüssen ausgerüstet. Diese Aussage wird unterstützt von den Ergebnissen der Einkommens- und Verbrauchsstichprobe, die alle fünf Jahre vom Statistischen Bundesamt erhoben wird (vgl. Tab. 3.1).

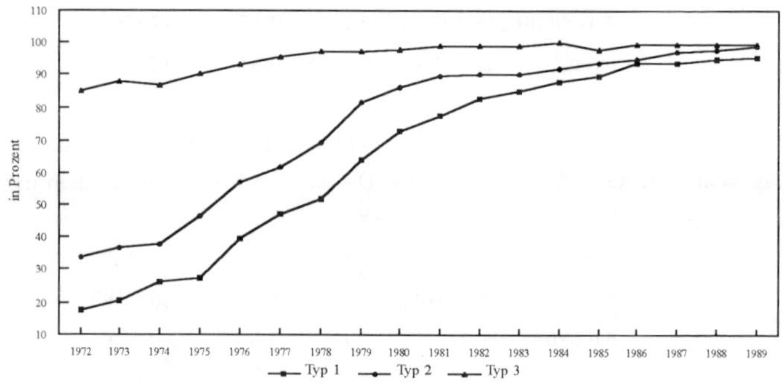


Quelle: Statistisches Bundesamt (1976), S. 496, Statistisches Bundesamt (1980), S. 438, Statistisches Bundesamt (1981), S. 452, Statistisches Bundesamt (1986), S. 457 und Statistisches Bundesamt (1990), S. 488.

Abb. 3.3: Ausstattung ausgewählter Haushalte mit Telefonen[61]

Dies spricht dafür, daß gerade in den 70er Jahren die Entscheidung, ob man sich Zugang zum Telefonnetz verschafft, vom Einkommen abhing. Hierbei ist jedoch zu beachten, daß die Empfänger niedriger Einkommen (Rentner, Sozialhilfeempfänger, Arbeitslose) seit dem 01.07.1974 die Möglichkeit haben, billigere Anschlüsse (Standard-Telefonanschlüsse zur Sozialgebühr) zu bekommen. Um genauere Aussagen über die tatsächliche Abhängigkeit vom Einkommen zu machen, müßte man die Sozialanschlüsse herausfiltern.[62] Dies ist jedoch mit dem vorliegenden Datenmaterial nicht möglich, da diese Sozialanschlüsse erst ab dem Jahre 1980 in der amtlichen Statistik aufgeführt werden.

[61] Zu den Haushaltstypen und den Besetzungen der Klassen vgl. Kapitel 2.2.2.1 sowie die jeweiligen Statistischen Jahrbücher.

[62] Diese Standardanschlüsse zur Sozialgebühr, die teilweise mit zusätzlichen 30 Freieinheiten gewährt werden, machten 1989 mit 1,368 Mio. 4,7 % aller Hauptanschlüsse aus, vgl. Generaldirektion Postdienst (1990), S. 46.

| | Monatliches Haushaltseinkommen in DM | | | | |
|---|---|---|---|---|---|
| Jahr | <1000[63] | 1000-2500 | 2500-5000 | 5000-10000[64] | > 10000 |
| 1973 | 30,2 (5993) | 55,2 (12327) | 84,7 (2049) | 95,9 (145) | - |
| 1978 | 44,9 (3449) | 67,9 (12553) | 87,6 (5170) | 96,0 (326) | 97,6 (41) |
| 1983 | 65,4 (2656) | 87,0 (11221) | 95,5 (7906) | 98,0 (1204) | 97,8 (93) |
| 1988 | 79,0 (3658) | 93,3 (10020) | 97,7 (8812) | 99,1 (1739) | 96,5 (114) |

Quelle: Statistisches Bundesamt (1975), S. 489, Statistisches Bundesamt (1979), S. 444, Statistisches Bundesamt (1984), S. 468, *Euler* (1989), S. 313 und eigene Berechnungen.

Tab. 3.1: Ausstattung privater Haushalte mit Telefonen (in Prozent) unterteilt nach monatlichem Haushaltseinkommen (in Klammern Anzahl der Haushalte in 1000)

Auffallend ist hierbei, daß bei den letzten beiden Verbrauchsstichproben die Ausstattung mit Telefonen bei der höchsten Einkommensklasse etwas geringer ausfiel als bei der zweithöchsten. Dies deutet daraufhin, daß es Konsumenten bzw. Haushalte gibt, die sich bewußt gegen einen Telefonanschluß entscheiden, ohne daß monetäre Größen dabei eine Rolle spielen. Eine Umfrage in Kanada stützt diese Sichtweise. So besitzen 45 % der Haushalte ohne Telefon in Kanada Kabelfernsehen, 40 % mindestens ein Auto, 40 % eine Videoanlage und/oder CD-Spieler und immerhin 7 % einen Computer. Auch gaben nur 21 % der Befragten an, daß monetäre Größen der Grund für einen fehlenden Telefonanschluß seien.[65]

Bei der Interpretation der geschätzten Größen als Elastizitäten der Nachfrage nach Netzzugang sind jedoch einige Punkte zu beachten.
Betrachtet man die Entwicklung der Anschlüsse in Deutschland (vgl. Abb. 2.4), erkennt man, daß dieser Wert seit den 70er Jahren kontinuierlich linear anstieg. In der Bundesrepublik Deutschland existierte und existiert auch weiterhin kein Markt für Telefonanschlüsse, d. h. die Preise sind administriert und keine Marktpreise. Spiegelt nun diese Gerade die wirkliche Nachfrage nach Telefonanschlüssen wider, oder handelt es sich vielmehr um vom Anbieter determinierte "Marktgleichgewichte"? Mit anderen Worten ist die Zahl der Netzanschlüsse (bzw. die Penetrationsrate) primär nicht von der Nachfrageseite abhängig, sondern von der Angebotsseite? Dies wäre dann der Fall, wenn die Produktionskapazitäten für Telefonanschlüsse vollständig ausgeschöpft wären, der jährliche Zuwachs an Anschlüssen also nicht die tatsächliche Nachfragesteigerung wiedergibt, sondern den technisch möglichen bzw. regulierten, produktionsseitigen Anstieg. Zwei Punkte sprechen für eine solche Sicht der Dinge. Zum einen der gleichmäßige Anstieg der Anschlüsse. Da sich die Produktionstechniken, d. h. die technisch notwendigen Arbeiten für die Verlegung von Kabeln und die Installation eines Anschlusses, mit der Zeit nicht wesentlich verändert haben, konnte sich auch die

63 Für 1988: < 1200 DM
64 Für 1973: 5000-15000 DM.
65 Vgl. *Bodnar/Lefebvre* (1992), zitiert in: *Elixmann* (1994), S. 37.

jährliche Zuwachsrate an neu geschaffenen Anschlüssen nicht oder nur kaum verändern, wie das in den letzten beiden Dekaden in Deutschland der Fall war. Zum anderen war in dem Zeitraum regelmäßig ein Nachfrageüberhang zu beobachten. Dieser spiegelt sich in den "Wartelisten" wider, d. h. in der Anzahl der Anträge auf Netzanschluß, die am Jahresende nicht bearbeitet waren. In den Jahren 1983 bis 1989 betrug diese Zahl zwischen 272.822 und 397.634 Anträge.[66]
Es liegt deshalb die Vermutung nahe, daß die Reaktionen auf Veränderungen der Preise und des Einkommens nicht primär nachfrageseitige Reaktionen sind, sondern sie vielmehr von der Angebotsseite determiniert oder zumindest stark reguliert sind.

Untersuchungen mit einer ähnlichen Zielsetzung gibt es für den deutschen Raum nur wenige. Ein Grund dafür mag die schlechte Datenlage sein, da viele Zeitreihen von offizieller Seite nicht ermittelt und/oder öffentlich zugänglich gemacht werden. Eine Analyse, die sich mit der Prognose für (private) Fernsprechhauptanschlüsse beschäftigte, legten 1977 *Böhm/Wacker* vor.[67] Die Daten wurden aus repräsentativen Stichproben gewonnen. Das Ziel war hier vorrangig jedoch eine Prognose für die zukünftige Entwicklung. Deswegen wurden auch nicht primär die Elastizitäten untersucht, sondern die Auswirkungen verschiedener Größen (Penetrationsrate, Gebühren, Werbung) auf das sog. Halbwerteinkommen, das (mittlere) Einkommen derjenigen Schicht, in der 50 % der Haushalte einen Hauptanschluß haben. Das Ergebnis war u. a. ein signifikanter Einfluß der Gebühren (Anschluß- und Gesprächsgebühren) auf das Halbwerteinkommen. Abhängigkeiten der Penetrationsrate von monetären Determinanten lassen sich aus diesem Modell aber nicht ableiten.

Alternative ökonometrische Analysen über Elastizitäten im Bereich Netzzugang im Fernsprechdienst gibt es nur einige, die sich durchweg auf den amerikanischen Kontinent beziehen.
Untersuchungen von *Taylor/Kridel* bzw. *Hausman* u. a. über Elastizitäten der Penetration von Telefonanschlüssen in den USA (vgl. Anhang 2) ergaben äußerst kleine Werte für die Einkommenselastizität ($\varepsilon$ = 0,04, bei einer Penetrationsrate von 93 %) bzw. für die Anschlußgebührelastizität (-0,0206 bezogen auf die einmalige Anschliessungsgebühr und -0,0052 bezogen auf die monatliche Grundgebühr) und die Gesprächsgebührelastizität (zwischen -0,0019 und -0,0086).[68]
Inwieweit diese Ergebnisse mit den oben geschätzten Elastizitäten vergleichbar sind, ist ohne genauere Kenntnisse der Datenlage nicht zu sagen. Neben der unterschiedlichen Anschlußgebühr (in den USA betrug die durchschnittliche "flat rate" im Jahr

---

[66] Vgl. BMPF (1988b), S. 53 und Generaldirektion Postdienst (1990), S. 47.
[67] Vgl. *Böhm/Wacker* (1977).
[68] Vgl. *Taylor/Kridel* (1990), S. 113 und *Hausman* u. a. (1993), S. 182.

1990 17,79 US$, in der Bundesrepublik Deutschland 1988 die monatliche Grundgebühr zwischen 20,- und 27,- DM[69], die "flat rate" beinhaltet jedoch beliebig viele gebührenfreie Ortsgespräche, vgl. dazu auch Anhang 2) und der unterschiedlichen Beobachtungszeiträume und Penetrationsraten sind auch differierende sozio-ökonomische und geographische Verhältnisse von Bedeutung.

Empirische Schätzungen über Elastizitäten im Bereich anderer immaterieller Nachrichtenverkehrsdienste liegen z. Z. nicht vor. Ausnahme ist hierbei der Mobilfunk.
So ergab eine Analyse für 23 OECD-Staaten eine Einkommenselastizität der Penetrationsrate von 0,91. Dabei wurde als Schätzgröße für das Einkommen das Bruttoinlandsprodukt der 23 Staaten genommen.[70] Das Ergebnis bedeutet, daß eine Steigerung des BIP um ein Prozent eine Erhöhung der Zahl der Mobilfunkanschlüsse um 0,91 Prozent nach sich zieht. Die Einkommenselastizität ist folglich nur leicht unelastisch und im Vergleich zu anderen Gütern hoch. Eine Studie über Einkommenselastizitäten amerikanischer Haushalte zeigt, daß die Elastizität der Gesamtausgaben mit 0,56 deutlich unter eins liegt. Die höchsten Elastizitäten ergaben sich dabei für Dienstleistungen, wie Baby-Sitting, Gartenarbeit und Hausarbeiten (0,92) und Unterhaltung (0,88). Grundnahrungsmittel (0,23), aber auch Alkohol (0,52) und Tabak (0,51) weisen geringere Einkommenselastizitäten auf.[71] Somit zeigt sich für die Mobilfunkanschlüsse eine überdurchschnittlich hohe Einkommenselastizität.

#### 3.4.2.2 Nichtmonetäre Determinanten des Netzzugangs

Neben dem Optionsnutzen sind noch weitere nichtmonetäre Größen für die Nachfrage nach Netzzugang entscheidungsrelevant. Größen, die nur indirekt in das mikroökonomische Haushaltsmodell eingehen, da sie die Form der Nutzenfunktion bestimmen, ohne als Parameter aufzutreten.

Bei der Frage nach Netzzugang privater Haushalte sind externe Effekte im Konsum eine wichtige Determinante. Neben positiven und negativen Netzwerkeffekten sind hier Nutzungsexternalitäten zu nennen.
Besonders interessant sind die ambivalenten Wirkungen der Netzwerkeffekte (network externalities). Die positiven Netzwerkeffekte liegen darin, daß der Nutzen, den ein Nachfrager vom Zugang zu einem Netz hat, mit der Anzahl der insgesamt angeschlossenen Nachfrager steigt.[72] Die empirische Aussagekraft von Netzwerkeffek-

---

[69] Vgl. *Hausman* u. a. (1993), S. 179 und BMPF (1988a), S. 289.
[70] Vgl. *Stoetzer* (1993), S. 6 f.
[71] Vgl. *Sawtelle* (1993), S. 641.
[72] Vgl. dazu z. B. *Rohlfs* (1974), S. 16 und *Neumann* (1984), S. 49 ff.

ten ist nicht eindeutig. Eine ökonometrische Schätzung von *Taylor/Kridel* führte zu dem Ergebnis, daß diese "network externalities" 1980 in den USA kaum relevant waren. Eine Erhöhung der Ortsanschlüsse um 10 % führte lediglich zu einem Anstieg der Penetration von 2,7 %.[73] Eine Untersuchung über den portugiesischen Telexverkehr führte zu dem Ergebnis, daß eine 10%-Vergrößerung des Netzes einen ebenfalls sehr geringen Anstieg der Verkehrsmenge in Gesprächsminuten um 1,6 %, aber immerhin einen langfristigen Anstieg der Netzanschlüsse um 15,9 % nach sich zieht.[74]

Ab einer gewissen Anzahl von Anschlüssen können jedoch auch negative Netzwerkeffekte auftreten. Je höher die Zahl der Anschlüsse ist, desto größer wird auch das Risiko, daß eine Verbindung nicht oder nur verzögert zustande kommt, weil entweder die Kapazität des Netzes ausgelastet ist, da zu viele Anrufer zur selben Zeit agieren, oder aber der gewünschte Perzipient bereits eine Verbindung aufgebaut hat. Ein weiteres Beispiel für negative Netzwerkeffekte zeigt *Rohlfs* auf. Steigt die Anzahl von Vertretern in einem Netz, und nutzen diese ihre Anschlüsse, um Kunden zu werben, kann dies für die Betroffenen zu Nutzeneinbußen führen.[75] Die Anzahl der Anschlüsse an ein bestehendes Netz wird also die Entscheidung eines Einzelnen betreffend eines möglichen eigenen Zugangs beeinflussen.
Wesentlich ist natürlich die Voraussetzung, daß sich ein System, ein Netz oder ein Standard überhaupt erst am Markt durchsetzt. Auch hier können negative "network externalities" entstehen. So kann die Installierung effizienterer Systeme dadurch scheitern, daß die Nutzer der schon bestehenden Netze nicht bereit sind, in das bessere System zu wechseln.[76]
Hier muß man jedoch zwischen den Netzwerkeffekten, die die Expedienten betreffen, und dem passiven Optionsnutzen (Nutzungsexternalitäten) trennen. Der passive Optionsnutzen stellt ebenfalls einen externen Effekt im Konsum dar, jedoch nur auf Seiten des Perzipienten.

Gerade bei Telekommunikationsdiensten, die noch nicht sehr stark verbreitet sind, ist der sog. Geltungsnutzen (oder sozialer Nutzen) eine nicht zu vernachlässigende Größe. Oftmals erfolgt der Anschluß an ein Netz nicht aus ökonomischen Überlegungen, sondern aus dem Wunsch nach Prestige, nach höherem Ansehen.[77] So stellt ein Mobilfunktelefon in der heutigen Zeit ein gewisses Statussymbol dar, der Besitz und die "Zurschaustellung" befriedigen das Bedürfnis nach gesellschaftlicher Anerkennung bzw. nach Hervorhebung. Der Geltungsnutzen geht einher mit dem Snobeffekt. Mit

---

[73] Vgl. *Taylor/Kridel* (1990), S. 113.
[74] Vgl. *Cabral/Leite* (1992), S. 129 und 133 ff.
[75] Vgl. *Rohlfs* (1974), S. 20.
[76] Vgl. *Ernst/Walpuski* (1994b), S. 127.
[77] Vgl. dazu *Vershofen* (1959), S. 103.

steigender Zahl der Anschlüsse nimmt der Grad der Exklusivität des eigenen Anschlusses und damit auch der resultierende Geltungsnutzen ab. Dazu kommt natürlich auch die Tatsache, daß das "Jederzeit-Erreichbarsein" eine gewisse Macht und einen höheren sozialen Rang signalisiert.

Eine letzte wichtige Größe sind die Opportunitätskosten. Denn je höher die Kosten für den Netzzugang sind (Such-, Informations- und Transaktionskosten), d. h. vor allen Dingen die Zeit, die aufgewendet werden muß, um einen öffentlichen Zugang aufzusuchen, desto relevanter wird die Betrachtung der Anschlußnachfrage für die Nachfrage nach Nutzung. Der Nutzen des Netzanschlusses sinkt folglich mit der Dichte der öffentlich zugänglichen Anschlüsse, da die Opportunitätskosten mit zunehmender Dichte abnehmen.

### 3.4.3 Determinanten der Inanspruchnahme

Wovon hängt nun die tatsächliche Inanspruchnahme eines Nachrichtenverkehrsdienstes ab? Zum einen natürlich davon, ob und unter welchen Transaktions-, Informations- und Suchkosten ein Netzzugang zur Verfügung steht, wobei im Brief- und Zeitungsdienst dieser "Anschluß" vollständig gegeben ist. Zum anderen von monetären und nichtmonetären Einflußgrößen, die Gegenstand des nächsten Abschnitts sind.

#### 3.4.3.1 Monetäre Determinanten der Inanspruchnahme

Monetäre Bestimmungsgrößen der Inanspruchnahme im Nachrichtenverkehr sind - analog der mikroökonomischen Haushaltstheorie - die Preise und das verfügbare Einkommen der Haushalte.

Der erste Nachrichtenverkehrsdienst, der hinsichtlich seiner Determinanten untersucht werden soll, ist der Fernsprechdienst. Hier treten schon von vornherein eine ganze Menge Probleme zutage. Zum einen die Frage nach der Leistung dieses Dienstes. Sinnvoll wäre es natürlich, Determinanten der Verkehrsleistung zu beurteilen. Die Datenlage ist hier jedoch relativ beschränkt, da eine Verkehrsleistung in Signalkilometern nicht ermittelt wird. Dasselbe gilt für das Verkehrsaufkommen in Signalen. In den offiziellen statistischen Jahrbüchern und Jahresheften der Deutschen Bundespost bzw. der Deutschen Bundespost Telekom werden nicht einmal Zahlen über die Kapazitätsauslastung veröffentlicht. Bis zum Jahre 1984 wurden die Gebühreneinheiten veröffentlicht (vgl. Abb. 3.4), jedoch ist diese Größe für eine Analyse des Nachfrageverhaltens nicht angebracht.

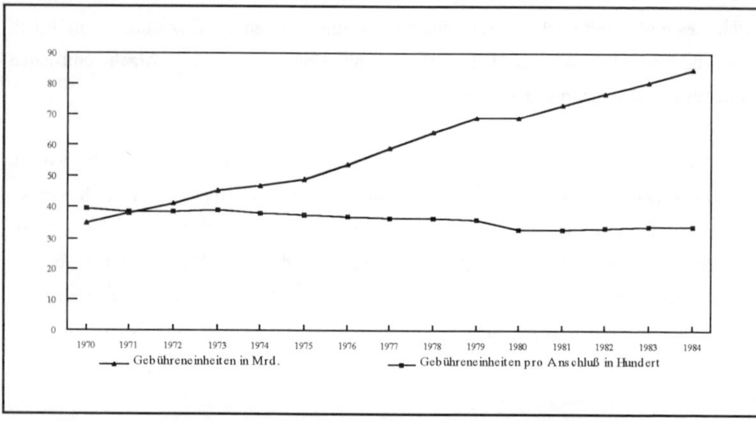


Quelle: BMPF (1981b), S. 132 und BMPF (1985), S. 122.

Abb. 3.4: Entwicklung der Gebühreneinheiten im Fernsprechdienst

Im Jahre 1980 zeigt sich ein Wendepunkt innerhalb der Entwicklung der Gebühreneinheiten pro Anschluß. Bis zu diesem Zeitpunkt sank die Anzahl der Gebühreneinheiten stetig, danach verlief das Aufkommen streng monoton steigend. Der Grund für diesen Strukturwandel ist jedoch nicht auf eine Veränderung der Nachfrage oder der Präferenzen zurückzuführen, sondern auf eine Tarifreform im Jahre 1980. Im Rahmen dieser Neuordnung wurden "Nahbereiche" neu geschaffen und die bis dahin gültige Struktur der Gruppen "Orts-" und "Ferngespräche" grundlegend verändert.[78] Viele Gespräche, die bis 1980 dem Fernbereich zugeordnet wurde, fallen jetzt im Nahbereich an. Daher wurden einzelne Gespräche allein deswegen billiger, d. h. es fielen weniger Einheiten an, weil sie statt zu den (teureren) Ferngesprächen jetzt zu den Nahgesprächen gerechnet werden. Auch haben sich die Preise für eine Gebühreneinheit in dem betrachteten Zeitraum kaum verändert. 1970 und 1974 stieg der Preis von 0,18 DM auf 0,21 DM bzw. von 0,21 DM auf 0,23 DM, seitdem blieb er allerdings konstant.[79] Eine Reaktion auf Preisveränderungen läßt sich hier auf keinen Fall ableiten. Der streng monoton fallende Verlauf des ersten Teiles der Kurve der Gebühren pro Anschluß läßt allerdings den Schluß zu, daß sich in diesen Jahren verstärkt diejenigen Nutzer an das Telefonnetz angeschlossen haben, die den Dienst auch häufiger beanspruchten und damit höhere Gebührenaufkommen aufwiesen. Dies unterstützt die Theorie der "hot markets", da dieses Verhalten die Vermutung nahelegt, daß zuerst verstärkt Personen sich an das Netz haben anschließen lassen, die aus beruflichen oder gesellschaftlichen Gründen auf das Telefon angewiesen waren, also vor allen Dingen

[78] Vgl. *Taft* (1985), S. 693 und *Neumann* (1984), S. 230 ff.
[79] Vgl. *Neumann* (1984), S. 213 ff.

Personen mit hohem Einkommen und prestigeträchtigen Berufen. Diese Gruppe ist prädestiniert dafür, das Telefon nicht nur aus rein privaten Gründen zu nutzen, sondern aus beruflichen und geschäftlichen. Aus der Entwicklung des Gebührenaufkommen bis 1980 läßt sich die Hypothese ableiten, daß zuerst diejenigen Personen einen Netzanschluß nachfragten, für die der Nutzen des Telefons (gemessen in geführten Gesprächen und damit verbrauchten Einheiten) am größten war.

Für eine Schätzung der Elastizitäten der Nachfrage ist die Kenngröße "Gebühreneinheiten" nicht hinreichend. Am besten geeignet wäre die zeitabhängige Größe "Gesprächsdauer". Dafür liegen jedoch keine Zahlen vor. Deshalb muß auf die Kapazitätsauslastung in Erlangstunden zurückgegriffen werden. Bei *Heuermann* finden sich für die Jahre 1974 bis 1985 Zeitreihen für die Kapazitätsauslastung ("Verkehrsmenge" in mErlh), die im Rahmen einer Stichprobe des Fernmeldetechnischen Zentralamtes (FTZ) erhoben wurden.[80]

Eine multiple Regressionsanalyse (vgl. Anhang 1.3) zeigt jedoch, daß keine signifikanten Abhängigkeiten zwischen der Kapazitätsauslastung in Erlangstunden pro Hauptanschluß und den monetären Größen Volkseinkommen, Gebührenpreisindex und Lebenshaltungspreisindex vorliegen.
Der Beobachtungszeitraum ist bei der Schätzung der Elastizitäten der Kapazitätsauslastung allerdings mit 12 Jahren sehr klein. Über einen längeren Zeitraum läßt sich empirisch nur die Verkehrsmenge analysieren, da die einzige Zahl, die von der Deutschen Bundespost Telekom veröffentlicht wird, die Anzahl der Verkehrsmenge, gemessen in der Anzahl der jährlichen Telefongespräche ist. Dabei wird allerdings fälschlicherweise unterstellt, daß Telefonate ein homogenes Gut seien. Dies ist jedoch nicht der Fall, vor allen Dingen die zeitliche Komponente, d. h. die Gesprächsdauer, ist eine wesentliche Eigenschaft dieses Gutes. Dies zeigt sich sehr deutlich an der Tatsache, daß zwar das Verkehrsaufkommen im Fernsprechdienst (Anzahl der Gespräche) konstant bleiben kann, sich die Kapazitätsauslastung bzw. Verkehrsleistung (gemessen in der durchschnittlichen Gesprächsdauer bzw. in Signalkilometern) sehr stark verändern kann.

Des weiteren sind die Preise für Telefongespräche für den einzelnen Nutzer weder ex post noch ex ante eindeutig zu ermitteln - es sei denn, der Nutzer verfügt über einen Gebührenzähler bzw. bekommt eine nach Gesprächen aufgeschlüsselte Telefonrechnung. Preisänderungen beruhen nicht auf Änderungen der - für den Konsumenten be-

---

[80] Leider ist nicht ersichtlich, woher diese Zahlen stammen, eine Quelle ist nicht angegeben. Dennoch wurden diese Zahlen herangezogen, um die Kapazitätsauslastung im Fernsprechdienst zu analysieren.

obachtbaren - Gebühr von 23 Pfennig je Takteinheit, sondern auf Veränderungen der Taktzeiten. So wissen die wenigsten Nutzer die tatsächlichen Preise für ein Orts- oder Ferngespräch. Preisänderungen spiegeln sich nur in erhöhten oder niedrigeren Telefonrechnungen wider. Aus diesem Grund ist auch eine bewußte Reaktion auf Preisveränderungen wohl kaum beobachtbar.

Ein weiteres Problem ergibt sich dadurch, daß der "Markt" für den Fernsprechdienst vollständig reguliert ist. Ähnlich wie die Anschlußdichte wird daher in gewissem Maße auch die Verkehrsmenge von der Kapazität bestimmt, die wiederum von der Deutschen Bundespost festgelegt wird. Somit ist die tatsächliche Verkehrsmenge auch durch die vorhandene Netzinfrastruktur begrenzt. Die bestehende Nachfrage nach Telefongesprächen konnte vor allen Dingen in den 70er Jahren nicht befriedigt werden, da nicht genügend Kapazitäten zur Verfügung standen. Es bestand demnach ein Nachfrageüberhang. Dies belegt eine Untersuchung von *Auer*, der die Auswirkungen des sog. "Mondscheintarifs" betrachtete.[81] Um den "Mondscheintarif" umsetzen zu können, erweiterte die Deutsche Bundespost ihr Netz. Diese Erweiterung wurde zum größten Teil sofort von bis dahin latenter Nachfrage (Nachfrageüberhang) ausgefüllt.[82]

Da die Gesprächsgebühren administrierte Preise sind und keine Marktpreise, muß jede Schätzung einer Preiselastizität im Sinne einer echten Nachfragereaktion mit einer gewissen Vorsicht interpretiert werden.
Ein weiteres Problemfeld ist die Zuordnung der Gespräche. Unter das gesamte Verkehrsaufkommen im Fernsprechdienst fallen auch geschäftlich geführte Gespräche, d. h. Gespräche, die Bestandteil eines Unternehmensprozesses sind. Für diese Art von Nachrichtenübermittlung spielen jedoch andere Determinanten eine Rolle als Einkommen und Preise. Daß diese nicht von privaten Haushalten geführten Gespräche eine mögliche Einkommenselastizität verschleiern können, zeigen folgende Zahlen: Tabelle 3.2 stellt die durchschnittlichen Ausgaben für Nachrichtenübermittlung ausgewählter Haushalte den Durchschnittsbeträgen aller Fernmelderechnungen bzw. Telefonrechnungen gegenüber.[83]

---

[81] Dieser "Mondscheintarif" war ein verbilligter Nachttarif (Nachttarif II), der von 22.00 bis 6.00 Uhr galt. Er wurde 1980 abgeschafft. Vgl. dazu z. B. *Neumann* (1984), S. 252 ff.

[82] Vgl. *Auer* (1981), S. 64.

[83] Unter den Ausgaben für Nachrichtenübermittlung werden neben den Fernsprechgebühren auch die Anschlußgebühren sowie Ausgaben für Telegramme, Briefe und (fälschlicherweise) Pakete erfaßt. Legt man das Gewichtungsschema der Preisindexberechnung zugrunde, machen aber die Fernsprechgebühren knapp 88 % der Ausgaben aus, vgl. Statistisches Jahrbuch (1990), S. 546. Bei den Fernmelderechnungen werden neben den Telefongebühren auch Telex-, Datex- und Direktanschlußrechnungen erfaßt, vgl. Generaldirektion Postdienst (1990), S. 53.

| Jahr | ∅ Ausgaben für Nachrichtenübermittlung in DM | | | ∅ Fernmelde-rechnungen in DM | ∅ Telefon-rechnungen in DM |
|---|---|---|---|---|---|
| | Haushaltstyp 1 | Haushaltstyp 2 | Haushaltstyp 3 | | |
| 1980 | 28,19 | 42,88 | 63,00 | 98,98 | 88,43 |
| 1981 | 33,19 | 47,37 | 66,33 | 94,40 | 88,83 |
| 1982 | 25,12 | 50,09 | 69,51 | 94,51 | 88,96 |
| 1983 | 37,62 | 52,14 | 70,25 | 93,18 | 87,49 |
| 1984 | 38,76 | 52,96 | 70,66 | 94,49 | 87,60 |
| 1985 | 41,30 | 53,54 | 73,78 | 95,48 | 88,70 |
| 1986 | 45,00 | 55,52 | 77,50 | 96,71 | 89,38 |
| 1987 | 46,78 | 56,01 | 82,23 | 97,34 | 91,13 |
| 1988 | 48,30 | 60,62 | 86,90 | 101,48 | 92,50 |
| 1989 | 50,15 | 61,03 | 85,44 | 101,45 | 90,92 |

Quelle: Statistisches Bundesamt (1985), S. 459, Generaldirektion Postdienst (1990), S. 53 und Statistisches Bundesamt (1990), S. 482 f.

Tab. 3.2: Ausgaben für Nachrichtenübermittlung

Es zeigt sich, daß die Ausgaben für Nachrichtenübermittlung in Abhängigkeit des Haushaltstyps und der Zeit (und damit in Abhängigkeit sowohl des Volkseinkommens und des verfügbaren Haushaltseinkommens) steigen. Die durchschnittlichen Fernmelde- und vor allen Dingen die Telefonrechnungen bleiben jedoch über die Zeit relativ konstant. Darüber hinaus liegen die durchschnittlichen Fernmelde- und Telefonrechnungen sogar deutlich über den Ausgaben des Haushaltstypus 3 für die gesamte Nachrichtenübermittlung. Diese Tatsache ist ein Indiz dafür, daß ein nicht unerheblicher Teil der Telefongespräche geschäftlicher Natur ist.[84] Um genauere Aussagen über mögliche Einkommenselastizitäten gewinnen zu können, dürfte man nur die privat geführten Gespräche in das ökonometrische Modell einbeziehen. Aus Gründen des Datenschutzes dürfen die Gesprächsinhalte nicht weitergegeben werden. Auch eine gröbere Unterteilung nach dem Verkehrsaufkommen von privaten und rein geschäftlich genutzten Hauptanschlüssen ist in der Bundesrepublik Deutschland nicht möglich. Die Deutsche Bundespost Telekom nimmt noch keine Trennung bei der Erfassung der Anschlüsse vor, da sie z. Z. noch mit einer genauen Abgrenzung dieser Geschäftsbereiche beschäftigt ist.[85]

Aufgrund des zugänglichen Datenmaterials konnte lediglich die Abhängigkeit der Anzahl der Telefongespräche vom Volkseinkommen und dem Preisindex geschätzt werden. Diese Reduzierung auf den Preisindex ist aufgrund der Datenlage zwar notwendig, aber leider auch problematisch. Veränderungen des Preisindex für Gespräche be-

[84] Beachtet man, daß der überwiegende Teil der Kunden der Deutschen Bundespost Telekom Privatkunden sind (1992 betrug der Anteil der gewerblichen Kunden laut schriftlicher Mitteilung des Bundesamtes für Post und Telekommunikation vom 18. März 1994 nur ca. 4 %), wird dies noch deutlicher.

[85] Laut schriftlicher Mitteilung des Bundesamtes für Post und Telekommunikation vom 18. März 1994.

ruhen auf einer Veränderung der Taktzeiten oder auf einer Veränderung der Höhe der Gebühreneinheiten. Aus der amtlichen Statistik läßt sich der Unterschied nicht ablesen.
Die empirische Untersuchung ergab jedoch keine signifikanten Abhängigkeiten vom Volkseinkommen oder vom Preisindex der Fernsprechgebühren (vgl. Anhang 1.4). Weitergehende Analysen, insbesondere der Gesprächsdauer bzw. Verkehrsmenge unter Berücksichtigung der Trennung nach Haushalten und Unternehmen, sind auf jeden Fall erforderlich.

Auch eine tiefergehende Analyse, die das Gesprächsaufkommen nach Orts-, Fern- und Auslandsgesprächen aufschlüsselt, ist nicht durchführbar. Dies liegt an der Einführung eines neuen Tarifsystems im Jahre 1980, die zu einem deutlichen Einbruch innerhalb der Entwicklung der Ferngespräche führte, welche das statistische Ergebnis signifikant verändern können. Eine Bereinigung der Zahlen ist mit dem vorliegenden Datenmaterial nicht möglich. Für eine empirische Untersuchung könnte lediglich eine getrennte Auswertung der Zeitreihen bis und ab 1980 herangezogen werden. Diese Zeitreihen sind aber für eine solide Schätzung nicht ausreichend lang (dies gilt vor allen Dingen für die Zeit nach 1980).

In Deutschland existieren kaum weitere statistische Schätzungen für Elastizitäten im immateriellen Nachrichtenverkehr. Einzig *Socher* untersuchte (zusammen mit einer Gebührensenkung in Großbritannien) die Auswirkungen der Verteuerung der Gebühren in der Bundesrepublik Deutschland im Jahre 1964. Es handelt sich dabei um eine Anhebung der Gebühreneinheit um 12,5 % von 16 auf 18 Pfennig. Eine statistische Auswertung des Nachfrageverhaltens lieferte eine Formel, die die Ergebnisse einer Gebührenänderung zusammenfaßt und die als Elastizität interpretiert werden kann:[86]

$$\frac{\Delta q}{q} = 0,5 \cdot \frac{\Delta p_q}{p_q} \tag{3.20}$$

Die relative Veränderung der Verkehrsmenge (Anzahl der Telefongespräche) ist halb so groß wie die Veränderung der Gesprächsgebühren. Diese Bedingung gilt jedoch nur für relativ kleine Verbilligungen (< 22 %) und relativ kleine Verteuerungen (< 13 %) als halbwegs gesichert.

Aus dem Ausland - vor allen Dingen aus Nordamerika - liegen zahlreiche Studien und Schätzungen für Elastizitäten im Fernsprechdienst vor. Hier erlaubt die Datenlage allerdings auch eine sehr viel genauere Abgrenzung nach privaten und geschäftlichen

[86] Vgl. *Socher* (1972), S. 165 f. und 184.

Telefonaten, nach Entfernungen und Tarifzonen. Die Ergebnisse neuerer Studien sind in Anhang 2 aufgeführt.

Neben dem Fernsprechdienst wurde innerhalb dieser Arbeit auch der Briefdienst als der mengenmäßig stärkste materielle Nachrichtendienst einer empirischen Analyse unterzogen. Wünschenswert wäre sicherlich eine Trennung zwischen geschäftlicher und privater Korrespondenz. Eine solche Unterscheidung ist mit dem veröffentlichten Datenmaterial jedoch nicht durchzuführen. So können lediglich Werte für das private und geschäftliche Verkehrsaufkommen im Briefdienst geschätzt werden. Massendrucksachen, sonstige Drucksachen und Wurfsendungen sind Sendungsvarianten, welche fast ausschließlich von Unternehmen verschickt werden. Die Massendrucksachen werden deshalb innerhalb der Theorie der Unternehmung behandelt.[87] Hingegen sind Brief und Postkarte Varianten, die sowohl von Unternehmen als auch privaten Haushalten verwendet werden. Eine Schätzung der Kommission der Europäischen Gemeinschaften ordnet ca. 80 % aller Briefsendungen innerhalb der Mitgliedstaaten dem geschäftlichen Verkehr zu (35 % von Unternehmen an Unternehmen, 45 % von Unternehmen an private Haushalte).[88] Legt man diese Schätzung für die Bundesrepublik Deutschland zugrunde,[89] ergibt sich bei Briefen und Postkarten ein Anteil privater Sendungen in Höhe von 40 %.[90] Dies entspricht 1992 ca. 3,34 Mrd. (eingelieferten) Sendungen. Dennoch wurde der Brief innerhalb der Haushaltstheorie untersucht, obwohl diese Einteilung in gewissem Maße willkürlich ist.
Da bei Briefen keine langen Zeitreihen für die eingelieferten Sendungen vorlagen, mußten die Daten für die beförderten Briefe herangezogen werden, obwohl diese auch Sendungen aus dem Ausland umfassen.
Für die Briefe als private und geschäftliche Kommunikation wurde die Abhängigkeit der pro Kopf normierten Briefe vom Volkseinkommen, dem Preisindex und dem Lebenshaltungspreisindex als Referenzgröße (Kreuzpreis) analysiert (vgl. Anhang 1.5) Dabei ergaben sich folgende Schätzwerte für Elastizitäten, die unter Zugrundelegung einer Irrtumswahrscheinlichkeit von 10 % signifikant sind (Standardabweichung in Klammern):[91]

---

[87] Vgl. Kapitel 3.5.2.1.

[88] Vgl. Kommission der Europäischen Gemeinschaften (1992), S. 73.

[89] Vgl. dazu *Berger/Knauth* (1995).

[90] Zugrunde gelegt wurden die Daten von 1992. Dabei wurden die rein geschäftlichen Varianten Drucksachen, Massendrucksachen, Bücher, Waren- und Wurfsendungen von den 80 % geschäftlichen Sendungen substrahiert und der verbleibende Rest mit der Menge der Briefe und Postkarten in Relation gesetzt.

[91] Die Elastizitäten sind nur in einem aggregierten Modell signifikant, nicht aber unter ceteris-paribus-Bedingunge, (vgl. Anhang 1.5).

| | | |
|---|---|---|
| Preiselastizität | $\varepsilon_r = -0{,}221$ | (0,113) |
| Kreuzpreiselastizität | $\varepsilon_x = 0{,}613$ | (0,269) |

Eine Einkommenselastizität ließ sich nicht nachweisen.

Die Nachfrage nach Briefen reagiert normal auf Preisänderungen (negative Elastizitäten), eine Abhängigkeit vom Einkommen konnte statistisch signifikant nicht festgestellt werden.
Allerdings muß auch hier darauf hingewiesen werden, daß die Preise für den Briefdienst regulierte Preise sind und nicht etwa durch freies Spiel der Kräfte am Markt entstehen.

Für andere Nachrichtenverkehrsdienste als den Fernsprechdienst liegen kaum empirische Ergebnisse vor. Dies ist vor allen Dingen in bezug auf den Briefdienst überraschend, da die Datenlage innerhalb dieses materiellen Dienstes doch sehr ausgeprägt ist.
Die einzige Untersuchung im Bereich des Briefdienstes bezieht sich auf Großbritannien. Hier zeigte sich, daß die "first class letters" eine sehr hohe (langfristige) Einkommenselastizität von 2.5 ausweisen, die wesentlich langsameren "second class letters" jedoch vollkommen unelastisch sind ($\varepsilon = 0$).[92]
Eine ältere Untersuchung (Zeitraum 1969 bis 1971) lieferte Schätzwerte für die Preisreagibilität von Telex und Telegramm. Hier zeigte sich eine starke Preiselastizität vor allem für das Telex (abgehender Verkehr - 4,3; ankommender Verkehr - 3,8).[93]
Eine Übersicht über diese Untersuchungen findet sich in Anhang 2.

### 3.4.3.2 Nichtmonetäre Determinanten der Inanspruchnahme

Die Wahl des effizienten Verkehrsmittels hängt neben den monetären Größen von den Anforderungen, die Transportobjekt und Expedient an das Transportmittel stellen (Verkehrsaffinität) und von der Qualität des Transportmittels (Verkehrswertigkeit) ab. Diese verkehrswirtschaftlichen Determinanten bilden den Untersuchungsgegenstand des vierten Kapitels.

---

[92] "First class letters" liegt das Prinzip E + 1 zugrunde, d. h. Auslieferung innerhalb eines Tages nach Einlieferung (E), "second class letters" folgen dem Prinzip E + 3. Vgl. dazu *Cuthbertson/Richards* (1990), S. 643 f. und *Crew/Kleindorfer* (1991), S. 59 f.

[93] Vgl. *Corbo/Munasinghe* (1978).

Eine wesentliche mikroökonomische Determinante der Inanspruchnahme eines Nachrichtenverkehrsdienstes bilden die sog. "reverse calling effects". Diese Externalitäten nach dem Motto "Rufst du mich an, ruf ich zurück", sind nicht unerheblich. Hier liegt also eine Induktionswirkung vor. Ein Nachrichtenübermittlungsprozeß vom Quellort A zum Zielort B induziert einen Nachrichtenfluß in umgekehrter Richtung.
Ein ökonometrisches Modell von *Appelbe* u. a. lieferte Schätzwerte ("reciprocal calling coefficient") für "reverse calling effects" in Kanada, die je nach Tarifgruppe zwischen 0,37 und 0,65 lagen. Diese Koeffizienten geben an, wie die Menge der Anrufe von B nach A auf Änderungen der Verkehrsmenge von B nach A reagiert.[94] Folglich zogen im Beobachtungszeitraum zwischen 37 % und 65 % aller Anrufe von A nach B einen Rückruf von B nach A nach sich.
Auf ähnliche Werte - zumindest was die untere Grenze betrifft - für "reverse calling effects" im Fernverkehr innerhalb des Staates Tenessee kommen *Martins-Filho/Mayo*. Nach ihren Schätzungen führt ein Anstieg der Anrufe von A nach B in 38 % bis 43 % der Fälle zu einem Rückruf von B nach A.[95]

Diese (eingeschränkte) Multiplikatorwirkung der "reverse calling effects" ist auf keinen Fall zu vernachlässigen, besonders nicht im Hinblick auf Wettbewerbsbereiche, wie z. B. den Mobilfunk im D-Netz. Da Anrufe neue Anrufe (und damit Verkehr) induzieren und multiplikativ verstärken, gewinnt Werbung (z. B. "Ruf doch mal an") zunehmend an Bedeutung. Auch wird im Hinblick auf diese Externalitäten die Frage nach dem Netzzugang in Wettbewerbsbereichen zunehmend eine Rolle spielen. Schließt sich ein Konsument an das eigene Netz an, bringt das nicht nur Einnahmen in Form der Anrufe des Konsumenten (und evtl. neue Anschlüsse durch andere Konsumenten aufgrund von positiven "network externalities"), sondern aufgrund der Multiplikatorwirkung auch in Form induzierter Rückrufe.[96] Deshalb wäre eine Schätzung von diesen "reverse calling effects" auch in der Bundesrepublik Deutschland in den Wettbewerbsbereichen für die Anbieter von großem Interesse. Leider ist eine solche Untersuchung wegen der schlechten Datenlage im Moment nicht durchführbar.

Externalitäten analog den "reverse calling effects", konsequenterweise "reverse mailing effects" genannt, sollten auch im Briefdienst nicht vergessen werden. Aus eigener Erfahrung wird jeder bestätigen können, daß der Anlaß für einen Brief sehr oft eine Antwort auf einen erhaltenen Brief ist bzw. der Wunsch auf eine Antwort. Wie stark die "reverse mailing effects" sind, ist jedoch empirisch bis jetzt nicht untersucht

---

[94] Vgl. *Appelbe* u. a. (1992), S. 133.
[95] Vgl. *Martins-Filho/Mayo* (1993), S. 446.
[96] Dies gilt vor allen Dingen für die Mobilfunknetze, da deren Betreiber auch dann anteilmäßig Gebühren erhalten, wenn der Teilnehmer am Mobilfunknetz vom Fernsprechnetz aus angerufen wird, vgl. *Kedaj/Joussen* (1994), Kap. 4.2.1.5, S. 17 f.

worden.[97] Auch die Analyse einer Verbindung der Effekte, d. h. eine Untersuchung möglicher Induktionsbeziehungen zwischen materiellem und immateriellem Nachrichtenverkehr, ist noch nicht durchgeführt worden. Diese Beziehungen, die man allgemein "reverse message effects" nennen kann, liegen in vielfacher Form vor. So ist hier z. B. die telefonische Bestellung auf eine Anzeige in Briefform oder die telefonische Antwort auf eine schriftliche Einladung zu nennen. Diese Induktionsbeziehungen ist insbesondere für die Produzenten und die Marktaufsichtsbehörden von Wichtigkeit.

Für die Nachfrage nach materiellen Diensten spielt vor allen Dingen der Formzwang eine Rolle. Der physische Nachrichtenverkehr wird immer dann benutzt werden müssen, wenn die Information (Nachricht) nur einen Wert hat, wenn sie nicht in Signalen transportiert wird, sondern auf festen Informationsträgern. Dies ist z. B. der Fall bei Dokumenten, die im Original vorliegen müssen (Bestellungen, Beglaubigungen). Die Nachfrage nach materiellen Diensten hängt also teilweise von gesetzlichen Normen und Rechtsvorschriften ab. Werden die Vorschriften dahingehend geändert, daß der Zwang der Originalität wegfällt, wird dies einen nicht unerheblichen Einfluß auf die Nachfrage nach materiellen Diensten haben.

Natürlich sind auch verschiedene soziologische Größen für die Nachfrage nach Nachrichtenverkehrsdiensten (sowohl in bezug auf Netzzugang als auch Inanspruchnahme) entscheidungsrelevant (z. B. Haushaltsgröße, Alter, Berufsstand). Diese können jedoch nicht Gegenstand einer ökonomisch orientierten Untersuchung werden.[98]

## 3.5 Nachfrage der Unternehmen

### 3.5.1 Ein mikroökonomisches Nachfragemodell

In einem mikroökonomischen Zwei-Faktoren-Modell wird die Entscheidungssituation des Unternehmers verdeutlicht.
Ein Unternehmen benötige für die Produktion eines Gutes X zwei Produktionsfaktoren: einen Faktor A und den Faktor Nachrichtenverkehr (bzw. Informationsübermittlung) $Q_1$. Der Faktor $Q_1$ beinhalte alle bisherigen Möglichkeiten des Unternehmens, intern und extern zu kommunizieren, z. B. einen Fernsprechhauptanschluß. Das Unternehmen habe nun die Möglichkeit, die herkömmlichen Dienste durch einen anderen (immateriellen) Nachrichtenverkehrsdienst zu ersetzen, z. B. einen ISDN-Anschluß.

[97] Eine Möglichkeit zu einer ersten Schätzung dieser Effekte wäre das Aufkommen von Antwortpostkarten.
[98] Vgl. im Bereich des Fernsprechverkehrs z. B. Forschungsgruppe Telekommunikation (1989).

Der Einsatz würde zu einer veränderten Produktivität der anderen Faktoren und eventuell zu einer Substitution führen. Dazu müßte sich das Unternehmen an das neue Kommunikationsnetz anschließen lassen, die Anschlußgebühren betragen r.[99] Die Gebühren fallen dabei in jeder Periode an. Nutzt das Unternehmen diese Option, würde sich seine substitutionale Produktionsfunktion verändern, sie würde dann Faktor V sowie einen modifizierten Faktor Nachrichtenübermittlung $Q_2$ enthalten.[100]
Im Nicht-Anschluß-Fall ergebe sich folgende substitutionale Produktionsfunktion:

(3.21) $$x = x_1(v, q_1)$$

Dazu die korrespondierende Isokostenlinie, die den minimalen Produktionskosten entspricht:[101]

(3.22) $$C_1 = p_v \cdot v + p_{q1} \cdot q_1$$

mit:

$C_i$ = Isokostenlinie
$p_v$ = Preis des Faktors V
$v$ = Menge des Faktors V
$q_1$ = Verkehrsmenge des ursprünglichen Nachrichtenverkehrsdienstes $Q_1$
$p_{q1}$ = Preis für die Nutzung des Nachrichtenverkehrsdienstes $Q_1$

Im Anschluß-Fall seien folgende Funktionen gegeben:

(3.23) $$x = x_2(v, q_2)$$

(3.24) $$C_2 = p_v \cdot v + p_{q2} \cdot q_2$$

mit:

$q_2$ = Verkehrsmenge des neuen Nachrichtenverkehrsdienstes $Q_2$
$p_{q2}$ = Preis für die Nutzung des neuen Nachrichtenverkehrsdienstes $Q_2$

---

[99] Hier lägen an sich dieselben Probleme wie bei den privaten Haushalten vor, also die Unterscheidung, ob man Erstnutzer werden oder seinen Anschluß behalten will. Der Einfachheit halber wurde jedoch nur die Situation eines Erstanwenders betrachtet.

[100] Hierbei wird von vollständiger Substitution der bzw. des alten Nachrichtenverkehrsdienstes durch den neuen Dienst ausgegangen. Denkbar ist aber auch, daß zu den schon genutzten Verkehrsträgern der neue hinzugefügt wird.

[101] Vgl. zum optimalen Produktionsplan z. B. *von Böventer* (1989), S. 183 ff.

Die beiden Produktionsfunktionen seien stetig, zweifach differenzierbar und quasikonkav; damit verlaufen die Isoquanten streng konvex. Die Grenzproduktivitäten seien größer als null, so daß die Bedingung technischer Effizienz erfüllt sei. Des weiteren wird angenommen, der Unternehmer folge dem Minimalprinzip, d. h. er will in einer Periode einen vorgegebenen Output $\overline{x}$ mit minimalen Kosten produzieren.
Dabei muß $C_2$ auf jeden Fall unterhalb $C_1$ liegen, da sonst die Kosten für die Produktion der Outputmenge $\overline{x}$ im Anschlußfall höher liegen würden als im Nicht-Anschluß-Fall. Dann würde der Unternehmer auf die Anschließung bzw. den neuen Nachrichtenverkehrsdienst verzichten.

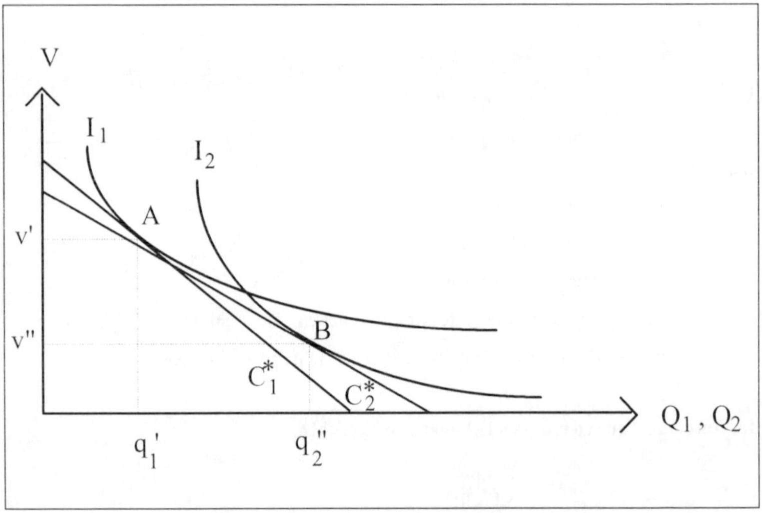


Quelle: Eigener Entwurf

Abb. 3.5: Entscheidungssituation eines Unternehmens im Falle eines möglichen Netzanschlusses[102]

In Abb. 3.5 ist die Entscheidungssituation des Unternehmers dargestellt. Es kann einen bestimmten Output $\overline{x}$ sowohl mit der ersten Produktionsfunktion (Faktoren V und $Q_1$) produzieren (Isoquante $I_1$), als auch mit der zweiten (Faktoren V und $Q_2$), dies entspricht Isoquante $I_2$. Die minimalen Kosten entsprechen dann $C_1^*$ bzw. $C_2^*$.
Die jeweilige Minimalkostenkombination (v', $q_1$') bzw. (v'', $q_2$'') ergibt sich als Tangentialpunkt von Isokostenlinie und Isoquante (Punkt A bzw. Punkt B).
Hier findet also eine Substitution des Faktors V durch den Faktor Nachrichtenübermittlung $Q_2$ statt in Höhe der Differenz (v' - v''). Wie stark diese Substitution tatsäch-

[102] In dieser Darstellung wird davon ausgegangen, daß $p_{q1} > p_{q2}$ ist. Diese Annahme ist jedoch nicht zwingend notwendig, sie ergibt sich lediglich aus der graphischen Konstruktion.

lich ausfällt, hängt u. a. auch von nichtmonetären Größen ab, z. B. Anzahl der Beschäftigten, Anzahl und räumliche Verteilung der Betriebsstätten.[103]
Der Unternehmer muß jetzt die Kosten des jeweiligen Output vergleichen und die Differenz in Relation setzen mit den Fixkosten, die mit dem Anschluß an das neue System verbunden sind. Die für den Unternehmer relevante Anschlußgebühr setzt sich zusammen aus der periodisch wiederkehrenden Grundgebühr $r_G$ und einem Teil der Anschließungsgebühr $r_A$. Dabei wird der Unternehmer jeder Periode einen Teil von $r_G$ zuschlagen. Erwartet er eine Nutzungsdauer des Nachrichtenverkehrsdienstes von n Perioden, ergibt sich folgende entscheidungsrelevante Anschlußgebühr r:

(3.25) $$r = r_G + \frac{1}{n} \cdot r_A$$

Der Unternehmer wird sich an das neue Netz anschließen lassen, wenn gilt:

(3.26) $$C_1(v', q_1') - C_2(v'', q_2'') \geq r$$

d. h.:

(3.27) $$(p_v \cdot v' + p_{q1} \cdot q_1') - (p_v \cdot v'' + p_{q2} \cdot q_2'') \geq r$$

Die Kostenersparnis, welche beim Übergang von der ursprünglichen Minimalkostenkombination zur neuen Minimalkostenkombination (d. h. beim Übergang zur neuen Produktionstechnologie) entsteht, muß die Anschlußgebühr r mindestens ausgleichen. In diesem Fall wird sich das Unternehmen an das neue Netz (System) anschließen lassen bzw. es selbst erstellen.
Über die Inputregel ließe sich die Nachfrage nach den beiden Faktoren - und damit auch die Nachfrage nach Inanspruchnahme des Nachrichtenverkehrsdienstes - die den Gewinn maximiert, bestimmen.
Wenn Bedingung (3.27) erfüllt ist, wird der Unternehmer v'' und $q_2''$ nachfragen, ansonsten v' und $q_1'$. Unter Verwendung der dichotonomischen Variablen $\delta$ ergibt sich folgende Entscheidungssituation:

(3.28) $$\delta = \begin{cases} 1, \text{ wenn } \Delta C \geq r \\ 0, \text{ wenn } \Delta C < r \end{cases}$$

mit:

[103] Vgl. Kapitel 3.5.2.2.

$$\Delta C = C_1(v', q_1') - C_2(v'', q_2'')$$

Für die optimale Faktornachfrage des Unternehmens gelten dann - in Abhängigkeit der dichotonomischen Variablen δ - folgende Beziehungen:

(3.29) $$q_2 = \delta \cdot q_2''$$

(3.30) $$q_1 = (1-\delta) \cdot q_1'$$

(3.31) $$v = \delta \cdot v'' + (1-\delta) \cdot v'$$

### 3.5.2 Determinanten der Nachfrage

Für die Unternehmen sind Nachrichten bzw. Informationen eine notwendige Vorleistung. Neben Arbeit, Boden und Kapital stellen Informationen - und damit auch Nachrichtenverkehrsleistungen - den vierten volkswirtschaftlichen Produktionsfaktor dar.[104] Die Nachfrage der Unternehmer nach Nachrichtenverkehr und damit primär nach Netzanschlüssen (bzw. eigenen privaten LAN) wird bestimmt durch das wirtschaftliche Ziel der Unternehmungen, Gewinnmaximierung. Die Nachfrage nach Netzzugang (und auch die Inanspruchnahme von Nachrichtenverkehrsdienstleistungen) fließt ein in die Produktionsfunktion bzw. Kostenfunktion des Unternehmens. Deshalb ist auch eine Trennung zwischen Netzzugang und Inanspruchnahme nicht gegeben, da - im Gegensatz zum Haushalt - der Unternehmer die Entscheidung des Netzzuganges nicht ohne die Entscheidung über die Nutzung treffen kann.[105] Die zweistufige Entscheidungssituation muß in diesem Fall simultan gelöst werden. Zugang und Nutzung müssen direkt und zusammen in den Kalkulationsprozeß mit eingehen.

#### 3.5.2.1 Monetäre Determinanten der Nachfrage

Die Adaption einer neuen Kommunikationstechnik (eines neuen Nachrichtenverkehrsdienstes) und dessen Inanspruchnahme hängt u. a. von den Verhältnissen der einzelnen Faktorpreise untereinander ab.

Außer den Preisen für den Netzzugang (nur im immateriellen Nachrichtenverkehr) sind somit auch die Preise für die Inanspruchnahme und die Preise der weiteren Pro-

---

[104] Vgl. *Wild* (1971), S. 315.

[105] Eine Ausnahme besteht bei freien Berufen, wie z. B. Maklern. Hier kann bereits die Option der jederzeitigen Erreichbarkeit (in der Haushaltstheorie der passive Optionsnutzen) unabhängig von einer Inanspruchnahme des Dienstes die Arbeitsproduktivität erhöhen.

duktionsfaktoren (vor allen Dingen des Faktors Arbeit) entscheidungsrelevant. Eine statistische Überprüfung der Abhängigkeiten zwischen Nachfrage nach Nachrichtenverkehr und Lohnentwicklung ist nicht durchzuführen. Zum einen müßte jede Branche für sich unterschieden werden, da die Arbeitsintensität einzelner Branchen und damit die Substitutionsmöglichkeit zwischen den Faktoren Arbeit und Nachrichtenverkehr unterschiedlich hoch ist. Eine Differenzierung nach Branchen ist aber datenmäßig nicht möglich. Zum anderen kann nicht unterschieden werden, ob die zunehmende Nachfrage nach Nachrichtenverkehr einhergeht mit Substitutionseffekten oder aber mit einer Betriebserweiterung ohne Auswirkungen auf andere Faktoren.

Da im Fernsprechdienst keine Trennung zwischen privater und geschäftlicher Nachfrage möglich war, wurde die empirische Analyse im Bereich der Haushalte vorgenommen.[106]

Andere immaterielle Dienste lassen sich nicht empirisch untersuchen, da das vorliegende Datenmaterial keine seriösen Tests erlaubt.

Eine Differenzierung ist letztendlich nur im materiellen Nachrichtenverkehr im Bereich der Massendrucksachen oder Wurfsendungen möglich. Die Massendrucksachen stellen eine rein geschäftliche Sendungsvariante dar.

In einer multiplen Regressionsanalyse wurde die Abhängigkeit der eingelieferten Massendrucksachen vom Preisindex und dem realen Bruttoinlandsprodukt (als Maßgröße für die konjunkturelle Entwicklung) untersucht (vgl. Anhang 1.6).

Für die Massendrucksachen ergab sich eine signifikante Preiselastizität mit dem Wert -0,4146 (Standardabweichung 0,086) im aggregierten Modell und -0,407 (0,084) unter ceteris-paribus-Bedingungen. Eine Abhängigkeit vom realen Bruttoinlandsprodukt war nicht feststellbar. Allerdings spielt bei der Veränderung der Verkehrsmenge bei den Massendrucksachen eine konstante Größe eine Rolle. Dies ist auch nicht verwunderlich, da bei dieser Analyse eine ganze Reihe wesentlicher nichtmonetärer Determinanten der geschäftlichen Nachfrage (Betriebsgröße, Zahl der Betriebsstätten, Faktorkosten etc.) nicht berücksichtigt werden konnten, da die notwendigen Daten nicht zur Verfügung standen.

---

[106] Vgl. Kapitel 3.4.3.1.

### 3.5.2.2 Nichtmonetäre Determinanten der Nachfrage

Die Betrachtung der nichtmonetären Determinanten ist weitaus vielschichtiger, weil sie Bestandteil des komplexen Bereiches der Produktion sind.[107] Als wesentliche Einflußgrößen müssen - neben den Preisen für "access" und "usage" sowie den Kreuzpreisen substitutionaler Systeme - die Anzahl der Angestellten eines Unternehmens und die Anzahl der Betriebsstätten sowie die Entfernungen zwischen diesen mit in die Entscheidung einfließen. Diese Variablen sind abhängig von Betriebsgröße, Branche, konjunktureller Entwicklung etc.. Besondere Probleme spielen hierbei die Anzahl der Staaten, in denen ein Unternehmen Betriebsstätten hat, da diese Zahl direkten Einfluß auf die Preise für die Inanspruchnahme haben. Einzelne Staaten haben unterschiedliche Tarifstrukturen. Daneben spielt für das Unternehmen - im Unterschied zum Haushalt - nicht nur die externe Kommunikation eine Rolle. Gerade zur Prozeßsteuerung ist auch die interne Kommunikation von größter Bedeutung. Für Unternehmen wird deshalb die Entscheidung zwischen mehreren Hauptanschlüssen und/oder Nebenstellenanlagen oder die Frage der Installation eigener Netze relevant. Diese Entscheidungen sind jedoch abhängig von der Lage der einzelnen Betriebsstätten. Liegen sie sehr weit verstreut, ist die Implementierung eigener LAN oder Inhouse-Systeme rechtlich nicht möglich, da die Deutsche Bundespost Telekom noch über das Netzmonopol verfügt.[108] Liegen die Betriebsstätten aber z. B. in einer Stadt, ist diese Variante der Vernetzung durchaus denkbar und kann eine ernsthafte Alternative zur Installation von mehreren Hauptanschlüssen sein.

Die Determinanten der Nachfrage nach Nachrichtenverkehrsleistungen unterscheiden sich demnach nicht signifikant von denen der Nachfrage nach Gütertransportdienstleistungen.[109]

Dependenzen von den oben genannten nichtmonetären Determinanten sind in der Bundesrepublik Deutschland leider nicht zu analysieren, da das Datenmaterial eine so differenzierte Untersuchung nicht zuläßt.

Eine Umfrage des ifo-Institutes aus dem Jahre 1992 läßt jedoch einige Schlüsse darauf zu, welche Branchen bzw. Sektoren bevorzugt neue Telekommunikations- und Mehrwertdienste nutzen (vgl. Tab. 3.3.).

---

[107] Zu den Determinanten und den Problemen eines Modells im Sektor Unternehmen vgl. *Taylor* (1994), S. 65 ff.

[108] Vgl. *Fangmann* u. a. (1990), S. 286 f.

[109] Vgl. zu den Determinanten der Güterverkehrsnachfrage *Voigt/Zachcial/Solzbacher* (1976b).

| Branche | Anwender in v. H. der Unternehmen | | | | |
|---|---|---|---|---|---|
| | Fax | LAN-Anschluß | DATEX-L | DATEX-P | Btx bzw. DATEX-J |
| Investitionsgüter | 99 | k. A. | 2 | 10 | 11,0 |
| Handel | 74 | k. A. | 1 | 2 | 7,8 |
| Banken | 100 | 32 | 12 | 75 | 66,5 |
| Versicherungen | 97 | 63 | 15 | 58 | 58,1 |
| Branche | Anwender in v. H. der Unternehmen | | | | |
| | Videokonferenz | EDI | Telemetrie | E-Mail | Electronic Banking |
| Investitionsgüter | 2,2 | 6,3 | 2,5 | 7,3 | 15,0 |
| Handel | 0,0 | 4,4 | 0,7 | 3,0 | 5,3 |
| Banken | 1,9 | 4,4 | 14,5 | 9,5 | 43,9 |
| Versicherungen | 3,4 | 24,0 | 16,7 | 27,8 | 21,8 |

Quelle: *Stoetzer/Ruppert/Schedl* (1993).

Tab. 3.3: Nutzung von Telekommunikationsmitteln in verschiedenen Branchen 1992[110]

Führend bei der Nutzung von neuen Kommunikationstechnologien ist der tertiäre Sektor, und hier vor allen Dingen die Banken und Versicherungen. Dies wird noch deutlicher, betrachtet man die zukünftigen Erwartungen der Unternehmen. So planen vor allen Dingen Banken und Versicherungen einen zunehmenden Einsatz moderner Kommunikationstechnologien (vgl. Tab. 3.4).

| Branche | Anteil der Unternehmen in v. H., die den Dienst in Zukunft stärker nutzen wollen | | | | |
|---|---|---|---|---|---|
| | Btx bzw. DATEX-J | EDI | Telemetrie | E-Mail | Videokonferenzen |
| Investitionsgüter | 9,5 | 22,3 | 10,0 | 20,1 | 10,5 |
| Handel | 4,9 | 10,7 | 1,3 | 4,7 | 1,7 |
| Banken | 45,6 | 39,0 | 27,7 | 42,3 | 14,5 |
| Versicherungen | 25,5 | 67,4 | 19,9 | 75,8 | 25,7 |

Quelle: *Stoetzer/Ruppert/Schedl* (1993).

Tab. 3.4: Zukünftige Nutzung von Kommunikationstechnologien

Aussagen, in welchem Maße Nachrichtenverkehrsdienste von Unternehmen einzelner Branchen genutzt werden, liegen für die Bundesrepublik Deutschland nicht vor. Eine Untersuchung in den Vereinigten Staaten zeigte jedoch, daß der durchschnittliche Anteil der Ausgaben für Telekommunikation an den Gesamtkosten in den Jahren 1984

[110] Dabei antworteten insgesamt 613 Unternehmen im Investitionsgüterbereich, 1074 im Handel, 392 Kreditinstitute und 53 Versicherungen, vgl. *Stoetzer/Ruppert/Schedl* (1993), S. 51.

bis 1989 in den Branchen Telekommunikationsdienstleistungen (2,26 %), Gesamt- und Einzelhandel (1,5 %), Finanzsektor (1,21 %), sonstige Dienstleistungen (1,06) und Verkehr (0,83) am höchsten war. Der primäre Sektor (Landwirtschaft und Bergbau) rangiert nur an drittletzter Stelle mit 0,16 %.[111]

| Branche | Anwender von VAN in v. H. der Unternehmen | | |
|---|---|---|---|
| | Unternehmensgröße | | |
| | Klein | Mittel | Groß |
| Investitionsgüter | 13,7 | 18,9 | 53,4 |
| Handel | 17,3 | 23,5 | 35,0 |
| Banken | 29,2 | 36,2 | 48,7 |
| Versicherungen | 23,5 | 27,1 | 45,7 |

Quelle: *Stoetzer/Ruppert/Schedl* (1993), S. 42.

Tab. 3.5: Betriebsgröße und Nutzung von Kommunikationstechnologien[112]

Die ifo-Befragung befaßte sich auch mit der Abhängigkeit der Nutzung von Kommunikationstechniken in Form ausgewählter Mehrwertdiensten von der Betriebsgröße. Hier zeigte sich ein positiver Zusammenhang zwischen den beiden Größen, der am stärksten innerhalb der Branche der Investitionsgüterindustrie ausgeprägt war (vgl. Tab. 3.5).[113]

Eine Untersuchung, welche lediglich den Banksektor betraf, brachte ähnliche Ergebnisse. So besteht ein signifikanter positiver Zusammenhang zwischen Betriebsgröße (operationalisiert in der Bilanzsumme) und den Diensten Btx bzw. DATEX-J, Telemetriediensten, Satellitendiensten und Mobilfunk (Signifikanzlevel 99 %). Für die Nutzung von E-Mail, DATEX-L und DATEX-P hingegen ergab sich keine signifikante Abhängigkeit von der Größe. Für EDI konnte der $\chi^2$-Test nicht durchgeführt werden, dennoch war eine Tendenz zu einer größenabhängigen Nutzung zu erkennen.[114]

Ausgereifter ist allerdings die Fragestellung, welche Unternehmen zu den Frühadaptoren einer neuen Kommunikationstechnologie zählen. Eine Untersuchung von *Fritsch*,

---

[111] Vgl. *Cronin u. a.* (1993), S. 78.

[112] Dabei wurden nur die Antworten von 161 Unternehmen im Investitionsgüterbereich und 257 im Handel ausgewertet; zur Größeneinteilung vgl. *Stoetzer/Ruppert/Schedl* (1993), S. 42. Erfaßt wurden die Dienste Netzmanagementdienste, Online-Datenbanken (die beide allerdings primär keine Nachrichtenverkehrsdienste sind), Btx, Videokonferenzen, E-Mail, EDI, Electronic Banking und Telemetrie.

[113] Zu einem analogen Ergebnis kam bereits *Fritsch*, der Interdependenzen zwischen Beschäftigungszahl und Telematik-Nutzung untersuchte. Es zeigte sich ein deutlicher positiver Zusammenhang. Vgl. *Fritsch* (1987), S. 70.

[114] Vgl. *Mahler* (1994), S. 45 ff. und 107 ff.

die im Herbst 1985 durchgeführt wurde, kam zu dem Ergebnis, daß sich die Frühadaptoren (hot markets) vor allen Dingen durch folgende Faktoren auszeichnen:[115]

- großer Umfang von Forschung und Entwicklung am Standort,
- relativ gute Ausstattung mit qualifiziertem, nicht akademischem Human Capital,
- räumlich weit ausgedehnte Märkte,
- Organisation in größeren mehrbetrieblichen Einheiten,
- Ausbau neuer Produktlinien.

Über die Frage, inwiefern ein Zusammenhang zwischen Frühadaption und der weiteren Nachfrage nach den Diensten besteht, wurden bis jetzt noch keine Untersuchungen durchgeführt.

Im Bereich des materiellen Nachrichtenverkehrs liegen keine Daten über die Inanspruchnahme der Dienste untergliedert nach Branchen oder Betriebsgröße vor.

---

[115] Vgl. *Fritsch* (1987), S. 78.

## 4. Verkehrswirtschaftliche Determinanten der Nachfrage nach Nachrichtenverkehrsdienstleistungen

Neben den Determinanten, welche sich aus der mikroökonomischen Theorie ableiten lassen, spielt für die Wahl eines Nachrichtenverkehrsdienstes auch seine Leistungsfähigkeit eine wesentliche Rolle. In der Verkehrswirtschaft werden als Maßstäbe für die Beurteilung dieser Leistungsfähigkeit die Konzepte der Verkehrswertigkeit und der Verkehrsaffinität herangezogen. Diese beiden Konzepte sind typische verkehrswirtschaftliche Determinanten der Nachfrage nach der Leistung eines Verkehrsträger. In diesem Abschnitt werden die Verkehrswertigkeit und die Verkehrsaffinität im Bereich Nachrichtenverkehr herausgearbeitet und modifiziert. Grundlage für die Bestimmung einzelner Verkehrswertigkeiten stellt eine vollständige Klassifizierung der Dienste dar.

### 4.1. Klassifikation im Nachrichtenverkehr

#### 4.1.1 Zum Wesen der Klassifikation

Klassifikationen sind allgemein Ordnungssysteme, die die genaue Abgrenzung eines Begriffs, einer Dokumentationseinheit unter Zuhilfenahme von gewissen Regeln ermöglichen. Jeder Begriff wird durch die Menge seiner Eigenschaften (Ebenen) determiniert. Die Identität der Eigenschaftsmengen führt notwendigerweise auch zur Identität der durch sie gekennzeichneten Begriffe.[1] Bei einer Klassifikation wird nun jeder Begriff oder jede Information einer bestimmten Klasse zugeordnet, die durch ein oder mehrere Kennwörter, die den Inhalt der Information möglichst genau charakterisieren sollen (sog. Deskriptoren), gekennzeichnet sind. Diese Klassen stellen einzelne, exakt umrissene Sachverhalte (Eigenschaften) dar. Dabei sollen die Klassen disjunkt sein, d. h. sie sollen sich untereinander ausschließen. Die Zuordnung eines Begriffs zu einer Klasse ist in diesem Fall eindeutig.[2]

Ein wesentliches Axiom für eine Klassifizierung ist das der Vollständigkeit. Es verlangt, daß das System der vorliegenden Klassen alle denkbaren Sachverhalte erfassen muß. Dieses Axiom führt zusammen mit der Bedingung der gegenseitigen Ausschließbarkeit dazu, daß jeder Begriff genau einer und nur einer Klasse zugeordnet werden kann.[3]

Eine Klassifizierung der Nachrichtendienste ist aus zwei Gründen notwendig. Die Leistungsfähigkeit der Nachrichtenverkehrsdienste wird von ihren technischen Eigen-

[1] Vgl. *Zechendorf* (1978), S. 246.
[2] Vgl. *Gaus* (1983), S. 57.
[3] Vgl. *Gaus* (1983), S. 58.

schaften determiniert. Produktionsbedingt ist nicht jede Verkehrsart in der Lage, jede Informationsart zu transportieren. Bewegtbilder und Dialog z. B. stellen ganz gewisse Anforderungen an den spezifischen Dienst. Eine allgemeine Klassifizierung stellt somit die objektive Komponente Leistungsfähigkeit dar, sie soll Auskunft darüber geben, welche Information mit welchem Dienst transportiert werden kann. Eine subjektive Betrachtung ist darin nicht enthalten.
Um diese objektive Betrachtung erreichen zu können, muß eine Klassifikation möglichst vollständig sein, d. h. alle Dienste und alle relevanten Unterscheidungskriterien erfassen. Eine Gegenüberstellung nur bestimmter Nachrichtenverkehrsdienste oder Kriterien genügt für den Zweck einer umfassenden Untersuchung des Nachfrageverhaltens nicht. Doch die meisten Klassifikationen auf diesem Gebiet orientieren sich nur an einzelnen, für den speziellen Hintergrund der Untersuchung relevanten Eigenschaften, die teilweise nicht einmal sauber voneinander abgegrenzt sind. So findet sich bei *Kaiser* lediglich eine Unterscheidung nach Individual- und Massenkommunikation im Bereich der Telekommunikation.[4] Auch eine infrastrukturorientierte Zuordnung der Dienste nach Netzen, wie sie sich z. B. bei *Picot/Anders* vorliegt,[5] erscheint aus zweierlei Gründen nicht sinnvoll. Zum einen sieht der Nachfrager primär nur den Nachrichtenverkehrsdienst (und zwar in Form der zu bedienenden Endgeräte) und dessen Eigenschaften. Daß diese teilweise durch die eingesetzte Technik und damit die Netzstruktur und -beschaffenheit bedingt sind, wird den Nutzer nur am Rande interessieren. Zum anderen ist eine Klassifizierung an Hand der Kommunikationsnetze nicht eindeutig. So kann Sprachübertragung über verschiedene Netze erfolgen (Schmalband-, Breitbandnetze, analoge und digitale Netze), die gleichzeitig von anderen Diensten mitbenutzt werden können.[6] Andere Klassifikationen zielen speziell auf den übergeordneten Begriff Kommunikation ab. Sie erfassen damit auch Formen, die nicht zum Nachrichtenverkehr gerechnet werden können (Printkommunikation).[7]

Die Klassen lassen sich in Anlehnung an die Differenzierung von Präferenzen in vier Kategorien unterteilen: in raum-, zeit-, sach- und personenbezogene Eigenschaften.[8]

---

[4] Vgl. *Kaiser* (1980), S. 16.
[5] Vgl. *Picot/Anders* (1983), S. 14.
[6] So können über das ISDN Texte, Daten, Sprache und Festbilder übertragen werden. Über das geplante Breitband-ISDN wird dann sogar ein Transport aller Informationsformen möglich werden.
[7] Vgl. *Schrape* (1981), S. 45.
[8] Vgl. dazu *von Stackelberg* (1951), S. 219 ff.

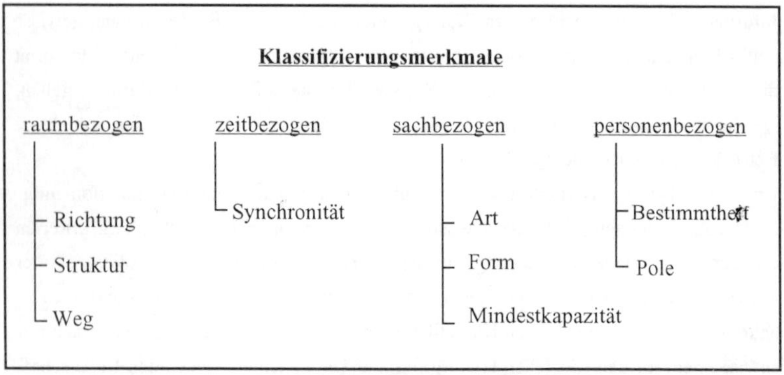


Quelle: Eigener Entwurf

Abb. 4.1: Klassifizierungsmerkmale der Nachrichtenverkehrsdienste

### 4.1.2. Spezifische Klassifikationsmerkmale

#### 4.1.2.1 Raumbezogene Eigenschaften

Eine räumliche Eigenschaft ist die Richtung, in welche die Nachrichtenübermittlung abläuft. Grundsätzlich kann man zwei mögliche Richtungen unterscheiden: einseitige und zweiseitige (oder wechselseitige) bzw. kooperative und nicht-kooperative Kommunikation.[9] In Abhängigkeit der Teilnehmer wird das Merkmal "Wechselseitigkeit" als Dialog bzw. Konferenz bezeichnet.[10] Der tatsächliche Dialog muß jedoch abgegrenzt werden von dem Begriff "Dialogfähigkeit".

Um eindeutige Aussagen über die Richtung eines Nachrichtendienstes geben zu können, muß man sich den Vorgang der Informationsübertragung bei einzelnen Diensten vor Augen halten. Der Expedient startet den Übertragungsvorgang; sobald er ihn in Gang gesetzt hat, ist der Vorgang von ihm oftmals nicht mehr zu beeinflussen. Ein Agieren oder gar Reagieren während des Transportvorgangs ist in vielen Fällen nicht möglich. So kann man im Falle des Briefdienstes den eigentlichen Raumüberwindungsvorgang definieren als den Prozeß, der vom Absenden (Zeitpunkt des Einwerfens der Sendung in einen Postkasten bzw. Abgabe beim Postamt) bis zum Zustellen des Briefes abläuft. Sobald der Perzipient den Brief in Händen hat (bzw. im Briefkasten), ist die Nachrichtenübertragung beendet. Beim Telefonieren liegt ein Nachrichtentransport vom Moment des Abhebens des Gesprächspartners bis zu dessen Aufle-

[9] Vgl. *Hermanns* (1986a), S. 3 und *Cherry* (1966), S. 16 f.
[10] Vgl. *Picot/Anders* (1986), S. 13.

gen vor. So läßt sich für jeden Dienst der Übertragungsakt genau bestimmen. Ein zweiseitiger Dienst (also ein Dialogdienst) liegt immer dann vor, wenn es während der Zeit des eigentlichen Übermittlungsvorgangs möglich ist, direkt zu antworten und damit Gehalt, Umfang und Richtung der transportierten Informationen aktiv zu beeinflussen. Der Dialog ist bestimmt von kooperativem Verhalten, das auf die Erreichung eines gemeinsamen Zieles ausgerichtet ist.[11] Um einen Dialog zu ermöglichen, müssen gleichzeitig zwei Kanäle zur Verfügung stehen, um simultan senden und empfangen zu können (Duplex-Betrieb).[12]

Von dialogfähigen Diensten (sog. Halbduplex-Systemen) wird man immer dann sprechen, wenn jeder beteiligte Akteur sowohl Sender als auch Empfänger sein kann, jedoch eine gleichzeitige Interaktion der Beteiligten nicht möglich ist.[13] Es liegen bei Halbduplex-Verbindungen mehrere Nachrichtenübermittlungsvorgänge vor, die sich zu einem komplexen "Dialog" verbinden. Der zeitliche Abstand zwischen der ersten, ursprünglichen Nachrichtenübermittlung und der unmittelbaren Antwort muß dabei aber vernachlässigbar gering sein. Eine technische Voraussetzung für die Erweiterung einseitiger Dienste zu dialogfähigen Diensten sind Rückkanäle. Über diese Netzbestandteile ist es dem Benutzer des Dienstes möglich, an den Sender der Nachricht seinerseits Informationen zurückzuschicken.[14] Allerdings kann der Perzipient in diesem Fall nur auf die erhaltenen Informationen antworten, die Information an sich kann nicht beeinflußt werden. Ein Beispiel für einen Halbduplex-Kanal ist der CB-Funk. Hier kann der Perzipient direkt auf die empfangene Nachricht antworten. Es liegen allerdings zwei getrennte Nachrichtenübermittlungen vor, da zwei Verbindungen aufgebaut werden müssen. Kooperatives Verhalten ist beim CB-Funk zwar generell möglich, jedoch nicht innerhalb desselben Übertragungsvorganges.

Materielle Nachrichtendienste können immer nur einseitig und damit nicht-kooperativ sein. Zwar können beide Partner sowohl Expedient als auch Perzipient sein, der zeitliche Abstand zwischen Aktion und Reaktion ist aber so groß, daß man diesen Diensten keine echte Dialogfähigkeit zusprechen kann.

Darüber hinaus lassen sich die Dienste auch hinsichtlich ihrer (Netz-)Struktur unterscheiden. Differenziert wird zwischen vermittelten und verteilten Netzen. Bei einem Verteilnetz werden die Nachrichten von einer Zentrale in eine Richtung an beliebig viele berechtigte Empfänger gleichzeitig übertragen. Keine Person, die technisch in der Lage ist, die Nachricht zu empfangen, kann von dem Empfang ausgeschlossen werden. Die Netzbenutzer können sich jedoch wahlweise in die Übertragung ein- und ausschalten. Vermittlungsnetze verbinden hingegen zwei oder mehrere exakt be-

---

[11] Vgl. *Cherry* (1966), S. 17.
[12] Vgl. *Pfeiffer* (1990), S. 68.
[13] Vgl. *Dworatschek/Donike* (1972), S. 15 f.
[14] Vgl. *Ratzke* (1984), S. 135 und *Brepohl* (1985), S. 158 f.

stimmte Teilnehmer über eine Einwegverbindung miteinander. Dabei werden alle anderen ans Netz angeschlossenen Nutzer von der vermittelten Verbindung ausgeschlossen.[15] Beispiele für Verteilnetze sind Baumnetze, die von einer Zentrale (Wurzelknoten) aus sich hierarchisch verzweigend an alle Teilnehmer weitergeführt werden. Die einzelnen Teilnehmer sind jedoch nicht direkt mit dem zentralen Knoten verbunden. Dies ist bei Stern- und Maschennetzen als typische zentrale Vermittlungsnetze der Fall. Weitere Strukturen für Vermittlungsnetze sind die dezentralen Ring- und Busstrukturen. Hierbei laufen die Informationen in eine Richtung durch das Netz und werden entweder in jedem angeschlossenen Endgerät aktiv regeneriert (Ringstruktur) oder nur passiv abgehört (Busstruktur).[16]

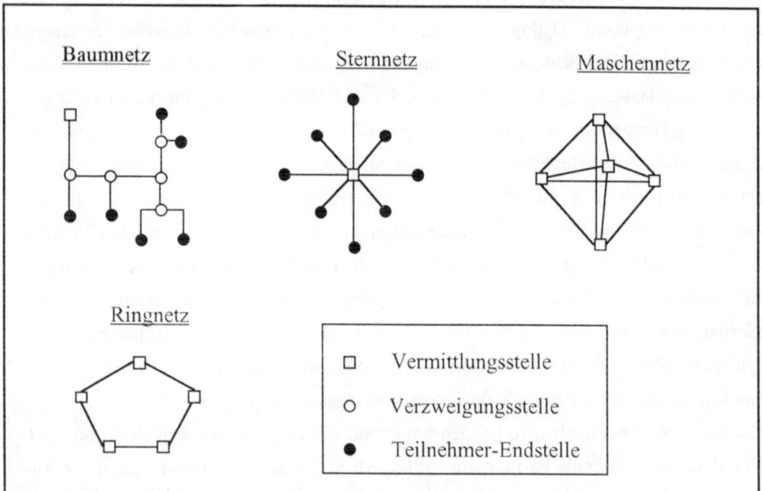


Quelle: *Berndt/Hefekäuser* (1985), S. 585 und *Albensöder* (1990), S. 4 f.

Abb. 4.2: Topologien von Verteil- und Vermittlungsnetzen

Dieses Merkmal der Struktur läßt sich analog auch auf den materiellen Nachrichtenverkehr anwenden. Zwar spricht man dann nicht von Netztopologien, Verteil- und Vermittlungskommunikation lassen sich jedoch trennen. Wird die Nachricht von einem Absender an mehrere definierte Empfänger übertragen, redet man von Vermittlung, ist der Empfängerkreis nicht näher bestimmt bzw. unbegrenzt, liegt Verteilkommunikation vor.

---

[15] Vgl. *Picot/Anders* (1986), S. 8 und *Musiol* (1982), S. 25 f.

[16] Vgl. zu den Netzstrukturen, auch Topologien genannt, z. B. *Berndt/Hefekäuser* (1985), S. 584 ff. und *Heinrich/Lehner/Roitmayr* (1993), S. 383 ff.

Drittes raumbezogenes Merkmal ist der Weg. Die Eigenschaft setzt am Übertragungsmedium an. Drei verschiedene Medien stehen dabei zur Verfügung: terrestrische Kabel, Richtfunk und Satelliten.[17] Je nachdem, ob die Nachrichtendienste über Kabel oder Funk bzw. Satelliten (mit dem Medium Luft) transportiert werden, spricht man von leitungsgebundenen und leitungsungebundenen Diensten. Die leitungsgebundenen Dienste müssen an bestehende Kabelnetze angeschlossen sein, es muß eine materielle Leitung zwischen den Teilnehmern untereinander bzw. zwischen den Teilnehmern und einer Zentrale geben. Die gängigen Kabeltypen sind Kupferkoaxial- und Glasfaserkabel (auch Lichtwellenleiter genannt).[18]
Die ungebundenen Dienste sind hingegen von Leitungen (Kabeln) und materiellen Netzen unabhängig. Sie lassen sich überall innerhalb der Reichweite der Richtfunk- und Satellitennetze benutzen und weisen somit eine höhere Flexibilität auf. Beim Richtfunk - dieser Technik bedienen sich die terrestrischen Funknetze - werden die elektromagnetischen Wellen durch Parabolantennen gezielt auf gleichartige Empfangsantennen gestrahlt. Dabei muß zwischen Sende- und Empfangsstation Sichtkontakt herrschen.[19] In bezug auf Qualität, Konstanz und Sicherheit bestehen zwischen hochwertigen Kabelnetzen (Lichtwellenleiter) und Richtfunk keine Unterschiede, jedoch sind die Glasfaserlinien kostengünstiger als Richtfunk.[20] Die Vorteile der Satellitenkommunikation gegenüber den beiden anderen Medien liegt, neben der weitaus größeren räumlichen Flexibilität (innerhalb der Reichweite liegt Flächendeckung vor), vor allem in der Nutzungsflexibilität.
Die Satelliten lassen sich in drei Gruppen unterteilen. Reine Fernmeldesatelliten übertragen Sprache (Telefon), Festbilder, Texte und Daten. Reine Nachrichtensatelliten dienen dem Transport von Sprache (Hörfunk) und Bewegtbildern. Die Integration dieser beiden Typen führte zu der Entwicklung von Hybridsatelliten, welche die Funktionen beider Typen kombinieren.[21]
Diese Unterscheidung macht jedoch nur bei immateriellen Nachrichtendiensten einen Sinn, da im materiellen Nachrichtenverkehr mit Ausnahme der Rohrpost keine spezifischen Netze existieren.

---

[17] Vgl. *Albensöder* (1990), S. 20.
[18] Zum Aufbau sowie den Vor- und Nachteilen der verschiedenen Kabeltypen vgl. z. B. *Heinrich/Lehner/Roitmayr* (1993), S. 361 ff.
[19] Vgl. *Ratzke* (1984), S. 120 f.
[20] Vgl. *Albensöder* (1990), S. 26.
[21] Einen Überblick über die Nutzung von Satelliten geben z. B. *Brepohl* (1985), S. 161 ff. und *Hermanns* (1986f), S. 65 ff.

#### 4.1.2.2 Zeitbezogene Eigenschaften

Das zeitliche Merkmal der Synchronität richtet sich an der Lagerfähigkeit der Nachrichten aus. Besteht innerhalb des Dienstes keine Möglichkeit, die Informationen zu speichern (zwischenzulagern), müssen zwangsläufig beide Kommunikationspartner, also Expedient und Perzipient, gleichzeitig agieren. Man spricht in diesem Falle von synchroner Kommunikation. Die Informationen müssen zeitgleich aufgenommen und verwertet werden.[22]
Analog werden Dienste der asynchronen Kommunikation zugeordnet, wenn ein Zwischenspeicher vorliegt. Sender und Empfänger müssen nicht gleichzeitig tätig werden. Informationen können zu einem späteren Zeitpunkt abgerufen werden.[23] Je nach Bedarf kann die Nachricht nach der Kenntnisnahme noch weiterhin gespeichert werden. Dazu bedarf es entweder materieller Nachrichtenträger oder Endgeräte mit integrierten Speicherplätzen.
Die Asynchronisierung der Kommunikation ist ein Hauptaugenmerk bei der Entwicklung neuer Techniken. Ein Beispiel für die Erweiterung synchroner Nachrichtenverkehrsträger mit externen Speichergeräten ist die Koppelung von Telefonen mit Anrufbeantwortern. Rechnet man ein solches System jedoch zum Nachrichtenverkehr, muß man beachten, daß ein neuer Dienst mit neuen immanenten Eigenschaften entsteht.

#### 4.1.2.3 Sachbezogene Eigenschaften

Wichtigstes sachbezogenes Merkmal ist die Art der Übertragung. Hier findet, wie bereits oben ausgeführt, eine Abgrenzung zwischen materiellem, immateriellem und gebrochenem Nachrichtenverkehr statt.

Eine weitere sachbezogene Klassifizierung kann nach der Form der Information erfolgen. Es existieren folgende Kommunikationsformen: Sprachkommunikation einschließlich Ton- und Musikkommunikation, Textkommunikation, Datenkommunikation sowie Fest- und Bewegtbildkommunikation.

Schließlich kann man die Dienste noch in Abhängigkeit der (Mindest-)Kapazität einteilen. Diese sachbezogene Eigenschaft ist nur für immaterielle Dienste relevant. Wesentliches Merkmal der Telekommunikation ist das Übertragen der Informationen in Form von Signalen. Dies kann sowohl analog als auch digital erfolgen. Analoge Signale werden dabei wert- und zeitkontinuierlich (d. h. ein stetiger Vorgang wird auch

---

[22] Vgl. *Picot/Anders* (1983), S. 278.
[23] Vgl. *Picot/Anders* (1983), S. 275.

stetig abgebildet) übertragen, während bei der digitalen Übertragung endlich viele Abschnitte des Signals gemessen, die ermittelten Werte in einen Binärcode transformiert werden, der zeitlich nacheinander übermittelt wird.[24] Die Kapazität bzw. die Bandbreite einer Leitung für analoge Übertragung wird in Hertz (Hz, Maß für die Frequenz, die Anzahl der Schwingungen pro Sekunde) angegeben, die einer digitalen Leitung wird durch die Bitrate (kbit/s) ausgedrückt.[25] Je nach Form der Information ist eine entsprechende Mindestkapazität des Mediums erforderlich. Man unterscheidet die Leitungen bzw. Dienste in Schmalband- und Breitbandnetze bzw. Schmalband- und Breitbanddienste. Die Abgrenzung ist jedoch nicht eindeutig. Bei der analogen Sprachübertragung wird eine Bandbreite bis 7 kHz noch den Schmalbanddiensten zugeordnet, beim analogen Hörfunk liegt die Schwelle für den Beginn von Breitbandübertragung beim Stereoton mit 2 x 15 kHz. Digitale Breitbanddienste haben einen Kapazitätsbedarf von mehr als 64 kbit/s; diese Dienste können nicht mehr über Schmalband-ISDN übermittelt werden.[26] Die erforderliche Frequenz für Fernsprechen beträgt ca. 3,1 kHz, für Musikübertragung ca. 15 kHz und für Fernsehen ca. 5 MHz (vgl. Tab. 4.1).

| Telekommunikationsdienst | analoge Übertragung | digitale Übertragung |
|---|---|---|
| Telex | - | 50 bit/s |
| Btx bzw. DATEX-J | - | 2.400 bit/s |
| Telefax | - | bis 9600 bit/s |
| Teletex | - | 2400 bit/s - 64 kbit/s |
| DATEX-L | - | 50 bit/s - 9,6 kbit/s |
| DATEX-P | - | 110 bit/s - 64 kbit/s |
| Direktruf | - | 50 bit/s - 1,92 Mbit/s |
| Telefon | 3,1 kHz | 64 kbit/s |
| Hörfunk | 7 kHz - 2 x 15 kHz | 1 Mbit/s |
| Bildtelefon | - | bis 2 Mbit/s |
| Videotelefon | - | ab 2 Mbit/s |
| Videokonferenz | - | 2 Mbit/s - 140 Mbit/s |
| Fernsehen | 5 MHz | 140 Mbit/s |

Quelle: *Albensöder* (1990), S. 80 und 138, *Berndt/Hefekäuser* (1985), S. 589, Deutsche Bundespost Telekom (1993b), S. 210 und 271, *Hillebrand* (1981), S. 113 ff. und 150 ff,

Tab. 4.1: Bandbreiten und Bitraten bei analoger und digitaler Übertragung

Das Klassifikationsmerkmal Kapazität richtet sich nach der Mindestbandbreite. Für den Transport von (Mono-)Ton, Text, Festbildern und Daten (Ausnahme Direktruf mit über 64 kbit/s) würde demzufolge ein Schmalbandnetz ausreichen, Stereoton- und Bewegtbildübertragung setzen jedoch ein Breitbandnetz voraus.

---

[24] Zum Unterschied zwischen analoger und digitaler Übertragung vgl. z. B. *Albensöder* (1990), S. 10 ff.

[25] Vgl. *Brepohl* (1984), S. 21 und 58.

[26] Vgl. *Ohnesorge* (o. J.), S. 1. Dies ist jedoch eine relativ neue Klassifizierung. Früher lag die Schwelle für Breitbanddienste bei 1 MHz bzw. 6 Mbit/s, vgl. *Picot/Anders* (1986), S. 10.

### 4.1.2.4 Personenbezogene Eigenschaften

Die Bestimmtheit ist eine personenbezogene Eigenschaft, die sich an den Kriterien der Zählbarkeit und der Ausschließbarkeit der Perzipienten orientiert. Es wird unterschieden zwischen Individual- und Massenkommunikation. Bei der Individualkommunikation handelt es sich um einen exklusiven Austausch von Informationen zwischen zwei oder mehreren eindeutig festgelegten Partnern.[27] Die Anzahl der Empfänger ist somit abzählbar. Dritte, für welche die Information nicht bestimmt ist, werden von der legalen Übermittlung ausgeschlossen.[28] Das Vorliegen von Individualkommunikation ist eine notwendige, jedoch keine hinreichende Bedingung für zweiseitige Nachrichtenübertragung (Dialog). Der Expedient muß unmittelbar kein Mensch sein, auch der Informationsabruf aus Datenspeichern ist Individualkommunikation.[29]

Massenkommunikation liegt dann vor, wenn die Informationen von einem Anbieter, meist einem zentralen Sender, zu einer mehr oder weniger unbegrenzten Menge von Empfängern übertragen werden. Die Informationen sind also entweder an unbestimmt viele gerichtet oder können von unbestimmt vielen zumindest abgerufen werden.[30] Eine Vermittlungstätigkeit ist hierbei nicht nötig, es findet eine reine Nachrichtenübertragung statt. Massenkommunikation ist notwendigerweise immer einseitiger Nachrichtenverkehr. Das größte Feld dieser Kommunikationsweise sind die Massenmedien.[31] Ein Ausschluß einzelner Informationen ist innerhalb der Massenkommunikation nicht möglich. Wer technisch in der Lage ist, die Nachricht zu empfangen, also entsprechende Endgeräte besitzt, kann von der Nachrichtenübertragung nicht ausgenommen werden. Ganz im Gegenteil ist eine Individualität der Nachricht bei Massenkommunikationsmitteln nicht erwünscht. Vielmehr geht es um eine freie Verbreitung der Informationen. Diese Aufgabe spielt besonders bei den Massenmedien (Presse, Rundfunk, Fernsehen) eine existentielle Rolle. So wird in Artikel 5 Abs. 1 des Grundgesetzes die Pressefreiheit und die Freiheit der Berichterstattung durch Rundfunk und Film ausdrücklich hervorgehoben und gesetzlich gewährleistet.[32]

Wichtig ist in diesem Zusammenhang anzumerken, daß nicht alle Massenmedien in den Bereich des Nachrichtenverkehrs fallen. So sind Zeitungen bzw. die gesamte Presse typische Massenmedien, die Zeitung an sich ist jedoch kein Nachrichtenverkehrsdienst, da beim Lesen einer Zeitung kein Transport von Informationen zu beob-

---

[27] Vgl. *Maier* (1984), S. 16.

[28] Technisch ist ein Ausschluß allerdings nur in seltenen Fällen möglich. Ein illegaler Zugriff Dritter, bzw. ein Zugriff von übergeordneten Sicherheitsbehörden (Polizei, Geheimdienst) ist nicht vollständig auszuschalten.

[29] Vgl. *Brepohl* (1984), S. 87.

[30] Vgl. *Maier* (1984), S. 16.

[31] Zum unterschiedlichen Gebrauch des Wortes "Medium" und insbesondere zu der Verwendung "Massenmedien" vgl. *Berndt/Hefekäuser* (1985), S. 579 f.

[32] Vgl. *Maier* (1984), S. 19.

achten ist. Der eigentliche Raumüberwindungsvorgang ist der Transport der Zeitung, somit also der Transport des Massenmediums, der Zeitungsdienst. Beim Zeitungsdienst handelt es sich aber nicht um Massenkommunikation, sondern um Individualkommunikation. Die Informationen (Zeitung) werden an bestimmte Empfänger (Abonnenten) verschickt, der wesentliche Dienst besteht in "einer Vermittlungstätigkeit zwischen Verleger und Personen, die regelmäßig erscheinende Druckschriften dauernd beziehen wollen"[33]. Es liegt somit ein klar umgrenzter Empfängerkreis vor.

Dieses Merkmal der Bestimmtheit ist eng verknüpft mit dem der Struktur. Jedoch sind Verteilnetze weder eine hinreichende noch eine notwendige Bedingung für Massenkommunikation. Dasselbe gilt für die Beziehung zwischen Vermittlungsnetzen und Individualkommunikation. In vielen Literaturstellen werden die beiden Eigenschaften fälschlicherweise synonym verwendet.[34] Dies ist jedoch nur innerhalb des materiellen Nachrichtenverkehrs der Fall. Im Bereich der Telekommunikation läßt sich die Gleichsetzung der beiden Begriffspaare nicht mehr aufrechterhalten.[35] So handelt es sich beim CB-Funk um Verteilnetze, da jeder CB-Funker, der auf derselben Frequenz wie der Absender eingeschaltet ist, die Nachrichten abhören kann, aber über den CB-Funk sehr wohl auch Individualkommunikation erfolgen kann. Dabei ist die Information für eine oder mehrere Individuen bestimmt, der Transportweg ist jedoch ungerichtet. Auch lassen sich Baumtopologien als typische Verteilnetze unter bestimmten Bedingungen für Individualkommunikation nutzen. Dazu müssen an einen nicht durch Massenkommunikation belegten Kanal ein Expedient und ein Perzipient angeschlossen sein.[36]

Abschließend lassen sich Nachrichtenverkehrsdienste noch an Hand der Pole bzw. der Kommunikationsbeziehungen kategorisieren. Es liegt eine Unterscheidung nach Art der an der Kommunikation beteiligten Partner vor. Grundsätzlich können dies Menschen und Maschinen sein. Somit liegen drei Klassen vor. Beide Pole sind Menschen, beide Pole sind Maschinen oder es findet Kommunikation zwischen Mensch und Maschine bzw. vice versa statt.[37] Als Pol wird hierbei derjenige Partner betrachtet, der die Information abgibt bzw. für wen sie letztendlich bestimmt ist, wer sie letztendlich interpretiert. So können in der Mensch-Mensch-Kommunikation jederzeit Maschinen zwischengeschaltet sein - dies muß für beide Partner nicht unbedingt offensichtlich sein -, wie z. B. beim Telefon (unobstrusive function), oder aber die Partner benutzen

---

[33] *Raabe* (1926), S. 11.

[34] Vgl. z. B. *Musiol* (1982), S. 26, *Witte* (1978), S. 168 und *Reinhard/Scholz/Thanner* (1983), S. 21 ff.

[35] Vgl. *Berndt/Hefekäuser* (1985), S. 584.

[36] Vgl. *Berndt/Hefekäuser* (1985), S. 586.

[37] Vgl. z. B. *Maier* (1984), S. 15, *Weber* (1992), S. 23 und *Rowe II* (1988), S. 25 f.

Computer ganz gezielt als Transmitter (computer-facilitated function).[38] Maschine-Maschine-Kommunikation (zusammen mit der Mensch-Maschine-Kommunikation auch "compunication" oder "compucation" genannt) bezeichnet die Übertragung von Daten zwecks Verarbeitung und Speicherung zwischen zwei oder mehreren EDV-Anlagen. Im Gegensatz dazu tritt bei der Mensch-Maschine-Kommunikation der Computer an die Stelle eines Individuums.[39]

Beim Briefdienst handelt es sich, bis auf eine Ausnahme, die Wurfsendungen, um einseitige, asynchrone Individualkommunikation, mit der Texte und Festbilder sowohl im Original als auch als Kopie übertragen werden können. Auch die Massendrucksache (jetzt Infopost) fällt - trotz des Namens - unter Individualkommunikation. Die Sendungen werden zwar größeren, aber exakt definierten Empfängerkreisen zugestellt.[40] Die Massendrucksachen müssen adressiert sein, die Empfänger der Sendungen werden vom Absender nach bestimmten Kriterien (Kundenstamm, Mitgliedschaft etc.) ausgewählt. Anders verhält es sich jedoch mit den Wurfsendungen. Bei ihnen handelt es sich um einseitige, asynchrone Massenkommunikation, da sie aufschriftslos an alle Haushalte und Briefabholer zugestellt werden.[41] Der Kreis der Empfänger ist somit nicht eindeutig bestimmt, einzelne Personen können vom Expedienten der Wurfsendungen nicht ausgeschlossen werden. Das einzige Ausschlußkriterium wäre der Raum; der Absender kann nur das Verteilungsgebiet der Wurfsendungen eingrenzen, eine Diskriminierung einzelner Haushalte innerhalb des abgesteckten Gebietes ist nicht möglich. Bei dieser Sendungsvariante geht der Absender bewußt das Risiko ein, daß seine Informationen für bestimmte Gruppen von Perzipienten irrelevant oder im besten Falle in Ansätzen distraktiv sind. Es wird folglich eine mehr oder weniger große Diskrepanz zwischen "supplied words" und "consumed words" auftreten. Die Möglichkeit, alle potentiellen Interessenten zu erreichen, wird von dem Expedienten aber höher bewertet, als das Risiko der Informationsverschwendung und die damit einhergehenden Kosten.

Problematisch ist die Einteilung nach dem Kriterium "Synchronität" im Zusammenhang mit den "Massenmedien" Rundfunk und Fernsehen. Wann ist der Raumüberwindungsvorgang bei diesen Medien abgeschlossen? Ähnlich wie z. B. beim Fax reicht es, wenn das Endgerät (Fernseher, Radio) eingeschaltet ist, ohne daß der Perzipient die Nachricht sofort oder überhaupt wahrnimmt. Bei der bloßen Schaltung auf Empfang

---

[38] Diese beiden Arten werden von *Cathcart/Gumbert* als "unobstrusive computer-human function" und "computer facilitated computer-human function" bezeichnet, vgl. *Cathcart/Gumbert* (1985), S. 114.

[39] Vgl. *Brepohl* (1985), S. 47 f. Diese Form, die hier als einzige als Mensch-Maschine-Kommunikation bezeichnet wird, bezeichnen *Cathcart/Gumbert* als dritte Variante der "computer-human-function", vgl. *Cathcart/Gumbert* (1985), S. 114 und S. 116.

[40] Vgl. zur Massendrucksache BMPF (1988a), S. 80 ff. und *Fricke* (1958), S. 109.

[41] Vgl. BMPF (1988a), S. 90 und *Schwarz* (1935), S. 147 f.

eines Endgerätes kann man wohl kaum von einem Agieren des Perzipienten ausgehen. Die Informationen werden transportiert, aber nicht vom Perzipienten wahrgenommen. Der Akt der bewußten Wahrnehmung ist bei diesen Diensten (ähnlich wie bei der Wurfsendung) allerdings auch nicht erforderlich, d. h. keine notwendige Bedingung für Vorliegen von Nachrichtenverkehr. Deshalb soll - analog zum Fax - der Nachrichtentransport bei den Massenmedien Hörfunk und Fernsehen als asynchron angesehen werden.

Tabelle 4.2 zeigt die Klassifizierung der wesentlichen Nachrichtenverkehrsdienste an Hand der oben genannten Kriterien.

| Dienst | Art | Bestimmtheit | Synchronität | Richtung | Pole | Form | Weg | Kapazität | Struktur |
|---|---|---|---|---|---|---|---|---|---|
| Brief | materiell | individual | asynchron | einseitig | Me-Me | Text, Festbild | | | vermittelt |
| Massendrucksache | materiell | individual | asynchron | einseitig | Me-Me | Text, Festbild | | | vermittelt |
| Wurfsendung | materiell | massen | asynchron | einseitig | Me-Me | Text, Festbild | | | verteilt |
| Zeitungsdienst | materiell | individual | asynchron | einseitig | Me-Me | Text, Festbild | | | vermittelt |
| Rohrpost | materiell | individual | asynchron | einseitig | Me-Me | Text, Festbild | gebunden | | vermittelt |
| Telegramm | gebrochen | individual | asynchron | einseitig | Me-Me | Text | | | vermittelt |
| ePOST | gebrochen | individual | asynchron | einseitig | Me-Me | Text, Festbild | | Schmalband | verteilt |
| Fernsprecher | immateriell | individual | synchron | zweiseitig | Me-Me, Me-Ma | Sprache | gebunden | Schmalband | vermittelt |
| Mobilfunk | immateriell | individual | synchron | zweiseitig | Me-Me | Sprache | ungebunden | Schmalband | vermittelt |
| Funkrufdienste | immateriell | individual | synchron | einseitig | Me-Me | Ton, Text | ungebunden | Schmalband | vermittelt |
| Bildfernsprecher | immateriell | individual | synchron | zweiseitig | Me-Me, Me-Ma | Sprache, Bewegtbild | gebunden | Breitband | vermittelt |
| Videokonferenz | immateriell | individual | synchron | zweiseitig | Me-Me | Sprache, Bewegtbild | gebunden | Breitband | vermittelt |
| Computerkonferenz | immateriell | individual | synchron/ asynchron | zweiseitig | Me-Me, Me-Ma | Text, Daten, Festbild | gebunden | Schmalband | vermittelt |
| Telex | immateriell | individual | asynchron | einseitig | Me-Me | Text | gebunden | Schmalband | vermittelt |
| Telefax | immateriell | individual | asynchron | einseitig | Me-Me | Text, Festbild | gebunden | Schmalband | vermittelt |
| Teletex | immateriell | individual | asynchron | einseitig | Me-Me | Text, Festbild | gebunden | Schmalband | vermittelt |
| TEMEX | immateriell | individual | synchron | einseitig | Me-Ma, Ma-Me | Daten | gebunden | Schmalband | vermittelt |
| E-Mail (Telebox) | immateriell | individual | asynchron | einseitig, dialogfähig | Me-Me,Me-Ma, Ma-Ma | Text, Daten, Festbild | gebunden | Schmalband | vermittelt |
| Videotext | immateriell | massen | asynchron | einseitig | Ma-Me | Festbild, Text | gebunden | Breitband | verteilt |
| Btx bzw. DATEX-J | immateriell | individual | asynchron | einseitig/ zweiseitig | Ma-Me | Text, Daten, Festbild | gebunden | Schmalband | vermittelt |
| DATEX-L | immateriell | individual | synchron | zweiseitig | Ma-Ma | Daten | gebunden | Schmalband | vermittelt |
| DATEX-P | immateriell | individual | asynchron | einseitig | Ma-Ma | Daten | gebunden | Schmalband | vermittelt |
| CB-Funk | immateriell | individual/ massen | synchron | einseitig, dialogfähig | Me-Me | Text | ungebunden | Schmalband | verteilt |
| Mono-Rundfunk | immateriell | massen | asynchron | einseitig | Ma-Me | Sprache | ungebunden | Schmalband | verteilt |
| Stereo-Rundfunk | immateriell | massen | asynchron | einseitig | Ma-Me | Sprache | gebunden | Breitband | verteilt |
| Satellitenrundfunk | immateriell | massen | asynchron | einseitig | Ma-Me | Bewegtbild, Sprache | ungebunden | Breitband | verteilt |
| Fernsehen | immateriell | massen | asynchron | einseitig | Ma-Me | Bewegtbild, Sprache | ungebunden | Breitband | verteilt |
| Kabelfernsehen | immateriell | massen | asynchron | einseitig | Ma-Me | Bewegtbild, Sprache | gebunden | Breitband | verteilt |
| Satellitenfernsehen | immateriell | massen | asynchron | einseitig | Ma-Me | Bewegtbild, Sprache | ungebunden | Breitband | verteilt |

Me = Mensch, Ma = Maschine

Quelle: Eigener Entwurf

Tab. 4.2: Klassifizierung der Nachrichtenverkehrsdienste

## 4.2 Die Verkehrswertigkeit als Maß für die Qualität einer Verkehrsleistung

Dieser Abschnitt beschäftigt sich mit den produktionstechnischen Merkmalen der Nachrichtenverkehrsdienste und ihrer subjektiven Bewertung durch den Nachfrager. Obwohl es sich hierbei primär um die Angebotsseite handelt, soll kein Überblick über die Marktstruktur, das Marktverhalten und das Marktergebnis im Bereich des Nachrichtenverkehrs gegeben werden.[42] Ziel ist es vielmehr festzustellen, wie die Qualität eines Nachrichtenverkehrsdienstes die Nachfrage nach verschiedenen Diensten beeinflussen kann, indem versucht wird, eine Vergleichbarkeit der Dienste und Träger zu erreichen. Dies soll mit einem speziellen Qualitätsprofil geschehen, ähnlich dem im Personen- oder Güterverkehr. Die zu betrachtenden Wertigkeiten bilden sich aus sieben Teilwertigkeiten, die den gängigen Kriterien nach *Voigt* entsprechen, jedoch werden sie speziell auf den Nachrichtenverkehr zugeschnitten.

### 4.2.1 Die Qualität einer Leistung

Schon die Aussage über "die" Qualität eines Gutes bereitet Schwierigkeiten. Jedes Gut und damit jede Nachrichtenverkehrsleistung besitzt viele verschiedene Eigenschaften (Teilwertigkeiten), die alle in ein gesamtes Qualitätsurteil eingehen können. Doch jeder Nachfrager beurteilt die Teilwertigkeiten anders. Betrachtet man z. B. eine Leistung im Personenverkehr. Eine Person wird sehr viel Wert auf Schnelligkeit legen und dafür eventuell bereit sein, Einbußen in der Bequemlichkeit hinzunehmen. Eine andere Person erachtet hingegen die Bequemlichkeit als bedeutendste Voraussetzung für die Wahl ihres Verkehrsträgers. Dieser subjektiven Bewertung von Qualitäten durch den Nachfrager sollte nach Möglichkeit Rechnung getragen werden. Vergleicht man nun Waren und Dienstleistungen kommt ein weiteres Problem hinzu. Wie lassen sich multidimensionale Qualitäten überhaupt vergleichen? Dies fällt nur dann leicht, wenn die betrachteten Güter homogen sind, d. h. sich in allen relevanten Eigenschaften vollständig gleichen.[43] Bei heterogenen Gütern ist ein Vergleich nicht so einfach. Aussagen darüber, wie heterogen Güter sind, oder ob ein Gut bzw. ein Nachrichtenverkehrsdienst besser ist als ein anderer, lassen sich nur dann treffen, wenn ein Gut "gleichmäßig bestes Gut" ist, d. h. dieses Gut in allen Teilwertigkeiten besser ist, als ein anderes Gut.[44] I. d. R. wird sich jedoch kein "gleichmäßig bestes Gut" finden las-

[42] Zu den angebotsseitigen Besonderheiten, die Marktstruktur, Marktverhalten und Marktergebnis beinflussen, wie z. B. economies of scale, Netzmonopole, Pflichtleistungen, wird im Rahmen der zahlreichen Deregulierungsdebatten und der in diesem Zusamenhang erschienenen Literatur ausreichend Stellung genommen.

[43] Vgl. *Klatt* (1965), S. 78.

[44] Dieser Begriff "gleichmäßig Bester" taucht in der Statistik im Zusammenhang mit Testverfahren auf. Diesen Terminus kann man anschaulich am Beispiel des Zehnkampfes erläutern. Der

sen. Unabhängig von der Beurteilung der Qualität durch den Nachfrager ergeben sich also schon Schwierigkeiten dabei, welche und in welcher Form die Merkmale überhaupt verglichen werden sollen. Es muß daher ein Katalog von Attributen (Teilwertigkeiten) aufgestellt werden, die in den Augen der Konsumenten besonders entscheidungsrelevant sind. Diese Teilwertigkeiten sind technische, d. h. produktionsbedingte Eigenschaften. Sie liegen objektiv vor und können oftmals nicht mehr oder nur unter großem Kostenaufwand verändert (verbessert) werden. Die Teilwertigkeiten, auf die weiter unten noch detailliert eingegangen wird, müssen folglich sinnvoll miteinander verbunden werden. Das Ziel ist es, Ähnlichkeiten zwischen den Gütern bzw. Dienstleistungen festzustellen und möglichst zu quantifizieren. Dabei sind sich zwei Güter bzw. Nachrichtenverkehrsleistungen "dann einander ähnlich (oder vollständig gleich), wenn sie einander in der Zusammensetzung nach Eigenschaften stark (oder vollständig) entsprechen und die Niveaus der Eigenschaften nahezu (oder vollständig) gleichgelagert sind."[45] Bei vielen Eigenschaften lassen sich die Differenzen jedoch nicht ohne weiteres quantifizieren. Dies ist immer dann der Fall, wenn nicht auf eine technisch bestimmte Dimension zurückgegriffen werden kann.[46]

Selbst wenn sich die Qualität verschiedener Nachrichtenverkehrsdienste mit Hilfe einer multidimensionalen Maßzahl vollständig beschreiben lassen würde (z. B. mit der Verkehrswertigkeit oder mit dem Nutzwert)[47], wäre ein Vergleich nur eingeschränkt möglich. Eine unterschiedliche Gewichtung kann das Problem der subjektiven Unmöglichkeit des Transports einzelner Informationen oder Güter eliminieren. Möchte man z. B. seine Informationen mittels Sprache übertragen, ist das Telefax dazu nicht geeignet, auch wenn es aufgrund bestimmter Gewichtungen z. B. einen höheren Nutzwert haben sollte als das Telefon. Multidimensionale Bewertungen lassen sich also nur für Vergleiche oder Rangfolgen heranziehen, wenn die bewerteten Dienste sich in dem Maße ähnlich sind, daß jeder Dienst jeder relevanten Anforderung gerecht werden kann. So bildete *Peter* eine Rangfolge von Text- bzw. integrierten Text- und Festbilddiensten (mit Ausnahme der Telebox, die auch unstrukturierte Daten überträgt), indem sie die ermittelten Nutzwerte miteinander vergleicht.[48] Da es hier um Dienste geht, die dieselbe Informationsform (vornehmlich Text) transportieren, ist diese Vorgehensweise sicherlich angebracht.

Innerhalb dieser Arbeit soll die Qualität eines Nachrichtenverkehrsdienstes an Hand der Verkehrswertigkeit ermittelt werden.

---

"gleichmäßig beste Zehnkämpfer" ist derjenige, der in allen zehn Einzeldisziplinen der Beste ist. Vgl. dazu *Basler* (1989), S. 137.

[45] *Klatt* (1981), S. 117.

[46] Vgl. *Ihde* (1991), S. 92.

[47] Vgl. dazu *Peter* (1990), S. 95 ff.

[48] Vgl. *Peter* (1990), S. 124 ff.

## 4.2.2 Definition der Verkehrswertigkeit

*Voigt* definierte den Begriff "Verkehrswertigkeit" 1953. Er verstand darunter den "jeweils erreichten Grad der Vollkommenheit eines Verkehrsmittels".[49] Die Verkehrswertigkeit ist ein Maßstab für die Qualität von Verkehrsleistungen und ist eine objektive Eigenschaft des Angebots. Sie setzt sich zusammen aus einzelnen, selbständigen Dimensionen, sog. Teilwertigkeiten.[50] Die Skala für die Bewertung liegt für jede Teilwertigkeit und für die Verkehrswertigkeit als Ganzes zwischen 0 und 1.
Es gilt folgender Zusammenhang:

(4.1) $$0 \leq \upsilon_i \leq 1 \quad \text{für alle n Teilwertigkeiten mit } i = 1,\ldots, n$$

(4.2) $$0 \leq \upsilon \leq 1 \quad \text{für die Verkehrswertigkeit eines Dienstes}$$

Eine Wertigkeit von "null" bedeutet, daß das Verkehrsmittel nicht in der Lage ist, wirtschaftlich relevante Transportleistungen zu erstellen, der Dienst ist quasi nicht vorhanden, ein Raumüberwindungsprozeß kann nicht stattfinden. Der Extremwert "eins" attestiert dem Verkehrsmittel, daß es in der Lage ist, eine vollkommene Transportleistung zu erbringen. Die beiden Extremwerte sind jedoch in der Praxis irrelevant.[51]
Die Probleme der Verkehrswertigkeit als ein brauchbares Maß für die Leistung eines Verkehrsmittels bzw. Nachrichtendienstes liegen in der Bewertung und der Gewichtung.
Zum einen stellt sich die Schwierigkeit, wie die Teilwertigkeiten, die meist objektiv meßbar (quantifizierbar) sind, in eine Skala zwischen null und eins transferiert werden sollen.
Diese Transformation kann über folgende Formel erfolgen:[52]

(4.3) $$\upsilon_i = \frac{M_i}{M_i + \alpha_i}$$

mit:

$M_i$ = Maß für Verkehrswertigkeit i
$\alpha_i$ = Transformationsfaktor, $\alpha_i \geq 0$

---

[49] *Voigt* (1953), S. 198.
[50] Vgl. *Voigt* (1973), S. 71.
[51] Vgl. dazu *Voigt* (1953), S. 199 und *Witte* (1977), S. 8.
[52] Vgl. *Voigt* (1953), S. 203. Für Teilwertigkeiten, die einem M = 0 einen Wert von 1 zuordnen, gilt diese Formel nur für alle M > 0.

Der Transformationsfaktor $\alpha_i$ stellt dabei die problematische Größe dar. Er muß so operationalisiert werden, daß eine sinnvolle Umrechnung der Maßgröße in eine Wertigkeit möglich ist. Er muß also zum einen dieselbe Einheit besitzen wie $M_i$, damit die beiden Größen überhaupt addiert werden können, und zum anderen eine adäquate Umrechnung in einen Nutzwert zwischen 0 und 1 gewährleisten.
Es gibt allerdings keine allgemein gültigen Umrechnungstabellen für $\alpha_i$. Hier spielen die verschiedenen Interessen der Anwender eine große Rolle. So wird jeder Konsument einer bestimmten Schnelligkeit wohl - in Abhängigkeit seines eigenen Referenzsystems - eine andere Wertigkeit zuordnen und damit einen anderen Summanden $\alpha_i$ wählen. Je nach persönlichen Präferenzen wird $\alpha_i$ also variieren und damit kann demselben Wert $M_i$ verschiedene Wertigkeiten zugeordnet werden.

Zum anderen bleibt das Problem der Berechnung einer Verkehrswertigkeit. Wie sollen die einzelnen Teilwertigkeiten zu einer gesamten Größe "Verkehrswertigkeit" zusammengefaßt werden. Auch hier sind unendlich viele subjektive Gewichtungen möglich. Eine Möglichkeit wäre die Addition der einzelnen n Teilwertigkeiten, wobei diese jeweils gewichtet werden.[53]

$$\upsilon = \sum_{i=1}^{n} \varphi_i \cdot \upsilon_i \tag{4.4}$$

mit:

$\varphi_i$ = Gewichtungsfaktor der Teilwertigkeit i, $\sum_{i=1}^{n} \varphi_i = 1$

Das bedeutet, daß neben dem Problem einer Quantifizierung der Teilwertigkeiten noch eine subjektive Einordnung und Bewertung erfolgen muß. Es muß also eine Verknüpfung von den subjektiven Präferenzen und den objektiv vorliegenden, angebotsseitig bestimmten Eigenschaften erfolgen. Möglichkeiten hierfür bieten Befragungen von Anwendern oder Experten, die sowohl die einzelnen Maßgrößen bewerten als auch die Teilwertigkeiten untereinander gewichten. Aus einer derartigen Befragung könnten dann Bewertungsschematas abgeleitet werden (z. B. in Form von Schulnoten) und Durchschnittswerte für die Transformationsfaktoren $\alpha_i$ und die Gewichtungsfaktoren $\varphi_i$ gefunden werden.[54] Die Probleme, die bei der Bildung einer Verkehrswertigkeit aus den Teilwertigkeiten auftreten, sollen jedoch nicht Bestandteil dieser Arbeit sein, da eine solche subjektive Bewertung umfangreiche Befragungen voraussetzen würde.

---

[53] Vgl. zu dieser oder der multiplikativen Verknüpfung z. B. *Witte* (1977), S. 210 ff.

[54] Dieses Verfahren findet sich z. B. bei der Nutzwertanalyse bei *Peter* (1990).

*Voigt* differenzierte weiterhin in eine tatsächliche und eine potentielle Verkehrswertigkeit. Die tatsächliche Verkehrswertigkeit (bzw. die tatsächlichen Teilwertigkeiten) ist gleich den statistischen Durchschnittswerten innerhalb einer Periode. Die potentielle Verkehrswertigkeit (bzw. die potentiellen Teilwertigkeiten) ist der technisch maximal erreichbare Wert.[55] Die Differenz zwischen diesen beiden Werten kann in geographischen, demographischen, aber auch rechtlichen und ökonomischen Unterschieden und Besonderheiten begründet sein (z. B. unterschiedlichen Standards). Die Betrachtung potentieller Teilwertigkeiten erweitert die Analyse um den Faktor Zeit. Es findet dann keine statische Betrachtung statt, sondern eine dynamische. Neben der tatsächlichen (ex post) Teilwertigkeit zum Zeitpunkt t = 0 existieren dann eine oder mehrere erwartete (ex ante) Teilwertigkeiten für t = 1,..., n. Hier wird eine Bewertung noch schwieriger, da zum einen Maßzahlen für die Zukunft ex ante geschätzt werden müssen, und zum anderen die subjektive Bewertung schwieriger wird. So müssen die tatsächlichen und die erwarteten Wertigkeiten miteinander in Beziehung gesetzt werden. Eine dynamische Teilwertigkeit i würde sich dann wie folgt zusammensetzen:

$$\upsilon_i = \sum_{t=0}^{n} (\alpha_{i,t} \cdot \upsilon_{i,t}) \qquad (4.5)$$

mit:

$$\upsilon_{i,t} = \begin{cases} \text{tatsächliche (ex post) Teilwertigkeit für } t = 0 \\ \text{erwartete (ex ante) Teilwertigkeit für } t = 1,\dots, n \end{cases};$$

$$\alpha_{i,t} = \text{temporäre Gewichtungsfaktoren für } t = 0,\dots, n, \quad \sum_{t=0}^{n} \alpha_{i,t} = 1$$

Je nach Zeitpräferenzstruktur der Nachfrager fällt die Gewichtung der einzelnen zeitabhängigen Komponenten unterschiedlich aus, und damit die Struktur einer dynamischen Teilwertigkeit. Dieses Problem der dynamischen ex ante Qualitätsbetrachtung kann hier allerdings nicht näher betrachtet werden, da keinerlei Untersuchungen über subjektive temporäre Gewichtungsfaktoren vorliegen.

Die Verkehrswertigkeit wurde von *Voigt* ausdrücklich auch für den Nachrichtenverkehr definiert.[56] Dennoch finden sich außer bei *Spranger*, der dieses Konzept auf den Brief- und Fernsprechdienst qualitativ anwendet, keine Ansätze, dieses Instrumentarium zur Qualitätsbestimmung konsequent auf den gesamten Nachrichtenverkehr auszudehnen.[57] Der erste Ansatz, für Nachrichtenverkehrsdienste Eigenschaften zu defi-

---

[55] Vgl. dazu *Voigt* (1973), S. 71 f und *Witte* (1977), S. 8.

[56] Vgl. *Voigt* (1973), S. 71.

[57] Vgl. *Spranger* (1961), S. 44 ff.

nieren, liegt allerdings noch weiter zurück. *Stohl* schrieb bereits 1931: "Auf zwei Momente hat also der Nachrichtendienst, dem Gegenstand seines Unternehmens entsprechend, Gewicht zu legen, auf 'Zuverlässigkeit' und 'Schnelligkeit'."[58]
Obwohl eine Vielzahl verschiedener Teilwertigkeiten vorstellbar sind,[59] hat sich in der Verkehrswissenschaft die Reduktion auf sieben wesentliche Merkmale durchgesetzt.[60]
Diese sieben Teilwertigkeiten sind nach *Voigt*:[61]

- Massenleistungsfähigkeit
- Schnelligkeit
- Netzbildungsfähigkeit
- Berechenbarkeit von Beginn und Dauer
- Häufigkeit der Verkehrsbedienung
- Sicherheit und Störungsfreiheit
- Bequemlichkeit

In seinen ersten Ausführungen zur Verkehrswertigkeit ordnete *Voigt* auch noch die Kosten als Teilwertigkeit ein, da die Kosten in sämtlichen Teilwertigkeiten enthalten sind. D. h. jede Teilwertigkeit läßt sich i. d. R. dadurch verbessern, daß höhere Kosten aufgewendet werden.[62] *Klatt* argumentierte allerdings, daß die Kosten eine eigene Dimension darstellen und nicht der Qualität untergeordnet sind.[63] Gerade im Nachrichtenverkehr können die bestehenden Systeme und Netze nicht kurzfristig durch höhere Kosten optimiert werden. Für den Nachfrager spielen die Kosten als Teilwertigkeit deswegen - zumindest in der statischen Analyse - kaum eine Rolle, da er meist keinen Nutzen aus der reinen Möglichkeit der Verbesserung einzelner Teilwertigkeiten zieht, solange diese Verbesserung nicht durchgeführt wurde. Dies ist kurzfristig aber nicht möglich. Deswegen werden die Kosten innerhalb dieser Betrachtung vernachlässigt, sie gehen nicht ein in das Qualitätsprofil bzw. die Verkehrswertigkeit.
In der Praxis werden oftmals andere Anforderungen (Teilwertigkeiten) gestellt und untersucht. Diese Anforderungen sind aber meist auf eine bestimmte Klasse von Nachrichtenverkehrsdiensten bezogen und deshalb enger gefaßt als die sieben oben genannten Eigenschaften. I. d. R. lassen sich diese speziellen Wertigkeiten jedoch aus den "klassischen" sieben Teilwertigkeiten ableiten, d. h. es sind Subelemente dieser Teilwertigkeiten. So finden sich z. B. bei *Peter* die sechs Merkmale Übertragungslei-

---

58 *Stohl* (1931), S. 5. Nachrichtendienst wird hier im Sinne von Nachrichtenverkehrsdienst gebraucht.

59 Bei *Klatt* findet sich ein Katalog aus vierzig Eigenschaften, vgl. *Klatt* (1965), S. 27.

60 Vgl. z. B. *Spranger* (1961) S. 44, *Schulz-Hanßen* (1965), S. 21 ff., *Voigt* (1973), S. 73, *Witte* (1977), S. 169 ff., *Voigt/Witte/Laschet* (1980) S. 4 , *Dick* (1980), S. 21 ff., *Pompl* (1989), S. 32, *Ihde* (1991), S. 92, *Ernst/Walpuski* (1993), S. 102.

61 Vgl. *Voigt* (1973), S. 73.

62 Vgl. *Voigt* (1953), S. 199 und 204.

63 Vgl. *Klatt* (1965), S. 38.

stung, Bedienungskomfort, Kompatibilität, Marktdurchdringung, technischer Standard und Mehrfachnutzung.[64] Diese Merkmale werden allerdings nur auf Text- bzw. Text- und Datenübertragungssysteme angewandt. Dafür erscheinen sie auch als geeignet. Für immateriellen Nachrichtenverkehr sind Anforderungen wie Kompatibilität oder Standard zu eng gefaßt. Für den gesamten Nachrichtenverkehr sind deshalb die sieben *Voigt*'schen Teilwertigkeiten besser verwendbar, da sie alle Nachrichtendienste vollständig erfassen und gleichzeitig Obergruppen für alle spezifischen Eigenschaften sind. So läßt sich die Übertragungsleistung unter den Begriff "Schnelligkeit" einordnen, Bedienerkomfort entspricht der Bequemlichkeit, Kompatibilität, Marktdurchdringung und technischer Standard lassen sich unter "Netzbildungsfähigkeit" subsumieren, während die Mehrfachnutzung ein Merkmal für die Massenleistungsfähigkeit ist .[65]

Bei *Klatt* werden die sieben Teilwertigkeiten in drei Gruppen unterteilt, in mengen-, weg- und zeitbezogene Eigenschaften.[66] Diese Gliederung leitet sich aus der Systematik der Einteilung von Präferenzen ab. Hier unterscheidet man vier Gruppen: sachliche, räumliche, zeitliche und persönliche Präferenzen.[67]
Diese Vierteilung erscheint dem Autor im Nachrichtenverkehr aus folgenden Gründen als passender:
Zum einen greift das Kriterium "Menge" im Nachrichtenverkehr zu kurz. Auch im Personen- und Güterverkehr kann nicht von einer Gleichartigkeit der Transportobjekte gesprochen werden. Dennoch kann fast jedes Gut von jedem Verkehrsmittel transportiert werden. Der limitierende Faktor ist hier allerdings die Menge, jedoch scheidet eine subjektive Unmöglichkeit des Transportes eines Gutes aufgrund sachlicher Ungleichheit aus. Im schlimmsten Fall kann das Gut zwar transportiert werden, würde bei diesem Transport jedoch verlorengehen oder verderben; normalerweise kann man aber, unter Akzeptanz höherer Kosten, das Verkehrssystem so ausgestalten, daß ein Verlust der Ware verhindert werden kann (z. B. das Ankoppeln eines Kühlwagens an einen Zug). Im Nachrichtenverkehr ist dies nicht möglich. Die Heterogenität der Güter (Informationen) macht von vornherein die Übermittlung gewisser Informationsarten durch bestimmte Nachrichtenverkehrsdienste unmöglich (subjektive Unmöglichkeit des Transports). So lassen sich Sprache oder Bewegtbilder nicht über Brief oder Telefax übermitteln, eine - mit höheren Kosten verbundene - Verbesserung des Systems ist ex ante ausgeschlossen. Der problematische Faktor ist hier also nicht immer nur die transportierte Menge, sondern vor allen Dingen die sachliche Differenzie-

---

[64] Vgl. *Peter* (1990), S. 116.
[65] Vgl. dazu Kapitel 4.2.2.1.
[66] Vgl. *Klatt* (1964a), S. 127.
[67] Vgl. *von Stackelberg* (1951), S. 219 ff.

rung zwischen den Informationen. Deswegen wird für den Nachrichtenverkehr die Gruppe der sachbezogenen Teilwertigkeiten gewählt.
Im Personen- und Güterverkehr spricht man i. d. R. mehr von weg- als von raumbezogenen Eigenschaften. Der Weg ist jedoch eine zweidimensionale Größe, (immaterieller) Nachrichtenverkehr kann hingegen sogar dreidimensional abgewickelt werden (z. B. Satellitenkommunikation). Dieser Erweiterung um eine Dimension soll durch den Begriff "Raum" Rechnung getragen werden.
Ähnlich wie im Güterverkehr sind im Nachrichtenverkehr Transportobjekt und Leistungsnachfrager zwei "Subjekte", eine Dreiteilung würde zwar dem Transportobjekt gerecht werden, nicht aber der Person, welche die Leistung nachfragt. Da der Nachfrager die Transportleistung i. d. R. selber durchführt oder aber zumindest in Gang setzt, spielen für seine Entscheidung für einen bestimmten Dienst bzw. für seine subjektive Qualitätsbetrachtung natürlich auch Merkmale eine Rolle, die für das Transportobjekt (Information) völlig neutral sind.

Aus den genannten Gründen soll hier deshalb eine Einteilung der Verkehrswertigkeiten an Hand folgender vier Kriterien erfolgen:

- sachbezogene Teilwertigkeiten
- zeitbezogene Teilwertigkeiten
- raumbezogene Teilwertigkeiten
- personenbezogene Teilwertigkeiten

Abbildung 4.3 zeigt die Einteilung der sieben Teilwertigkeiten.

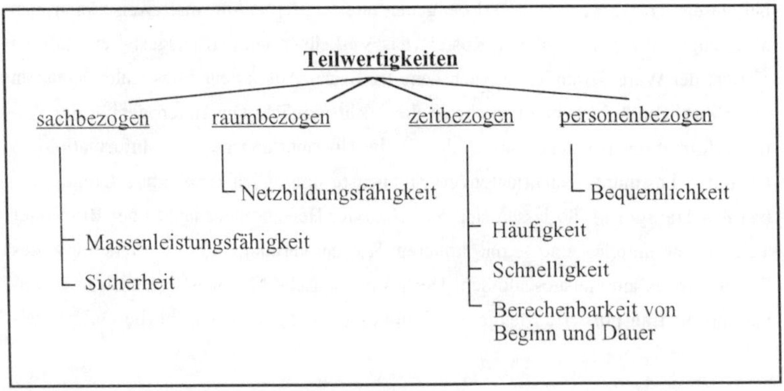


Quelle: Eigener Entwurf

Abb. 4.3: Einteilung der Teilwertigkeiten

Diese sieben Teilwertigkeiten sind nicht völlig unabhängig voneinander zu betrachten. Teilweise bestehen zwischen einzelnen Eigenschaften funktionale Zusammenhänge. Eine Verbesserung einer Teilwertigkeit kann dann einhergehen mit einer Steigerung einer anderen.[68] Erhöht man z. B. die Netzbildungsfähigkeit des Fernsprechdienstes, indem mehr öffentliche Fernsprechapparate aufgestellt werden, hat dies auch Auswirkungen auf die Bequemlichkeit, da dann der Weg zu einer Telefonzelle verkürzt wird.

#### 4.2.2.1 Sachbezogene Teilwertigkeiten

Die erste sachbezogene Teilwertigkeit, die *Voigt* betrachtete, ist die Massenleistungsfähigkeit ($\upsilon_1$). Unter "Massenleistungsfähigkeit" eines Verkehrsmittels wird der Grad der Fähigkeit verstanden, "Transporte unterschiedlich großer Massen von Gütern, Nachrichten und Personen unter möglichst niedrigen Kosten durchzuführen".[69] Für den Güter- und Personenverkehr mag diese Definition ausreichend sein, verfügen doch beide Verkehrsarten über eine einheitliche Dimension, in der Verkehrsleistung gemessen werden kann, Tonnen- und Personenkilometer. Deshalb ist eine Reduzierung auf den Terminus "Masse" durchaus gerechtfertigt, lassen sich doch alle Probleme an diesem Begriff aufzeigen. Im Nachrichtenverkehr existiert keine einheitliche Dimension.[70] Dazu kommt die Eigenheit, daß nicht alle Nachrichtenverkehrsdienste technisch in der Lage sind, alle Informationsformen zu transportieren. Dies gilt vor allem für die immateriellen Dienste. Die Teilwertigkeit "Massenleistungsfähigkeit" muß deswegen für den Nachrichtenverkehr erweitert werden. Es soll darunter der Grad der Fähigkeit verstanden werden, Transporte unterschiedlich großer Masse und unterschiedlicher Informationsformen unter möglichst niedrigen Kosten zu bewältigen.

Eine Determinante für die Massenleistungsfähigkeit eines Nachrichtenverkehrsdienstes ist folglich die Kapazität des Systems bzw. des Netzes. Für immateriellen Nachrichtenverkehr und die Rohrpost ist die Kapazität des eigenen Netzes relevant (Bitrate, Bandbreite, Durchmesser der Rohre). Der Brief- und Zeitungsdienst bedient sich jedoch der Systemelemente des Güterverkehrs. Hier ist die Kapazitätsauslastung der Netze des Güterverkehrs (Schienennetz, Straßennetz) die entscheidende Größe.
Besondere Schwierigkeiten bereitet deswegen die Operationalisierung eines Maßes für Massenleistungsfähigkeit. Im Personen- und Güterverkehr wird die Dimension dieser Teilwertigkeit mit Personen oder Tonnen pro Transport angegeben.[71] Für den imma-

---

[68] Vgl. dazu *Klatt* (1965), S. 75 f. und *Dick* (1980), S. 37.
[69] *Voigt* (1973), S. 83.
[70] vgl. Kapitel 1.2.4.
[71] Vgl. *Witte* (1977), S. 176.

teriellen Nachrichtenverkehr wäre eine Maßzahl Bytes pro Transport denkbar. Diese Definition umfaßt den psychischen Nachrichtenverkehr allerdings nicht. Eine Umrechnung des Verkehrsaufkommens dieser Nachrichtenverkehrsart in Bytes existiert bisher nicht. Auch Schätzungen der Verkehrsleistung in Worten wurden lediglich in Japan, nicht aber in der Bundesrepublik Deutschland vorgenommen. Aber selbst wenn eine einheitliche Dimension vorliegen würde, müßte bei der Messung der Massenleistungsfähigkeit auch die subjektive Unmöglichkeit des Transports bestimmter Informationsformen mit bestimmten Verkehrsträgern berücksichtigt werden. Außerdem ist die Richtung ein wesentliches Klassifikationsmerkmal für Nachrichtenverkehrsdienste. Vergleicht man zwei Dienste, die beide dieselbe Menge derselben Informationsformen zu denselben Kosten transportieren können, wird man wohl den Dienst höher einschätzen, der dialogfähig ist oder sogar zweiseitig übertragen kann.
Ein Maß für die Massenleistungsfähigkeit ($M_1$) muß als Vektor dargestellt werden. Eine Differenzierung nach den fünf Informationsformen (Sprache, Text, Fest-, Bewegtbild, Daten) ist allerdings zu eng, da auf die Qualität der Informationsformen nicht eingegangen wird. So weist zweiseitige Sprachübertragung (Dialog) eine höherwertigere Güte auf als einseitige; Sprache ist qualitativ hochwertiger als nur Ton, Originaltexte sind höher zu bewerten als Kopien und Farbbilder höher als Schwarzweißbilder. Bezieht man diese Unterschiede mit ein, lassen sich neun (erweiterte) Informationsformen unterscheiden (in Klammern Nummer der Informationsform): Ton (1), Sprache einseitig (2), Sprache Dialog (3), Originaltext (4), Kopien (5), Daten (6), Farb-Festbilder (7), Schwarzweiß-Festbilder (8) und Bewegtbild (9). Durch die Umrechnung auf die Einheit "Wort" ist die Vergleichbarkeit gewährleistet. Ein Transport von zwei Wörtern der Form "Sprache" wird folglich genauso hoch bewertet wie ein Wort "Text" und ein Wort "Festbild".
Das Maß $M_1$ kann also als ein Vektor dargestellt werden:[72]

$$M_1 = [\varpi_1; \varpi_2; \varpi_3; \varpi_4; \varpi_5; \varpi_6; \varpi_7; \varpi_8; \varpi_9] \tag{4.6}$$

mit:

$\varpi_i$ = Anzahl der transportierten Wörter von Informationsform i

Der Wert von $M_1$ muß in folgendem Vektorintervall liegen:

$$[0; 0; 0; 0; 0; 0; 0; 0; 0] \leq M_1 \leq [\infty; \infty; \infty; \infty; \infty; \infty; \infty; \infty; \infty] \tag{4.7}$$

[72] Für höherwertige Dienste sind strenggenommen nicht alle $\varpi_i$ relevant. So umfaßt Dialog natürlich auch einseitige Sprach- und Tonübertragung, Originaltextübertragung auch die Übertragung von Kopien und Farbbildübertragung auch Schwarzweißbilder.

Die Massenleistungsfähigkeit ist gleich Null bei einem Transport von null Wörtern, sie ist gleich Eins bei einem Transport von unendlich vielen Wörtern aller neun Informationsformen. Einem Nachrichtendienst, der zwar unendlich viele Wörter pro Transport übermitteln kann, aber nur eine oder wenige Informationsformen, würde dann ein Wert von kleiner als eins zugeordnet.
Das Maß $M_1$ könnte man dann als Dimension Wörter/Zeiteinheit oder Wörter/Periode verwenden.[73]

Als zweite sachbezogene Teilwertigkeit ist die Sicherheit und Störungsfreiheit ($\upsilon_2$) zu nennen. Innerhalb des Personen- und Güterverkehrs bezieht sich die Ebene "Sicherheit" auf die Beschädigung oder den Verlust des Transportgutes, also auf eine Beeinträchtigung des Wertes des Gutes bzw. Wohlbefindens des Reisenden.[74] Analog dazu bezieht sich die Sicherheit im Nachrichtenverkehr darauf, ob und mit welcher Qualität eine Information beim Perzipienten ankommt. Ein Maß für die Sicherheit ist dann die Anzahl von fehlerfreien Nachrichtentransporten bezogen auf die Gesamtzahl der Transporte. Je mehr fehlerfreie Übertragungen oder Übermittlungen vorliegen, desto höher ist die Sicherheit des Nachrichtendienstes. Um eine objektivere Betrachtung der einzelnen Dienste zu erreichen, sollte der Mittelwert (d. h. die durchschnittliche Anzahl) der fehlerfreien Transportvorgänge innerhalb eines Zeitraumes herangezogen werden. Beobachtungen eines einzelnen Individuums, welches bei seiner Nutzung eine sehr hohe (aber mit geringer Häufigkeit auftretende) Fehlerrate feststellt, können zu einer Verzerrung führen. Die Störungen, die beim Raumüberwindungsvorgang auftreten können, sind im materiellen Nachrichtenverkehr der vollständige Verlust oder die Beschädigung des physischen Informationsträgers und damit der Information an sich, und beim immateriellen Nachrichtenverkehr eine fehlerhafte oder unvollständige Übertragung der Signale, eine Störung (Rauschen, Verzerrungen, vorübergehender Ton- oder Bildausfall) oder gar der Zusammenbruch einer bestehenden Leitung bzw. Verbindung. Bei den materiellen Nachrichtenverkehrsdiensten ist die Sicherheit eine abgeleitete Teilwertigkeit, sie ist abhängig von den Teilwertigkeiten der Verkehrssysteme, die Komponenten der Transportkette sind. Die Sicherheit im physischen Nachrichtenverkehr wird also von denselben Faktoren beeinflußt wie im Personen- und Güterverkehr. Dies sind im wesentlichen die Verkehrsdichte, die Geschwindigkeit, Natur- und Witterungseinflüsse und Abhängigkeit von menschlichen Entscheidungen.[75]
Für das Maß für die Sicherheit eines Dienstes ($M_2$) gilt demnach:

---

[73] Möglich wäre es auch, die Anzahl der Wörter auf den Transportvorgang zu beziehen, diese Dimension ist allerdings kein adäquates Maß für eine Leistung, da der physikalische Begriff der Leistung zeitbezogen ist.
[74] Vgl. *Voigt* (1973), S. 90.
[75] Vgl. dazu ausführlicher *Voigt* (1973), S. 90.

(4.8) $$M_2 = \frac{q-f}{q}$$

mit:

q = Summe aller Nachrichtentransportvorgänge (Verkehrsmenge)
f = Summe der fehlerhaften Nachrichtentransportvorgänge (faults)
$f \leq q$

$M_2$ besitzt damit den Definitionsbereich:

(4.9) $$0 \leq M_2 \leq 1$$

Der relative Anteil der fehlerfreien Nachrichtentransporte muß im (definitionsgemäß) geschlossenen Intervall zwischen null und eins liegen. Erreicht ein Dienst einen Wert von eins ($f = 0$), ist er hinsichtlich der Teilwertigkeit Sicherheit vollkommen. Selbst hier bleibt das Transformationsproblem. Obwohl sowohl das Maß als auch die Teilwertigkeit dimensionslos sind und denselben Definitionsbereich besitzen, lassen sich die beiden Größen nicht einfach eins zu eins übertragen. So erscheint es nicht einsichtig, daß ein Dienst mit $M_2 = 0{,}5$, also einer Fehlerquote von 50 %, eine Wertigkeit von 0,5 haben soll, immerhin die Hälfte der Teilwertigkeit eines vollkommenen Dienstes. Ein so unsicherer Dienst wird wohl eher einen Wert nahe bei null zugeordnet bekommen.[76]
Im Nachrichtenverkehr spielt ein weiterer Aspekt eine Rolle. Informationen können in ihrem Gehalt nicht nur durch Beschädigung oder Verlust verlieren, sondern auch dadurch, daß sie während des Raumüberwindungsvorganges einen höheren Grad der Bekanntheit bekommen. Für viele Informationen ist die Geheimhaltung eine wesentliche Eigenschaft.[77] Durch einen höheren Bekanntheitsgrad geht ein wesentlicher Bestandteil der Information verloren, im Extremfall kann die Information sogar unbrauchbar werden; das Gut würde also völlig untergehen. Die Frage der Sicherheit eines Nachrichtenverkehrsdienstes muß also immer die Frage nach der Geheimhaltung umfassen. Dieser Aspekt weist zwei zu betrachtende Ebenen auf: eine technische und eine rechtlich-politische. Zum einen ist es notwendig zu wissen, ob und in welchem Maße durch technisches Versagen eines Dienstes eine Information ihren geheimen Charakter (bzw. den Charakter einer Neuigkeit) verlieren kann. Genauso wichtig ist aber auch die Frage, inwieweit das politische und rechtliche System eines Landes es zuläßt, die Privatsphäre eines Nachrichtenübermittlungsvorgangs auszuschalten und

[76] Dies zeigt sich auch bei *Witte*, der jeder Teilwertigkeit eine (nichtlineare) Nutzwertkurve zuordnet. Bei der Sicherheit verläuft diese Kurve stark monoton fallend. D. h. bereits sehr geringe Fehlerraten führen zu einem sehr niedrigen Nutzwert. Vgl. *Witte* (1977), S. 178.
[77] Vgl. z. B. *Hartmann* (1980), S. 118.

damit den Grad der Bekanntheit entgegen dem Willen und den Vorstellungen (und eventuell sogar ohne die Kenntnis) der beteiligten Nutzer zu erhöhen. So sind z. B. in der Bundesrepublik Deutschland nach §§ 100a ff. StPO strafprozessuale Eingriffe in das Fernmeldegeheimnis (z. B. prozessbezogene Fernmeldeüberwachung bei Strafverteidigern) erlaubt.[78] Im Zusammenhang damit ist der sog. "Große Lauschangriff" zu sehen, der es Ermittlungsbehörden ermöglichen würde, das Grundrecht auf Privatsphäre und damit das Telefon- und Briefgeheimnis einzuschränken. Das Problem dieser rechtlich-politischen Seite liegt auf der Hand. Der Geheimhaltungsgrad eines Nachrichtendienstes variiert in Abhängigkeit der rechtlichen Bestimmungen des Landes, in dem er eingesetzt wird. So kann grenzüberschreitender Briefdienst seine hohe Wertigkeit, die er im Ursprungsland besitzt, allein deswegen verlieren, weil mit dem Grenzüberschritt sich die Rahmenbedingungen ändern und deswegen eine Verletzung des Briefgeheimnisses möglich wird.
Dieses Problem ist aber kein dienstspezifisches, sondern ein länderspezifisches Problem. Für den Grad der Bekanntheit läßt sich kein einheitliches Maß für einen Dienst finden, da dieses Maß abhängig ist von der Anzahl der Staaten, die der Dienst durchläuft, und der rechtlichen und politischen Rahmenbedingungen.

#### 4.2.2.2 Zeitbezogene Teilwertigkeiten

Erste zeitbezogene Teilwertigkeit ist die Schnelligkeit ($\upsilon_3$). Der Begriff "Schnelligkeit" ist weiter gefaßt als der Terminus "Geschwindigkeit", da neben der durchschnittlichen Transportgeschwindigkeit auch die erforderlichen Wartezeiten erfaßt werden.[79] Die Geschwindigkeit wird dabei in der üblichen Dimension km/h ausgedrückt. *Witte* ordnet einer Geschwindigkeit von 0 km/h dabei den Nutzwert 0 zu, die maximal mögliche Geschwindigkeit (Lichtgeschwindigkeit c, mit c = 299792 km/sec) erhält den Wert 1.[80] Bei dieser Definition werden allerdings etwaige Wartezeiten außer acht gelassen. Diese Zeiten sind jedoch gerade im Nachrichtenverkehr nicht zu vernachlässigen. Diese Wartezeiten bezieht die sog. Blockgeschwindigkeit mit ein. "Die Blockgeschwindigkeit ist die zwischen Versand und Empfang eines beförderten Gutes verflossene Zeit bezogen auf die zwischen Absende- und Empfangsort liegende Entfernung."[81] Interpretiert man die Wartezeit weiter und subsumiert darunter auch externe Wartezeiten, die nicht während des eigentlichen Transportprozesses anfallen, also z. B. die Zeit, die ein Expedient benötigt, um seine Nachricht "transportgerecht" zu gestalten (z. B. das Schreiben eines Briefes oder einer E-

[78] Vgl. zu dieser Problematik z. B. *Brenner* (1994).
[79] Vgl. *Voigt* (1973), S. 81.
[80] Vgl. *Witte* (1977), S. 172.
[81] *Klatt* (1964b), S. 197.

Mail), erkennt man, daß dieser Bestandteil der Schnelligkeit bei einigen Diensten im Verhältnis zur Geschwindigkeit der eigentlichen Raumüberwindung nicht unerheblich ist.

Für den materiellen Nachrichtenverkehr und die materiellen Glieder der Transportkette im gebrochenen Nachrichtenverkehr ist die Schnelligkeit ebenso wie die Sicherheit eine abgeleitete Teilwertigkeit. Diese Nachrichtenverkehrsart bedient sich der Träger des Personen- bzw. Güterverkehrs. Damit ist die Transportgeschwindigkeit von denselben Determinanten abhängig, wie z. B. den technischen und natürlichen Bedingungen von Fahrzeug und Wegstrecke, Linienführung, von der Zahl und der Dauer der ökonomisch zweckmäßigen oder technisch notwendigen Aufenthalte und von der Dichte des Verkehrs.[82] Dazu kommen aber noch für den materiellen bzw. gebrochenen Verkehr spezifische Zeitverzögerungen während des Transports (im folgenden "Wartezeiten" genannt). Hierbei handelt es sich um die Zeit, die bis zum Leeren eines Briefkastens und beim Sortieren und Verteilen der Sendungen vergeht. Daneben können noch negative externe Effekte in Form von Post-, Bahn- oder Fluglotsenstreiks auftreten. Die "Wartezeiten" können also im materiellen und gebrochenen Nachrichtenverkehr die größenmäßig bedeutsamere Variable als die Transportgeschwindigkeit sein. Die Schnelligkeit ist deshalb gering zu bewerten. Ein Maß könnte hier das von der Deutschen Bundespost Postdienst verwendete Konzept E + x sein, wobei x für die Anzahl der Tage steht, die zwischen Einlieferung und Austragen der Sendungen vergeht.[83]

Die Dimension für die Schnelligkeit im materiellen und gebrochenen Nachrichtenverkehr ist also "Tage". Diese Größe ist jedoch für den immateriellen Nachrichtenverkehr völlig ungenügend. Die modernen Kommunikationstechnologien, die auf Glasfaser aufgebaut sind, erreichen annähernd die maximal denkbare Geschwindigkeit c. Auf den ersten Blick bietet sich folglich die Dimension km/s an. Damit besäße ein digitales Glasfaserfernsprechnetz die höchste erreichbare Teilwertigkeit von nahezu 1. Aber das Problem liegt hier in der Größe der Nachricht, d. h. der Anzahl der übertragenen Worte. Dies zeigt ein Vergleich zwischen Telefon und Fax. Mit einem modernen Telefon kann man ein Wort innerhalb eines Sekundenbruchteils übermitteln. Faxt man ein Wort mit einem Gerät der Gruppe 2 oder 3, benötigt man ca. 60 Sekunden, mit einem Gerät der Gruppe 4 im ISDN ca. 12 Sekunden. Mit einem Telefax läßt sich aber in der genannten Zeit eine ganze Seite übermitteln. Geht man davon aus, daß auf eine eng beschriftete Seite an die tausend Wörter passen, lassen sich in einer Minute bzw. 12 Sekunden zwischen null und tausend Wörter transportieren. Die Anzahl der Wörter ist dabei relativ unabhängig von der Zeit. Erst ab der zweiten Seite (also ab Wort 1001) würde sich die Übertragungszeit verdoppeln. Die Geschwindigkeit ist also eine mono-

[82] Vgl. dazu ausführlicher *Voigt* (1973), S. 81 und *Pirath* (1949), S. 161.
[83] Vgl. *o. V.* (1992a), S. 6.

ton steigende Stufenfunktion der Anzahl der übermittelten Worte.[84] Beim Telefon liegt jedoch eine stetige, streng monoton steigende Funktion vor (vgl. Abb. 4.4).

Mit jedem Wort, das übermittelt wird, steigt die benötigte Zeit. Folgt man der japanischen Studie, lassen sich in einer Minute am Telefon 120 Wörter übermitteln. Dies liegt deutlich unter den Möglichkeiten selbst des analogen Telefax. Hier sieht man, daß sogar in der Telekommunikation eine Reduzierung der Teilwertigkeit "Schnelligkeit" auf den Aspekt "Geschwindigkeit" zu Fehlinterpretationen führen kann. Selbst eine Kunstgröße wie die Blockgeschwindigkeit bezieht sich nur auf das "beförderte Gut", also die Verkehrsmenge, und nicht auf das Verkehrsaufkommen. Betrachtet man den Transport von "normalen" Nachrichten, die i. d. R. aus mehreren Wörtern bestehen, wird sicherlich nicht die Geschwindigkeit die ausschlaggebende Größe sein, sondern die Schnelligkeit, ausgedrückt in übermittelten Wörtern oder Signalen. Ein adäquates Maß für die Schnelligkeit ($M_3$) wäre folglich die Anzahl der in einer Zeiteinheit übermittelten Wörter oder Bytes, z. B. Wörter pro Minute.

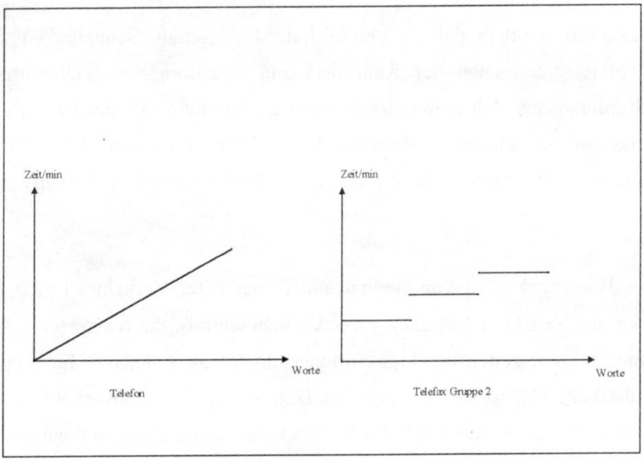


Quelle: Eigener Entwurf

Abb. 4.4: Abhängigkeit der Übertragungszeit von der Anzahl der übermittelten Wörter

Das Maß $M_3$ ist relativ unabhängig von der Entfernung. Bei der heutigen Technik spielen, gerade im Bereich Telekommunikation, Distanzen keine Rolle mehr. Da der eigentliche Transport in den Glasfasernetzen fast mit Lichtgeschwindigkeit erfolgt, wird der Raum unerheblich, da selbst bei sehr großen Entfernungen die Übermitt-

[84] Allerdings kann die Übertragungszeit einer Seite minimal variieren in Abhängigkeit des Weißanteils. Eine Seite mit vielen Wörtern (geringer Weißanteil) wird deswegen (vernachlässigbar) länger brauchen als eine fast leere Seite mit einem hohen Weißanteil.

lungszeiten für den Nutzer kaum oder sogar überhaupt nicht wahrnehmbar sind. Auch beim Briefdienst ist das Maß $M_3$ sehr robust gegen Entfernungen. Im innerdeutschen Briefverkehr gelten die Auslieferungszeiten E + x unabhängig von der Entfernung. Erst im Verkehr mit dem Ausland wird eine größere Distanz spürbar. Aber strenggenommen bilden Transportvorgänge im Inland und in das Ausland zwei verschiedene Güter. Und da der Nachfrager sinnvollerweise zwei gleiche Güter miteinander vergleicht (z. B. Inlandsbrief und Inlandsfax), kann die Entfernung nicht zu einer kritischen Größe werden.

Nur für Nachrichtendienste, bei denen die Nachricht nur aus einem oder sehr wenigen Zeichen besteht (z. B. Funkrufdienste), wäre die Geschwindigkeit gemessen in km/s das sinnvollere Maß.

Das Maß für die Schnelligkeit ($M_3$) läßt sich also in Abhängigkeit der Größe der Nachricht wie folgt darstellen:[85]

(4.10) $0 \leq M_3$ [km/s] $\leq c$ für verhältnismäßig kleine Nachrichten

$0 \leq M_3$ [Wörter/min] $\leq \infty$ für verhältnismäßig große Nachrichten

Es zeigt sich sehr deutlich, daß ein Vergleich der Eigenschaft "Schnelligkeit" zwischen materiellem (ausgenommen der Rohrpost) und immateriellem Nachrichtenverkehr aufgrund unterschiedlicher Dimensionen scheitert. So ließe sich zwar auch der Brief- und Zeitungsdienst mit einer Dimension Wörter/Minute messen, diese Zurückrechnung würde aber falsche Signale setzen, da die Mindesttransportzeit mehrere Stunden umfaßt.

Unter der Berechenbarkeit von Beginn und Dauer einer Verkehrsleistung ($\upsilon_4$) verstand *Voigt* den Grad der Fähigkeit eines Verkehrsmittels, die festgelegten Abfahrts-, Fahrt- und Ankunftszeiten bei Transporten einhalten zu können.[86] Ein Maß für die Berechenbarkeit, $M_4$, ist für den Fall des Güter- und Personenverkehrs die Abweichung vom Fahrplan in Minuten.[87] Im Nachrichtenverkehr ist es zum einen schwierig, einen "Fahrplan" zu ermitteln, zum anderen wird so ein "Plan" bei vielen Nachrichtenverkehrsdiensten von den Expedienten (und auch den Perzipienten), also den Nutzern, selbst erstellt. So existieren "Fahrpläne" nur im Bereich des Rundfunks in Form von Anfangs- und Endzeiten von Fernseh- und Hörfunksendungen.

Als Referenzgröße (als Ersatz für einen "Fahrplan") kämen die Werte in Frage, die sich die Anbieter von Nachrichtenverkehrsdiensten (z. B. Deutsche Bundespost Post-

---

[85] Die Einteilung, wann eine Nachricht nun verhältnismäßig groß oder klein ist, ist objektiv sicher nicht zu bewerkstelligen. Dies ist eines der typischen Probleme bei der Qualitätsbeurteilung von Diensten, die subjektive Einschätzung der Verhältnisse.

[86] Vgl. *Voigt* (1973), S. 86.

[87] Vgl. *Witte* (1977), S. 180.

dienst oder Deutsche Bundespost Telekom) als eigene Standards setzen. Im Briefdienst stellte die Deutsche Bundespost Postdienst den Maßstab auf, 90 % aller Briefsendungen nach der Formel Einlieferung plus einen Tag (E + 1) auszuliefern. Die Referenzgröße für die Dauer des Raumüberwindungsvorgangs wäre somit ein Tag oder (maximal) 36 Stunden.[88] Da diese Referenzgrößen jedoch in Abhängigkeit der Nachrichtenverkehrsdienste weit auseinanderfallen (Briefdienst maximal 36 Stunden, Fernsprechdienst wenige Sekunden), muß statt der absoluten Abweichung von dieser Größe die relative gewählt werden. Nur dann ist auch ein sinnvoller Vergleich der einzelnen Dienste (speziell zwischen immateriellen mit materiellen Diensten) möglich. Als Maß für die Teilwertigkeit "Berechenbarkeit" ist dann die durchschnittliche relative Abweichung von dieser Referenzgröße zu nehmen, also die Abweichung der tatsächlichen von der geplanten Transportdauer (Verspätungen). Fallweise, d. h. subjektive, Abweichungen würden zu einer Verzerrung führen, da relativ große Abweichungen i. d. R. eine geringere Eintrittswahrscheinlichkeit besitzen als kleine Abweichungen. Für den Nutzer sind aber wohl nicht die maximalen (und unwahrscheinlichen) Ausschläge entscheidungsrelevant, sondern die durchschnittlichen. Diese durchschnittlichen Abweichungen von der Referenzgröße lassen sich als Mittelwert der Abweichungen (Verspätungen) aller Raumüberwindungsprozesse (bzw. einer repräsentativen Untergruppe) innerhalb einer betrachteten Periode darstellen. Das Maß für die Eigenschaft "Berechenbarkeit von Beginn und Dauer", die relative mittlere prozentuale Abweichung ($M_4$) läßt sich also wie folgt definieren:

(4.11) $$M_4 = \frac{\mu_R}{R} \cdot 100$$

mit:

R = Referenzgröße

$\mu_R$ = Mittelwert der Abweichungen von der Referenzgröße

Dieses Maß ist sowohl für die Berechenbarkeit von Beginn der Verkehrsleistung als auch für die Berechenbarkeit der Dauer ein adäquates Maß. Für beide Komponenten müßte das jeweilige Maß dann in eine Wertigkeit transformiert werden.

Für einen Nachrichtendienst, für den sowohl für Beginn und Dauer $M_4 = 0$ gilt, wäre die Teilwertigkeit "Berechenbarkeit" vollkommen, für $\lim M_4 \mapsto \infty$ sowohl für Beginn und Dauer wäre die Berechenbarkeit absolut unvollkommen, d. h. völlig ungeeignet.

[88] Dies hängt natürlich vom Zeitpunkt der Aufgabe der Briefsendung ab. Einlieferung heute ("E") kurz nach 00.00 Uhr, Auslieferung am nächsten Tag bis spätestens 12.00 (als letzter Zeitpunkt der regulären Auslieferung durch einen Postboten) Uhr ergibt eine Laufzeit von maximal 36 Stunden. In der Regel wird die Laufzeit, die mit dem Konzept "E+1" abgedeckt wird, erheblich jedoch geringer sein.

Nimmt man an, daß die Maße für Berechenbarkeit von Beginn und Dauer gleich gewichtet werden, berechnet sich die Teilwertigkeit $\upsilon_4$ nach folgender Formel:

$$(4.12) \qquad \upsilon_4 = 0{,}5 \cdot \upsilon_4^t + 0{,}5 \cdot \upsilon_4^T$$

mit:

$\upsilon_4^t$ = Teilwertigkeit bezogen auf den Beginn
$\upsilon_4^T$ = Teilwertigkeit bezogen auf die Dauer

Abgebrochene oder geplante, aber nicht durchgeführte Nachrichtentransporte werden innerhalb der Teilwertigkeit Berechenbarkeit nicht betrachtet. Diese nicht abgeschlossenen oder nicht einmal gestarteten Vorgänge fallen unter die Teilwertigkeit "Sicherheit" bzw. "Häufigkeit". Von den drei Gruppen von tatsächlichen Verkehrsleistungen (abgeschlossene Transporte, abgebrochene Transporte und nicht durchgeführte, geplante Transporte)[89] werden nur die durchgeführten Transporte hinsichtlich der Berechenbarkeit erfaßt. Hierunter fallen im Bereich des materiellen Nachrichtenverkehrs z. B. verlorengegangene Sendungen, im Bereich des immateriellen Verkehrs unterbrochene Verbindungen.
Dieses Maß berücksichtigt jedoch nur die technischen bzw. angebotsseitigen Störungen, die zu Abweichungen von der betrachteten Referenzgröße führen können. Bei synchronen Diensten hängt die Berechenbarkeit sowohl von Beginn als auch von der Dauer der Nachrichtenübermittlung zusätzlich vom Perzipienten ab. Ist der Perzipient nicht in der Lage, einen Verbindungswunsch zu befolgen, d. h. ist er nicht erreichbar, kommt keine Verbindung zustande. Dieser Fall kann nicht nur bei synchronen immateriellen Diensten (Fernsprechdienst) auftreten, sondern auch beim (asynchronen) Einschreiben, da der Perzipient den Empfang der Sendung quittieren muß. Hier ist die Dauer des Transportes auch davon abhängig, ob der Adressat des Einschreibens erreichbar ist. Es liegen jedoch keine technischen bzw. angebotsseitigen Störungen vor. Bei der Betrachtung der Teilwertigkeit "Berechenbarkeit" muß man bei synchronen Diensten folglich die Reaktion des Perzipienten beachten. Bei synchronen Diensten ist die Berechenbarkeit von Beginn und Dauer immer niedriger einzuschätzen als bei asynchronen Diensten, die denselben technischen Voraussetzungen genügen.

Dritte zeitbezogene Teilwertigkeit ist die Häufigkeit der Verkehrsbedienung ($\upsilon_5$). Diese Teilwertigkeit bezieht sich darauf, wie oft ein Transport zwischen Quell- und Zielort möglich ist. Die höchste Wertigkeit besitzt dasjenige Verkehrsmittel, das jederzeit in Anspruch genommen werden kann. Die Häufigkeit läßt sich messen als Anzahl der möglichen Nachrichtentransporte innerhalb eines Zeitraumes. Im immateriel-

[89] Vgl. *Klatt* (1964b), S. 204.

len (bzw. leitungsgebundenen materiellen) Nachrichtenverkehr wird die Häufigkeit der Verkehrsbedienung bestimmt durch den Auslastungsgrad des Netzes bzw. der Netzknotenpunkte. Aufgrund von Engpässen im Netz oder seiner Kontenpunkte können bestimmte Verbindungen bzw. Transportvorgänge nicht zustande kommen, die Häufigkeit wird dadurch eingeschränkt.
Hierbei müssen die synchronen Dienste allerdings gesondert betrachtet werden, da hier oftmals deswegen keine Verbindung geschaltet werden kann, weil der Perzipient nicht erreichbar ist. Dann liegt jedoch kein Fehler des Systems vor.
Die Häufigkeit wird weiterhin beeinflußt von der Dauer der Verbindung bzw. der Anzahl der Verbindungen insgesamt. In den seltensten Fällen ist eine parallele Nachrichtenübermittlung möglich, meistens kann, während ein Raumüberwindungsprozeß läuft, kein zweiter gestartet werden. Bei allen leitungsvermittelten Diensten ist die Häufigkeit folglich eingeschränkt, während bei paketvermittelten Diensten (z. B. DATEX-P) ein paralleler Raumüberwindungsvorgang durchführbar ist. Je mehr Verbindungen insgesamt zustande kommen, desto höher ist natürlich die Wahrscheinlichkeit, daß gerade die Verbindung, die angestrebt wird, nicht erfolgen kann, da der Anschluß durch eine andere Verbindung "belegt" ist.
Als ein Maß für die Häufigkeit ($M_5$) im immateriellen Nachrichtenverkehr käme somit die Anzahl der zustande gekommenen Verbindungen bzw. Transportvorgänge in Frage. Diese Anzahl der geschalteten Verbindungen berechnet sich aus der Differenz aller geplanten (d. h. aller Versuche, eine Verbindung aufzubauen) und der nicht-zustandegekommenen Verbindungen innerhalb einer Periode. Hierbei spielt es keine Rolle, ob die Verbindung aufgrund technischen Versagens bzw. Überlastung nicht erreicht wird oder aufgrund der Tatsache, daß der Perzipient nicht erreichbar bzw. sein Anschluß belegt ist. Denn für die Wahl eines Nachrichtendienstes ist für viele Konsumenten entscheidend, daß die Verbindung unabhängig vom Verhalten des Perzipienten zustande kommt. Oftmals wird deswegen ein asynchroner Dienst vorgezogen bzw. ein Dienst, beim dem die Wahrscheinlichkeit eines schon belegten Anschlusses niedrig ist.
Beim materiellen, leitungsungebundenen Nachrichtenverkehr bzw. beim gebrochenen Nachrichtenverkehr, dessen erstes Glied dem materiellen Nachrichtenverkehr angehört, wird die Häufigkeit allein durch den Expedienten bestimmt. Der Absender eines Briefes entscheidet, wann der Raumüberwindungsvorgang gestartet wird, indem er den Zeitpunkt festgelegt, wann er den Brief in einen Postkasten wirft oder beim Postamt abgibt. Dieser Moment kennzeichnet den Beginn des Transportes und nicht etwa der Zeitpunkt der Leerung eines Postkastens.[90] Die Häufigkeit ist hier also maximal,

[90] Strenggenommen beginnt der eigentlicheTransport noch nicht, der Nutzer gibt die Nachricht jedoch aus seiner Verfügungsgewalt. Somit beginnt für ihn die Leistungserstellung. Dies ist also eine rein nachfragebezogene Abgrenzung.

sie beträgt 86.400 (24 Stunden mal 60 Minuten mal 60 Sekunden)[91] pro Tag, da sehr viele Briefe unabhängig voneinander zur selben Zeit auf derselben Strecke transportiert und überbracht werden können.
Der Definitionsbereich des Maßes für die Häufigkeit der Verkehrsbedienung pro Tag ($M_5$) wird demnach wie folgt eingeschränkt:

(4.13) $$0 \leq M_5 \text{ [Anzahl der geplanten Verbindungen]} \leq 86.400$$

Kommen alle geplanten Verbindungen bzw. Nachrichtentransporte zustande, besitzt der Nachrichtenverkehrsdienst eine vollkommene Wertigkeit von eins; führt keiner der Versuche zu einer Verbindung, ist die Wertigkeit gleich Null.

### 4.2.2.3 Raumbezogene Teilwertigkeit

Die einzige der sieben Teilwertigkeiten, die raumbezogen ist, ist die Netzbildungsfähigkeit ($\upsilon_6$). *Voigt* verstand unter der Netzbildungsfähigkeit "den Grad der Fähigkeit eines Verkehrsmittels, unter möglichst niedrigen Kosten Transporte von einem Ort eines Raumes zu allen anderen Orten direkt ohne Umladung zu ermöglichen."[92] Im Nachrichtenverkehr findet aber sehr oft ein "Umladen" statt - z. B. von schmal- in breitbandige Netze, vom Postwagen zum Briefträger -, ohne daß es jedoch vom Expedienten oder Perzipienten wahrgenommen bzw. als besonders störend empfunden wird. Auch verursachen diese "Umladevorgänge" für den Nutzer keine höheren Tarife. Die Forderung, daß der Transportvorgang ohne Umladen zustande kommt, ist also für den Nachrichtenverkehr unerheblich. Für diesen Verkehrsbereich ist der Grad der Netzbildungsfähigkeit gleich dem Grad der Fähigkeit, Nachrichten von einem Ort zu allen anderen beliebigen Orten zu übermitteln.

Gerade im Bereich der Netzbildungsfähigkeit spielt die Unterscheidung zwischen tatsächlicher und potentieller Teilwertigkeit eine wesentliche Rolle. Dies wird besonders deutlich am Beispiel Mobilfunk. Theoretisch möglich, d. h. technisch realisierbar, ist eine Netzbildungsfähigkeit von nahezu eins. Mit einem Mobilfunkendgerät sind Expedient und Perzipient völlig unabhängig, d. h. potentiell wären sie an jedem Ort erreichbar. In der Praxis sieht das oftmals anders aus. Hier sind die verschiedenen Netze und Netzstandards ein limitierender Faktor. Nachrichtenverkehr ist bei vielen Standards nur möglich, wenn das Endgerät mit dem Netz kompatibel ist. Kompatibilität ist ein Maß für netz- bzw. systemübergreifende positive Netzwerkeffekte. Existieren

---

[91] Vgl. *Witte* (1977), S. 189.
[92] Vgl. *Voigt* (1973), S. 85.

zwei Systeme oder Netze $Q_1$ und $Q_2$, so werden diese beiden Systeme als vollständig kompatibel bezeichnet, wenn der Nutzenzuwachs, den die Nachfrager von $Q_1$ daraus erzielen, daß sich ein zusätzlicher Nachfrager an ihr System $Q_1$ anschließt, genauso groß ist, wie der Nutzenzuwachs den sie durch einen zusätzlichen Nachfrager im fremden System $Q_2$, erzielen und vice versa.[93]

Legt man die Nutzenfunktion (Gleichung 3.2) zugrunde, sieht sie für den Nachfrager nach System 1 wie folgt aus:

$$U_1 = U_1(q_1; x; N_1; N_2) \tag{4.14}$$

Für einen Nachfrager nach System 2 gilt:

$$U_2 = U_2(q_2; x; N_1; N_2) \tag{4.15}$$

mit:

$N_i$ = Anzahl der an Netz $Q_i$ angeschlossenen Nutzer

$q_1$ = nachgefragte Verkehrsmenge im Netz $Q_i$

Vollständige Kompatibilität liegt dann vor, wenn folgende Bedingungen simultan erfüllt sind:

$$\frac{\partial U_1}{\partial N_2} = \frac{\partial U_1}{\partial N_1} \tag{4.16}$$

$$\frac{\partial U_2}{\partial N_2} = \frac{\partial U_2}{\partial N_1} \tag{4.17}$$

Sind die Kreuzableitungen beide gleich null, d. h. gilt

$$\frac{\partial U_1}{\partial N_2} = 0 \; ; \; \frac{\partial U_2}{\partial N_1} = 0 \; , \tag{4.18}$$

sind die Systeme völlig inkompatibel.[94]

Existieren nun mehrere Netze nebeneinander und sind diese nicht kompatibel, so ist die tatsächliche Netzbildungsfähigkeit stark eingeschränkt. Dies ist z. B. der Fall beim

---

[93] Vgl. *Wiese* (1990), S. 11 ff.

[94] Kompatibilität ist allerdings keine "Alles-oder-Nichts"-Entscheidung, Abstufungen wie einseitige und wechselseitige oder partielle und totale Kompatibilität sind möglich, vgl. *Wiese* (1990), S. 12 f.

analogen Mobilfunk in Europa, hier existieren acht verschiedene Systeme. Erst mit der Installation eines Netzes nach dem zellularen GSM-Standard wird dann ein (fast) europaweiter Mobilfunk zur Verfügung stehen. Ein Grund dafür, daß die tatsächliche von der potentiellen Netzbildungsfähigkeit abweicht, sind unterschiedliche, nicht kompatible Standards.[95]

Wesentliche Bedeutung für die Angleichung verschiedener Standards und Systeme hat das EU-Konzept des offenen Netzzugangs, ONP (**O**pen **N**etwork **P**rovision). Dieses Konzept wurde innerhalb der Deregulierungsvorschläge der Kommission der Europäischen Gemeinschaften für den Telekommunikationsbereich entwickelt. Aufgabe dieser Initiative ist es, dafür zu sorgen, daß in Wettbewerbsbereichen alle Dienstanbieter zu denselben Bedingungen Zugang zum Netz haben (diskriminierungsfreier Netzzugang). Die Harmonisierung des Zugangs zu Netzen betrifft die technischen Grundlagen (Schnittstellen), die Gebührenpolitik und die Nutzungseinschränkung durch noch bestehende Monopole.[96]

Aber auch politische Faktoren können die tatsächliche Netzbildungsfähigkeit einschränken. Als Beispiel sei hier die Unterbrechung aller Telefonleitungen zwischen Rest-Jugoslawien und dem serbischen Teil von Bosnien-Herzegowina zu nennen.

Viele dieser Hindernisse, die die tatsächliche Netzbildungsfähigkeit beeinträchtigen, sind relativ schnell und ohne hohe Kosten zu verursachen, zu beseitigen. Deshalb stellt sich die Frage, inwieweit die potentielle Netzbildungsfähigkeit in eine Verkehrswertigkeit mit eingehen sollte. Angenommen, das Maß $M_6$ bezieht sich nur auf die tatsächliche Netzbildungsfähigkeit. Diese kann sehr niedrig sein, weil z. B. eine Harmonisierung der Netze noch aussteht. Zukünftig kann aber die Netzbildungsfähigkeit schnell gesteigert werden. Eine Reduzierung auf die tatsächliche Netzbildungsfähigkeit würde zu kurz greifen und zukünftige Entwicklungen nicht erfassen. Je nach Präferenzen des Nutzers müßten also die potentiellen Netzbildungsfähigkeiten betrachtet werden, also z. B. die Anzahl von Zugangsstellen zum Netz in n Jahren. Diese Daten basieren aber immer auf Schätzungen und sind damit noch schwerer zu erheben, als die Werte für die tatsächliche Netzbildungsfähigkeit.

Gerade heutzutage sind neben der Vernetzung und der Kompatibilität verschiedener Systeme oder Netze eines Dienstes auch die Kompatibilität verschiedener Dienste untereinander wesentliche Komponenten. Die Zugangsmöglichkeiten zu und von anderen Diensten spielt, auch hinsichtlich der Entwicklung neuer Dienste, eine immer größere Rolle. Viele Telekommunikationsdienste erfahren deswegen eine hohe Adaption, weil sie nicht nur mittels eigener, systemspezifischer Endgeräte zu nutzen sind, sondern auch durch andere Dienste (z. B. Btx-Classic via DATEX-J oder DATEX-P).

---

[95] Zu den Schwierigkeiten, die auftreten können, vgl. z. B. *Scheele* (1992), S. 53 f.

[96] Vgl. *Unger* (1989), S. 226 f. und *Weinkopf* (1993), S. 34 ff.

Bei einer Untersuchung von *Peter* wurden zehn Kommunikationsexperten befragt, welche die sechs Eigenschaften (Übertragungsleistung, Bedienungskomfort, Kompatibilität, Marktdurchdringung, technischer Standard und Mehrfachnutzung) gewichten sollten. Der Mittelwert für den Gewichtungsfaktor der Eigenschaft "Kompatibilität" (im Sinne von Zugangsmöglichkeiten auf andere Dienste) wies mit 0,2 den zweithöchsten Wert auf.[97]

Ein hoher Grad der Netzbildungsfähigkeit muß sich folglich nicht nur auf das eigene Netz/System beziehen, sondern auch andere Netze/Systeme erfassen. Ein Dienst, der nicht nur über eigene Zugänge benutzt werden kann, sondern aufgrund einer hohen Kompatibilität auch von anderen Diensten angesteuert werden kann, besitzt sicherlich eine höhere Netzbildungsfähigkeit.[98] Die Anzahl der Zugangsstellen Z soll sich deswegen auf alle möglichen Zugänge beziehen, d. h. neben den dienstspezifischen Endgeräten und Schnittstellen auch die anderer Systeme, von denen man auf den gewünschten Dienst zugreifen kann, umfassen. Die Netzbildungsfähigkeit umfaßt also auch die Fähigkeit, mit anderen Diensten leistungsfähige Nachrichtenverkehrssysteme zu bilden. Diese Erweiterung ist wesentlich für die Netzbildungsfähigkeit beim Mobilfunk, der sich ja auch der Systemkomponenten des leitungsgebundenen Fernsprechdienstes bedient.

Ein Maß für die (tatsächliche und potentielle) Netzbildungsfähigkeit ($M_6$) wäre die Anzahl der Zugangsstellen Z zum Netz bzw. zu dem Dienst bezogen auf einen bestimmten Raum, z. B. pro km².

(4.19) $$0 \leq M_6\ [Z/km^2] \leq Z_{max}$$

$Z_{max}$ steht dabei für die maximale Anzahl der Zugangsstellen. Im Gegensatz zum Personen- oder Güterverkehr ist das Ziel beim Nachrichtenverkehr ein Subjekt (Person, Haushalt, Unternehmen) und nicht ein bestimmter Ort. Für die meisten Nachrichtenverkehrsdienste ist die Netzbildungsfähigkeit vollkommen, wenn jedes Subjekt in dem betrachteten Raum einen eigenen Zugang zum Netz bzw. Dienst hat. Die maximale Anzahl an Zugangsstellen ist demnach gleichzusetzen mit der maximalen Anzahl von Subjekten, die in dem betrachteten Raum existieren. Für den Perzipienten wäre diese Darstellung vollkommen ausreichend. Für die Expedienten ist diese Maßzahl oftmals etwas unbefriedigend, weil die meisten Zugangsstellen für ihn nicht zugänglich sind, da es sich um private Einrichtungen handelt. Für einen Expedienten, der keinen Zugriff auf seinen eigenen Anschluß hat (sei es, weil er keinen besitzt oder weil er von diesem räumlich getrennt ist), ist die Anzahl der öffentlich zugänglichen Netzanschlüs-

[97] Vgl. *Peter* (1990), S. 114.

[98] Eine ähnliche Interpretation der Netzbildungsfähigkeit findet sich bei *Schulz-Hanßen*, die diese Teilwertigkeit durch die sog. Verknüpfungsfähigkeit ersetzt, also die Fähigkeit, Transportmittel zu einem adäquaten System zusammenzuführen. Vgl. *Schulz-Hanßen* (1965), S. 23.

se relevant. $Z_{max}$ müßte dann höher sein als die Anzahl der Subjekte, eine vollkommene Netzbildungsfähigkeit in den Augen der Expedienten wäre bei Existenz von öffentlichen Zugangsstellen (Briefkästen, Telefonzellen, Telebriefstellen) praktisch an jeder Ecke,[99] d. h. bei einem $Z_{max}$ von unendlich:

$$(4.20) \qquad Z_{max} = \begin{cases} \infty, \text{ auf Seiten der Expedienten} \\ \text{Anzahl der Subjekte, auf Seiten der Perzipienten} \end{cases}$$

Bei vielen Diensten unterscheidet sich also die Anzahl der Zugangsstellen bezogen auf den Expedienten und Perzipienten. Ein vernünftiges Maß müßte diese Differenz berücksichtigen. Erachtet man den Zugang für den Expedienten (E) und den Perzipienten (P) als gleich wichtig, würde sich ein geeignetes Maß $M_6$ analog folgender Formel berechnen:

$$(4.21) \qquad M_6 = 0{,}5 \cdot M_6^E + 0{,}5 \cdot M_6^P$$

Wobei sich die beiden Werte für den Expedienten und den Perzipienten innerhalb der in (4.19) und (4.20) definierten Grenzen bewegen müssen.
Ist dabei $M_6$ sowohl auf seiten des Expedienten als auch auf seiten des Perzipienten gleich der maximalen Anzahl der Zugangsstellen pro $km^2$, ist die Teilwertigkeit vollkommen und erhält den Nutzwert 1. Bestehen keinerlei Zugangsstellen, weder für den Expedienten noch für den Perzipienten, ist der Nutzwert der Netzbildungsfähigkeit 0.

Dieses Maß muß dabei, um den zukünftigen Entwicklungen Rechnung zu tragen, nicht nur für die tatsächliche Netzbildungsfähigkeit ermittelt werden, sondern auch für die potentielle. Hier tritt neben der Schwierigkeit der Datenerfassung vor allen Dingen auch der zeitliche Horizont als Grundlage für die potentielle Netzbildungsfähigkeit auf, den die Nutzer verschieden einschätzen. So wird ein Nutzer nur die tatsächliche Netzbildungsfähigkeit betrachten (statische Analyse), für einen anderen ist ebenfalls die Situation in zwei Jahren relevant (dynamische Analyse). Letzterer wird einen Dienst, der im Moment zwar eine niedrige tatsächliche Netzbildungsfähigkeit hat, dafür aber in zwei Jahren eine wesentlich höhere erreichen wird, einem zweiten Dienst vorziehen, der eine konstante Netzbildungsfähigkeit aufweist, die jetzt höher, zum späteren Zeitraum aber niedriger sein wird. Je nach Präferenz müßten dann tatsächliche und erwartete Netzbildung gewichtet und zu einem Netzbildungskoeffizienten (dynamische Teilwertigkeit) zusammengefaßt werden. Dies ist eine schwierige Aufgabe, die allerdings für eine sinnvolle Bewertung der Netzbildungsfähigkeit notwendig ist, deswegen soll hier das Problem auf eine statische Betrachtung beschränkt bleiben.

[99] Was beim Mobilfunk innerhalb der Bereiche des jeweiligen Netzes gegeben ist.

#### 4.2.2.4 Personenbezogene Teilwertigkeit

Als einzige der sieben Teilwertigkeiten ist die Bequemlichkeit ($\upsilon_7$) den personenbezogenen Eigenschaften zuzuordnen. Bei der quantitativen Erfassung bietet diese Teilwertigkeit Schwierigkeiten, weil es kein operationales Maß gibt, Bequemlichkeit zu messen. Bequemlichkeit ist eine subjektive Größe, die von jedem Individuum anders aufgefaßt und bewertet wird. Bei *Voigt* war die Bequemlichkeit der "Grad der Fähigkeit eines Verkehrsmittels oder -systems, Verkehrsleistungen zu möglichst niedrigen Kosten so anzubieten und durchzuführen, daß sie dem Benutzer möglichst wenig Arbeit verursachen und sein Wohlbefinden maximieren".[100]

Um die Teilwertigkeit Bequemlichkeit für alle Nachrichtenverkehrsdienste adäquat bewerten zu können, genügt es nicht, dieses Merkmal als Ganzes zu betrachten. Sinnvoller ist es vielmehr, zwei Teilaspekte zu analysieren, kommunikationsvorbereitende und kommunikationsbegleitende Bequemlichkeit.[101]
Unter dem Begriff "kommunikationsvorbereitende Bequemlichkeit" sollen alle Aspekte subsumiert werden, die das Wohlbefinden und den Ressourceneinsatz (vor allen Dingen des Faktors Zeit) vor dem eigentlichen Übertragungsvorgang betreffen. Die Bequemlichkeit wird stark beeinflußt zum ersten durch die Zeit, die der Nachfrager braucht, um Zugang zu dem Dienst zu haben. Besitzt der Nachfrager ein eigenes Endgerät, sind hier als notwendige Vorarbeiten, z. B. das Lesen einer Gebrauchsanweisung, das Einlocken in ein Computernetz, aber vor allen Dingen auch das schriftliche Fixieren einer Nachricht, zu nennen, die neben dem Zeitbudget des Nachfragers auch dessen subjektives Wohlempfinden beeinflussen. Verfügt der Nachfrager hingegen über keinen eigenen Netzzugang, ist er auf öffentlich zugängliche Stellen angewiesen. Seine Bequemlichkeit hängt dann davon ab, wie groß die Distanz bis zu diesem Zugang ist. Hier ist neben der räumlichen und der zeitlichen Distanz auch die ökonomische Distanz von Bedeutung. Die ökonomische Distanz spiegelt sich in den Preisen des Zugangs wider. Dabei sind nicht nur unterschiedliche Preise für die Inanspruchnahme relevant, sondern auch sonstige Ausgaben, die im Zusammenhang mit der Nutzung entstehen. So kann der Weg zu einem öffentlichen Netzzugang nicht nur Zeit, sondern auch Geld kosten, wenn man z. B. das Auto oder öffentliche Verkehrsmitteln benutzen muß. Die (räumliche, zeitliche und ökonomische) Distanz hängt ab von der Dichte der öffentlichen Zugangsstellen.
Zum zweiten wird die kommunikationsvorbereitende Bequemlichkeit eines Dienstes auch von der Häufigkeit von Störfallen beeinflußt und dem Zeitaufwand, der nötig ist,

---

[100] *Voigt* (1973), S. 91.

[101] Im Personenverkehr kann sogar eine Dreiteilung erfolgen: Bequemlichkeit bei Beginn, während und beim Abschluß der Reise. Vgl. dazu *Pirath* (1949), S. 165.

diese Störungen zu beseitigen. Hier ist die Bequemlichkeit eng verknüpft mit dem Merkmal "Sicherheit". Je sicherer der Dienst ist, desto höher ist auch die Bequemlichkeit, da für den Nachfrager störende und zeitaufwendige Reparaturarbeiten entfallen. Die kommunikationsvorbereitende Bequemlichkeit wird also eingeschränkt durch Zeitverluste. Viele dieser Zeitverluste können von Seiten der Anbieter vermieden werden, indem sie z. B. die Dichte der öffentlichen Zugangsstellen erhöhen, die Sicherheit ihrer Dienste verbessern und die Service- und Reparaturleistungen optimieren.

Als Maß für die kommunikationsvorbereitende Bequemlichkeit ($M_7'$) bietet sich die Zeit an, die aufgewendet werden muß, bis der Nachrichtenübertragungsvorgang gestartet werden kann.

(4.22) $$0 \leq M_7' \text{ [sec.]} \leq \infty$$

$M_7'$ ist dabei eine Funktion der öffentlichen Zugangsstellen (Z), der mittleren Anzahl der Störungen (f) multipliziert mit der durchschnittlichen Dauer der Schadensbehebung ($T_f$), und der Zeit, die notwendig ist für das Bedienen des Endgerätes und schriftliche Fixieren der Nachricht (T). Die kommunikationsvorbereitende Bequemlichkeit ist damit direkt abhängig von den Teilwertigkeiten "Netzbildungsfähigkeit" und "Sicherheit".

(4.23) $$M_7' = g(Z; f \cdot T_f; T)$$

Dieses Maß muß dann mit Hilfe von Gleichung (4.3) in einen Wert zwischen null und eins transferiert werden. Dabei wird einem $M_7'$ von null ein Wert eins zugeordnet, für $\lim M_7' \mapsto \infty$ nimmt die kommunikationsvorbereitende Bequemlichkeit den Wert null an.

Zusätzlich spielt für den Nachfrager natürlich die Bequemlichkeit beim direkten Nachrichtentransport eine Rolle. Diese kommunikationsbegleitende Bequemlichkeit ist ein Maß für die Einfachheit der Handhabung des Nachrichtendienstes bei der Übermittlung. Bei asynchronen Diensten wird der höchste Grad der Bequemlichkeit dann erreicht, wenn der Nachfrager in den eigentlichen Nachrichtenübermittlungsvorgang nicht involviert ist. Bei synchronen Diensten, bei denen der Expedient gerade darauf Wert legt, aktiv zu werden, ist diese Teilwertigkeit umso größer, je höher der Komfort bei der Nachrichtenübermittlung ist. Für den Komfort bzw. die Beeinträchtigung des Wohlbefindens durch die Bedienung eines nachrichtentechnischen Endgerätes gibt es keine operationalisierten Maßeinheiten. Hier stellt sich das Problem der subjektiven Bewertung einzelner "Komfortstufen" und die Transformation in eine Nutzenskala. Je unbequemer der Dienst (also unkomfortabler die Bedienung), desto niedriger wird der Nutzen.

Aus den Werten für kommunikationsvorbereitende und kommunikationsbegleitende Bequemlichkeit ($\upsilon_7'$ und $\upsilon_7''$) muß dann (unter der Berücksichtigung von den Gewichten $\varphi_7'$·und $\varphi_7''$) eine gesamte Teilwertigkeit ermittelt werden:

(4.24) $$\upsilon_7 = \varphi_7' \cdot \upsilon_7' + \varphi_7'' \cdot \upsilon_7''$$

mit:

$$\varphi_7' + \varphi_7'' = 1$$

### 4.2.3 Darstellung des Qualitätsprofils

Das Problem der Verkehrswertigkeit als ein Maß für die Qualität einer Leistung bzw. eines Dienstes liegt darin, daß mit Hilfe subjektiver Transformations- und Gewichtungsverfahren ein einheitlicher Wert gefunden werden muß. Dies ist ein zeit- und datenaufwendiger Vorgang, der aufgrund der Subjektivität und der unterschiedlichen Präferenzen der Nachfrager nicht zu eindeutigen Ergebnissen führt. Deswegen wählt man oftmals einen anderen Weg zur Darstellung der Qualität bzw. der Ähnlichkeit. Anstatt eine aggregierte Kennziffer zu betrachten, werden sogenannte Qualitätsprofile verwendet. Diese Profile sind eine mögliche Darstellung von multidimensionalen Qualitätsvergleichen. Hierbei werden die Niveaus der einzelnen Teilwertigkeiten direkt miteinander verglichen, ohne diese zu einer Wertigkeit zusammenzufassen. Hierbei können sowohl die tatsächlichen als auch die potentiellen Wertigkeiten verwendet werden. Gerade im Hinblick auf die Frage, welche Dienste überhaupt miteinander verglichen werden können, folglich also als Substitute und damit Konkurrenten betrachtet werden können, sind Qualitätsprofile ein hilfreiches Instrument.

Die einfachste graphische Darstellung wäre ein Linienprofil. Dabei wird auf der Ordinate der ermittelte Wert (Niveau) der entsprechenden Teilwertigkeit abgetragen (vgl. Abb. 4.5).

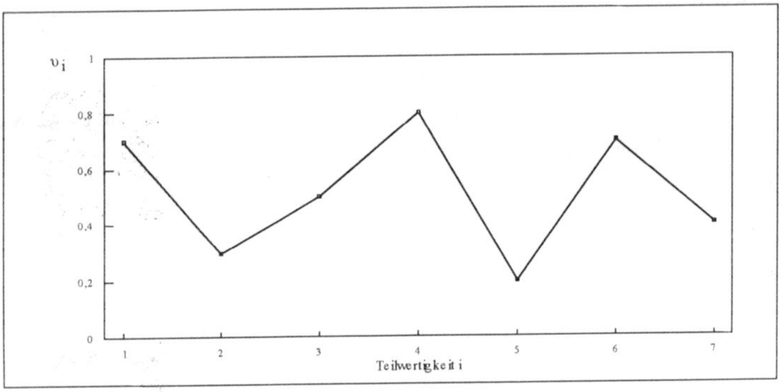


Quelle: *Klatt* (1965), S. 81

Abb. 4.5: Qualitätsprofil eines Verkehrsdienstes i

Die Erstellung solcher Qualitätsprofile gestaltet sich in der Praxis gerade für die Nachrichtenverkehrsdienste als äußerst schwierig, wenn nicht gar unmöglich. Zwar besteht theoretisch die Möglichkeit, Maße für fast alle Teilwertigkeiten zu operationalisieren, praktisch hingegen werden diese Daten nicht erhoben bzw. nicht veröffentlicht. Weiter liegen auch keine Werte für Transformationsfaktoren vor. Eine kardinale Darstellung eines Qualitätsprofils bzw. eines Qualitätsvergleichs ist deshalb nicht durchführbar. Deswegen soll im nächsten Kapitel lediglich eine ordinale Bewertung einiger ausgewählter Nachrichtenverkehrsdienste erfolgen. Statt der Verwendung dimensionsloser Werte der Teilwertigkeiten ($\upsilon_i$) soll lediglich eine ordinale Rangfolge der tatsächlichen Wertigkeiten gebildet werden. Einzelne Differenzen in der Bewertung können nicht festgelegt werden.

### 4.2.4 Die Qualitätsprofile ausgewählter Nachrichtenverkehrsdienste

In diesem Kapital sollen die Qualitätsprofile des Brief-, Fernsprech-, Telefaxdienstes sowie des Mobilfunks dargestellt werden.[102]
Diese Dienste wurden zum einen gewählt, weil es sich - zumindest bei den ersten drei - um die wirtschaftlich bedeutendsten handelt und sie die beste Datenlage aufweisen. Zum anderen werden in der Literatur vor allen Dingen diese drei erstgenannten Dienste (neben dem Telegramm) herangezogen, um mögliche Interdependenzen nachzu-

[102] Der Briefdienst umfaßt dabei die Kommunikationsformen Brief, Postkarte, Massendrucksache, sonst. Drucksache und Wurfsendung, vgl. Kapitel 2.1.1.

weisen. Der Mobilfunk wurde aufgrund seiner zukünftigen Bedeutung, die sich in großen Wachstumsraten widerspiegelt, als vierter Nachrichtendienst als ein Vertreter des leitungsungebundenen Nachrichtentransports hinzugefügt.

Es wird versucht - soweit möglich -, die Maßzahlen für die einzelnen Teilwertigkeiten zu berechnen und daraus eine ordinale Rangfolge abzuleiten.

Ermittelt werden also die Maßzahlen für die einzelnen Teilwertigkeiten i für jeden Dienst j (mit Briefdienst = 1, Fernsprechdienst = 2, Telefaxdienst = 3, Mobilfunk = 4), um die Teilwertigkeiten i für jeden Dienst j zu ordnen:

(4.25) $$M_{i,j}\ , \quad \text{mit } i = 1, ..., 7 \text{ und } j = 1, .., 4$$

$$\upsilon_{i,j}\ , \quad \text{mit } i = 1, ..., 7 \text{ und } j = 1, .., 4$$

Die erste (tatsächliche) Teilwertigkeit, die untersucht werden soll, ist die Massenleistungsfähigkeit. Hierbei stellt sich das große Problem, daß für die jeweiligen Dienste Schätzungen für die Anzahl der übermittelten Wörter nicht vorliegen.

Der Briefdienst kann zum Transport von Originaltexten und Festbildern sowohl in Farbe als auch in Schwarzweiß genutzt werden. Daten, Sprache und Bewegtbilder können nicht transportiert werden. Das Verkehrsaufkommen, die Anzahl der tatsächlich transportierten Wörter (bzw. Festbilder) läßt sich nicht messen, da die Inhalte der Briefsendungen nach Art. 10 GG geheim sind. Auch liegen keinerlei Schätzungen über die mittlere Anzahl vor. Diese Größe ist für die Massenleistungsfähigkeit auch insofern nicht besonders relevant, da sie als so hoch eingestuft werden kann, daß sie durchaus vergleichbar ist mit dem Verkehrsaufkommen im Fernsprech- oder Faxdienst.

Somit gilt für die Massenleistungsfähigkeit im Briefdienst:[103]

(4.26) $$M_{1,1} = [0; 0; 0; \varpi_4; \varpi_5; 0; \varpi_7; \varpi_8; 0]$$

mit:

$\varpi_i$ = Anzahl der tatsächlich übermittelten Wörter der Informationsart i

Mittels des Fernsprechdienstes läßt sich zweiseitig Sprache übermitteln (und damit auch die geringwertigeren Formen Ton und einseitige Sprache).[104]

---

[103] Das Maß gibt die Anzahl der transportierten Wörter der Informationsformen Ton, Sprache einseitig, Sprache Dialog, Originaltext, Kopien, Daten, Farb-Festbilder, Schwarzweiß-Festbilder und Bewegtbild an. Vgl. dazu Kapitel 4.2.2.1.

[104] Hierbei wird nur der reine Fernsprechdienst betrachtet, ohne Zusatzendgeräte. Mit einem Modem wäre dann z. B. auch der Datentransport möglich.

(4.27) $$M_{1,2} = [\varpi_1; \varpi_2; \varpi_3; 0; 0; 0; 0; 0; 0]$$

Die durchschnittliche Anzahl der übermittelten Worte läßt sich hier grob abschätzen, da zumindest bis zum Jahr 1985 die Kapazitätsauslastung in Erlang vorliegt. Dividiert man die Kapazitätsauslastung durch die Anzahl der Gespräche (Verkehrsmenge), erhält man die durchschnittliche Auslastung pro Gespräch in Erlang. Diese Größe blieb zwischen 1980 und 1985 relativ konstant (die Werte lagen zwischen 0,2112 [1983] und 0,2235 [1981]).[105] Umgerechnet in Zeiteinheiten ergibt das eine mittlere Gesprächsdauer, die im Intervall [12,672; 13,41] liegt, als Mittelwert ergibt sich eine Dauer von 12,923 Minuten. Diese Schätzung besitzt allerdings den Nachteil, daß die Kapazitätsauslastung auch den Blindverkehr umfaßt.[106] Um die tatsächliche Auslastung pro Gespräch zu erhalten, müßte man die nicht zustandegekommenen Verbindungen und die Zeit, die bis zum Abheben des Perzipienten vergeht, abziehen. Dies ist jedoch mit dem vorliegenden Datenmaterial nicht möglich. Zieht man aber ca. 10 Sekunden Belegungszeit für den Verbindungsaufbau ab, würde ein Mittelwert von 12,76 Minuten bleiben.[107] Nimmt man an, daß die für Japan ermittelten Werte (120 Wörter pro Minute Telefongespräch)[108] auch in der Bundesrepublik Deutschland erreicht werden, läge die durchschnittliche Anzahl von Wörtern pro Belegung (Raumüberwindungsvorgang) bei 1.531 Wörtern. Diese Anzahl wäre ein erster Schätzwert für $\varpi_i$.

Per Telefax lassen sich zwar ebenfalls die Informationsformen Text und Festbild übertragen, jedoch nur mit geringerer Qualität. Es handelt sich um Schwarzweiß-Kopien im Facsimile-Druck. D. h. das Telefax kann nicht zur Übermittlung von Originalen oder farbigen Abbildungen herangezogen werden. Da auch für das Telefax keine Schätzungen über die tatsächlich transportierte Anzahl der Wörter existieren, läßt sich die Maßzahl auch nur "qualitativ" darstellen:

(4.28) $$M_{1,3} = [0; 0; 0; 0; \varpi_5; 0; 0; \varpi_8; 0]$$

Der letzte Dienst, der Mobilfunk, unterscheidet sich bei der Massenleistungsfähigkeit nicht vom Fernsprechdienst. Somit gilt:

(4.29) $$M_{1,4} = M_{1,2} = [\varpi_1; \varpi_2; \varpi_3; 0; 0; 0; 0; 0; 0]$$

---

[105] Vgl. *Heuermann* (1988), S. 16 und eigene Berechnungen.

[106] Vgl. Kapitel 1.2.4.

[107] Die Zeit für nicht zustandegekommene Verbindungen aufgrund eines besetzten Anschlusses kann man vernachlässigen, da diese in den wichtigsten Industrieländern relativ gering ist, vgl. weiter unten.

[108] Vgl. *Ito* (1980), S. 24 und Kapitel 1.2.4.

Wobei auch hier die oben errechneten 1.531 Wörter pro Gespräch ein brauchbarer Schätzwert für $\varpi_i$ wären.

Die Massenleistungsfähigkeit ist also bei allen vier betrachteten Diensten eingeschränkt. Am schlechtesten schneidet dabei das Telefax ab. Eine Rangfolge zwischen Fernsprechdienst (und Mobilfunk) und Briefdienst hängt letztendlich ab von fallweisen subjektiven Einschätzungen darüber, ob Sprache oder Text plus Festbild höher eingeschätzt wird. In den Augen des Autors sind die Massenleistungsfähigkeit des Briefdienstes und des Fernsprechdienstes (und somit des Mobilfunks) gleich einzuordnen, da der Nutzer im "allgemeinen Fall"[109] indifferent ist, ob eine Information nun als Sprache oder Text übermittelt wird. Auch eine Unterscheidung aufgrund der Anzahl der übermittelten Wörter erscheint nicht sinnvoll, da für den Briefdienst ein $\varpi_i = 1.531$ jederzeit denkbar ist.

$$\text{(4.30)} \qquad \upsilon_{1.1} = \upsilon_{1.2} = \upsilon_{1.4} > \upsilon_{1.3}$$

Es ist jedoch wichtig, daß für bestimmte Informationsformen bestimmte Nachrichtenverkehrsdienste nicht benutzt werden können. Betrachtet man den Transport von Texten, ist das Telefon keine Alternative (und damit kein Substitut) zum Brief- oder Faxdienst. Eine Rangfolge innerhalb der Teilwertigkeit "Massenleistungsfähigkeit" verschleiert diese Unmöglichkeit.

Quantitative Aussagen über die Teilwertigkeit "Sicherheit" lassen sich nicht treffen, da die deutschen Leistungsanbieter keine Daten über die Anzahl der abgebrochenen oder fehlerhaften Übermittlungen oder Nachrichtentransporte veröffentlichen.[110] Dies überrascht umso mehr, als daß die Deutsche Bundespost Telekom nicht nur detaillierte Aufzählungen darüber besitzt, welche Punkte im Zusammenhang mit dem Begriff "Sicherheit" (in diesem Zusammenhang als Dienstgüte bezeichnet) für den Nachfrager relevant sind, sondern auch die notwendigen analytischen Verfahren (wie z. B. Umfang der Verkehrsbeobachtung) ausgearbeitet hat.[111]

---

[109] Ein allgemeiner Fall läge dann vor, wenn die anderen Teilwertigkeiten (besonders Schnelligkeit und Bequemlichkeit) völlig unerheblich wären und kein Zwang zur Verwendung einer bestimmten Informationsform (z. B. Originaldokumente) vorliegen würde.

[110] Im Gegensatz zu vielen anderen Ländern. Dort werden im Fernsprechdienst die jährlichen Fehlerraten (faults) pro 100 Hauptanschlüsse festgestellt und veröffentlicht. Die höchste Sicherheit weist hierbei Japan auf mit lediglich zwei "faults" pro 100 Anschlüssen, gefolgt von den Niederlanden (5,6 Fehler) und Frankreich (10,4 Fehler). Vgl. dazu OECD (1993b), S. 71.

[111] Die Dienstgüte wird unterteilt in die drei Teil-Dienstgüten Verkehrsgüte (Sicherheit des Verbindungsaufbaus), Vermittlungsgüte (Sicherheit über das Zustandekommen der richtigen Verbindung und deren Bestehen) und die Übertragungsgüte (Sicherheit über die Übertragungs- und Tonqualität), vgl. dazu ausführlicher *Hartmann* (1980), S. 126 f.

Da es sich zumindest beim Briefdienst um eine abgeleitete Teilwertigkeit handelt und die Sicherheit somit abhängig ist von der Unfallhäufigkeit des Güterverkehrs, ist dieser Dienst wohl in bezug auf die Teilwertigkeit am niedrigsten zu bewerten. Der zellulare und digitale Mobilfunk ist noch ein recht junger Dienst, seine Technik ist noch nicht so erprobt und ausgereift wie z. B. beim Fernsprechdienst. Deshalb wird wahrscheinlich auch die Sicherheit des Mobilfunks nicht an die des Fernsprechdienstes und des Telefax, welche dasselbe Netz benutzen, heranreichen. Somit ergibt sich folgende Rangfolge:

(4.31) $$\upsilon_{2,1} < \upsilon_{2,4} < \upsilon_{2,2} = \upsilon_{2,3}$$

Wie oben bereits angesprochen, ist die Schnelligkeit eine Teilwertigkeit, die keinen direkten - quantitativen - Vergleich zwischen materiellem und immateriellem Briefdienst erlaubt.[112]

Die Schnelligkeit im Briefdienst ist aufgrund ihrer Abhängigkeit von Leerungs- und Auslieferungszeiten sowie den Verkehrsträgern des Güterverkehrs äußerst niedrig zu bewerten. Die Regelzeit für den Transport von Briefsendungen (Ausnahme Eilsendungen) beträgt E + 1.

Für die Schnelligkeit im Briefdienst gilt somit:

(4.32) $$\lim M_{3,1} \mapsto 0$$

Für die immateriellen Dienste läßt sich die in Gleichung (4.12) dargestellte Maßeinheit sehr gut verwenden. Allerdings ist es beim (herkömmlichen) Fernsprechdienst[113] und Mobilfunk zwingend notwendig, daß der Perzipient den Anruf entgegennimmt. Nur dann kann ein Nachrichtentransport stattfinden. Ist der Perzipient also nicht erreichbar, beträgt die Schnelligkeit der beiden Dienste null, da kein einziges Wort übermittelt werden kann.

Geht man davon aus, daß am Telefon durchschnittlich 120 Wörter pro Minute gesprochen werden können, ergeben sich folgende Maße für den Fernsprechdienst und den Mobilfunk:

(4.33) $$M_{3,2} = M_{3,4} = \begin{cases} 120 \text{ Wörter/min, bei Erreichbarkeit} \\ 0 \text{ Wörter/min, bei Nichterreichbarkeit} \end{cases}$$

[112] Ausnahme ist hierbei die Rohrpost, die - zumindest im Inhouse-Verkehr - mit den Telekommunikationsdiensten verglichen werden kann.

[113] D. h. beim Fernsprechdienst ohne integrierte Zusatzgeräte wie z. B. Anrufbeantworter, Modem.

Höchste Teilwertigkeit weist das Telefax auf. Zieht man die modernsten Geräte der Gruppe 4 als Vergleich heran, sieht man, daß innerhalb einer Minute fünf Seiten übertragen werden können (Übertragungszeit pro Seite ca. 12 Sekunden). Normalerweise dürfte die Anzahl der Worte auf einer Seite die Grenze von 120 überschreiten. Somit gilt:

(4.34) $$M_{3,3} = 5 \cdot n \text{ Wörter}$$

mit:

$$n > 120$$

Der Telefaxdienst ist ein asynchroner Dienst. Ist das entsprechende Endgerät auf Empfang geschaltet, findet ein Nachrichtentransport unabhängig davon statt, ob der Perzipient in der Lage ist, das Fax entgegenzunehmen. Hier liegt ein weiterer wesentlicher Vorteil der asynchronen Telekommunikationsdienste gegenüber den synchronen.[114]

Somit ergibt sich folgende Bewertung:

(4.35) $$\upsilon_{3,1} < \upsilon_{3,2} = \upsilon_{3,4} < \upsilon_{3,3}$$

Die Berechenbarkeit von Beginn und Dauer ist eine additive Teilwertigkeit, sie beinhaltet Zeitpunkt und Periode der Nachrichtenübermittlung. Innerhalb des Briefdienstes ist die Berechenbarkeit von Beginn der Leistung optimal. Der Expedient kann den Zeitpunkt, wann er den Raumüberwindungsvorgang startet (den Zeitpunkt des Einwerfens des Briefes) unabhängig bestimmen. Im Falle der Berechenbarkeit der Dauer ist der Briefdienst abhängig von den physischen Verkehrsträgern, welche er benutzt. Die Dauer ist für den Expedienten ex ante nicht feststellbar, da keine genauen Fahrpläne existieren. Als Anhaltspunkt kann der Nutzer jedoch die von der Deutschen Bundespost Postdienst veröffentlichten Brieflaufzeitmessungen heranziehen. Hierbei ermittelt das BAPT die durchschnittlichen Brieflaufzeiten und ordnet sie mit Hilfe des Konzeptes E + x. Die Messung im 1. Quartal 1994 ergab für die gesamte Bundesrepublik Deutschland eine mittlere Dauer von 1,215 Tagen, die Maximallaufzeit (hier die Zeit, in der 99 % aller Sendungen ausgeliefert werden) betrug drei Tage und 81,7 % aller Sendungen wurden innerhalb eines Tages ausgeliefert (vgl. Abb. 4.6).[115]

---

[114] Dieser "Vorteil" berührt natürlich nur die Teilwertigkeit "Schnelligkeit". Konsumenten, die einen Dialog bevorzugen, sehen in dieser Asynchronität natürlich eine gravierende Nutzeneinbuße bzw. sogar ein Hindernis, den Dienst überhaupt zu beanspruchen.

[115] Vgl. *o. V.* (1994b), S. 8 und eigene Berechnungen.

Damit wurde bis jetzt das Ziel der Deutschen Bundespost Postdienst, 90 % aller Sendungen gemäß der Formel E + 1 auszuliefern[116], verfehlt. Die mittlere Abweichung von der Referenzgröße 1 beträgt somit 0,215.
Als Maß für die Berechenbarkeit der Dauer ergibt sich im Briefdienst (analog Formel 4.11):

$$(4.36) \qquad \mathbf{M}_{4,1}^{T} = \frac{0,215}{1} \cdot 100 = 21,5\,\%$$

Die durchschnittliche Abweichung von der Regelgröße (ein Tag) beträgt im Briefdienst z. Z. also ca. 21,5 %.
Somit ergibt sich für den Briefdienst trotz der optimalen Berechenbarkeit des Beginns eine stark eingeschränkte Teilwertigkeit.

Abb. 4.6 zeigt die Entwicklung der Laufzeiten im Briefdienst seit der ersten Messung im März 1993.

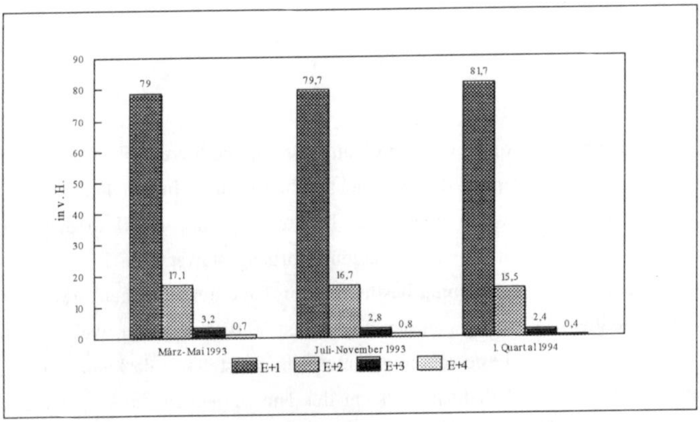


Quelle: *o. V.* (1993h), S. 7, *o. V.* (1994a), S. 5 und *o. V.* (1994c), S. 8.

Abb. 4.6: Laufzeitmessung im Briefdienst

Im Bereich des Fernsprechdienstes und des Mobilfunks sind in der Bundesrepublik Deutschland im Zusammenhang mit der Dauer des Verbindungsaufbaus keine Daten zugänglich.

116 Vgl. *o. V.* (1993h), S. 7.

Erfahrungen zeigen jedoch, daß - solange keine Störungen auftreten - der Verbindungsaufbau meist innerhalb derselben Zeitspanne erfolgt. Für den Nachfrager sind erfahrungsgemäß kaum signifikante Abweichungen zu erkennen.

Ein - wenn auch nicht optimales - Maß für die Berechenbarkeit von Beginn der Leistung ist der "dial tone delay", also die Zeit, die verstreicht, bis ein Freizeichen ertönt. Das Ziel vieler ausländischer Anbieter ist es, ein Amt (Freizeichen) innerhalb von drei Sekunden für 95 % der Anrufe bereitzustellen. 1988 lag der Anteil der Anrufer, die innerhalb dieses Zeitraumes ein Amt bekamen, im Bereich der US Bell Operating Companies in den USA zwischen 96,8 % (worst areas) und 99,9 % (best areas). Frankreich wies 1986 sogar eine 100-prozentige Erfüllung dieser Norm auf.[117] Auch dies ist ein Anzeichen dafür, daß die Berechenbarkeit des Beginns im Fernsprechdienst relativ hoch ist.

Die Berechenbarkeit der Dauer der Leistung ist erfahrungsgemäß nahezu ideal. Treten keine Störungen auf (Zusammenbruch der Verbindung), können Expedient und Perzipient die Dauer nach Belieben selbst bestimmen.[118]

Der Telefaxdienst bedient sich der Netzkomponenten des Fernsprechdienstes. Aus diesem Grund gelten für ihn dieselben technischen Einschränkungen für die Berechenbarkeit des Beginns der Leistung. Die Dauer läßt sich ebenfalls sehr genau bestimmen, da die Übertragungszeiten für eine Seite bei unterschiedlichen Gruppen von Faxgeräten sehr genau festgelegt sind.[119] Die Abweichungen in Folge der Weißanteile sind vernachlässigbar.

Somit ergibt sich folgende Rangfolge:

(4.37) $$\upsilon_{4,1} < \upsilon_{4,2} = \upsilon_{4,3} = \upsilon_{4,4}$$

Die Häufigkeit im Briefdienst erreicht einen Idealzustand, da der Absender zu jeder gewünschten Zeit einen Brief in einen Briefkasten einwerfen kann und damit - aus seiner Sicht - den Nachrichtentransport beginnt.

(4.38) $$\lim M_{5,1} \mapsto 86.400$$

Bei den netzabhängigen Telekommunikationsdiensten sieht es etwas anders aus. Im Bereich der Deutschen Bundespost Telekom werden wiederum keine Angaben über Verbindungen, die nicht aufgebaut werden konnten (call failures), veröffentlicht. Unter "call failures" werden alle geplanten Verbindungen erfaßt, die aufgrund eines be-

---

[117] Vgl. *Berg/Lynch* (1992), S. 222 und OECD (1990), S. 110 und 116.

[118] Zusammen für beide Akteure ist die Teilwertigkeit "Berechenbarkeit der Dauer" optimal. Für den einzelnen ist sie jedoch eingeschränkt, da er die Bereitschaft des Partners zu telefonieren nicht völlig bestimmen kann.

[119] Vgl. Kapitel 2.2.3.

setzten Anschlusses, eines Netzfehlers, aber auch aufgrund des Wählens einer falschen Nummer oder der Abwesenheit des Angerufenen nicht aufgebaut werden konnten.[120] Lediglich für 1984 liegen für die Bundesrepublik Deutschland Zahlen vor. In diesem Jahr kamen im Ortsverkehr 0,48 % und im Fernverkehr 3,8 % der Gespräche nicht zustande.[121] Jedoch können Vergleichswerte aus anderen Ländern herangezogen werden. Tabelle 4.3 zeigt die jeweilige "call failure rate" in v. H. in verschiedenen Staaten im Jahre 1990.

| Staat | Ortsgespräche | Ferngespräche | Gespräche gesamt |
|---|---|---|---|
| Australien | 1,1 | 2,2 | k. A. |
| Belgien | k. A. | k. A. | 2,7 |
| Dänemark | k. A. | k. A. | 2,0 |
| Frankreich | k. A. | k. A. | 0,7 |
| Großbritannien | 0,6 | 0,7 | k. A. |
| Kanada | 0,1 | 0,1 | k. A. |
| Norwegen | k. A. | k. A. | 2,2 |
| Schweden | k. A. | k. A. | 1,1 |
| Schweiz | k. A. | k. A. | 0,5 |
| Spanien | 2,0 | 9,6 | k. A. |
| USA | 0,5 | 1,1 | k. A. |

Quelle: OECD (1993b), S. 71.

Tab. 4.3: Anzahl der nicht zustande gekommenen Verbindungen im Fernsprechdienst

Hierbei lagen ca. 40 % der "failures" deswegen vor, weil der Anschluß bereits besetzt war, und 3 bis 5 % beruhten auf einem Fehler des Expedienten (Wählen einer falschen Rufnummer o. ä.).[122]

Für das Telefax kann eine ähnlich hohe Fehlerrate aufgrund technischer Mängel, besetzter Anschlüsse bzw. Verwählens angenommen werden. Da jedoch das Telefax ein asynchroner Dienst ist, reduziert sich das Problem der Nicht-Erreichbarkeit des Perzipienten auf die Fälle, in denen der Empfänger nicht Zuhause ist und das Endgerät nicht auf Empfang geschaltet ist. Somit besitzt das Telefax zwar ebenfalls eine eingeschränkte Häufigkeit, sie ist jedoch höher als bei Fernsprechdienst und Mobilfunk.

Damit wird folgende ordinale Bewertung in bezug auf die Teilwertigkeit "Häufigkeit" abgeleitet:

(4.39) $$\upsilon_{5,1} > \upsilon_{5,3} > \upsilon_{5,2} = \upsilon_{5,4}$$

[120] Vgl. OECD (1990), S. 129.
[121] Vgl. OECD (1990), S. 130.
[122] Vgl. OECD (1990), S. 129.

Die Netzbildungsfähigkeit ist ebenfalls eine additive Teilwertigkeit, die sich aus den Komponenten expedientenbezogene und perzipientenbezogene Bewertung zusammensetzt.

Bezogen auf den Perzipienten (die Auslieferung) einer Briefsendung ist die Netzbildungsfähigkeit ideal, da innerhalb des Hoheitsgebietes der Deutschen Bundespost Postdienst eine Zustellung für jeden Haushalt gegeben ist. Auch international ist die Erreichbarkeit mittels des Briefdienstes für jede Person, die eine eindeutige Adresse besitzt, gewährleistet.

(4.40) $$\lim M^{E}_{6,1} \mapsto \infty$$

Auf der Seite der Absender (Expedienten) ist die Netzbildungsfähigkeit allerdings gemindert. Zwar verfügt die Deutsche Bundespost Postdienst über ein relativ dichtes Netz von Postschaltern (einschließlich fahrbarer) und Briefkästen, dennoch ist die Zahl dieser Zugangsstellen natürlich - in Abhängigkeit von der Region - begrenzt. Das Absenden eines Briefes ist folglich nicht von jedem beliebigen Punkt innerhalb eines Raumes möglich.

1990 versorgte ein Postamt durchschnittlich eine Fläche von 8 $km^2$, dazu kamen insgesamt in den alten Bundesländern 112.407 Postbriefkästen, dies entspricht einer Dichte von 0,45 Postbriefkästen pro $km^2$.[123] Die gesamte mittlere Anzahl von Zugangsstellen (Briefkästen plus Postämter) in der Bundesrepublik Deutschland beträgt somit ca. 0,58 Zugangsstellen pro $km^2$.

(4.41) $$M^{P}_{6,1} = 0{,}58\ Z/km^2$$

Der Fernsprechdienst weist eine sehr hohe tatsächliche Netzbildungsfähigkeit in bezug auf die Perzipienten auf, besitzen doch - zumindest in den alten Bundesländern - mehr als 95 % der Haushalte einen Telefonanschluß. Betrachtet man die Entwicklung der Telefonanschlüsse in den neuen Bundesländern (Wachstumsraten von über 30 %), so ist die potentielle Netzbildungsfähigkeit nahezu optimal.[124]

Auf seiten der Expedienten fällt die Bewertung niedriger aus. Zwar ist hier die Anzahl der Zugangsstellen höher als im Briefdienst, jedoch bleibt das Problem, daß Anrufern, die keinen eigenen Anschluß besitzen oder diesen nicht nutzen können (sei es, weil er nicht funktionsbereit ist oder nicht erreichbar ist), nur sehr eingeschränkt öffentliche Zugangsstellen zur Verfügung stehen. 1993 gab es in der gesamten Bundesrepublik Deutschland 180.000 öffentliche Telefonzellen, dies entspricht einer Dichte von 0,724

---

123 Vgl. EUROSTAT (1993), S. 202, Generaldirektion Postdienst (1991), S. 5 und eigene Berechnungen.

124 Vgl. zu den Zahlenangaben Kapitel 2.2.2.1.

Telefonzellen pro km². Damit liegt allein die Dichte der öffentlichen Zugangsstellen im Fernsprechdienst bereits über der Dichte aller Zugangsstellen im Briefdienst. Dazu kommen noch die privaten Anschlüsse.
Am schlechtesten schneidet bei der tatsächlichen Teilwertigkeit "Netzbildungsfähigkeit" der Telefaxdienst ab. Zwar verzeichnet dieser Dienst hinsichtlich der Penetrationsrate enorme Zuwächse, dennoch ist die Ausstattung der Wirtschaftssubjekte mit Endgeräten z. Z. insgesamt noch gering. Auch die Möglichkeit, öffentliche Telefaxgeräte (Telebriefstellen) zu nutzen, ist äußerst beschränkt. Bei einer Ausstattung der Postämter mit Telebriefstellen von 7 % liegt die Dichte bei knapp 0,03 Zugangsstellen pro km².[125] Dies kann sich hinsichtlich der Wachstumsraten jedoch in kurzer Zeit ändern.
Eine Bewertung des Mobilfunks hinsichtlich der Teilwertigkeit "Netzbildungsfähigkeit" ist am schwierigsten, da selbst die tatsächliche Netzbildungsfähigkeit zwischen den zwei Extremwerten null und eins alterniert. Auf seiten der Expedienten ist die Netzbildungsfähigkeit in denjenigen Gebieten, die von dem entsprechenden Mobilfunknetz abgedeckt sind, vollkommen, da von jedem Punkt im Raum ein Gespräch erfolgen kann. Gebiete, die entweder von keinem Netz oder aber einem Netz mit differierendem Standard versorgt werden, ist die Netzbildungsfähigkeit null. Perzipientenbezogen ist die Teilwertigkeit sogar noch etwas höher als beim leitungsgebundenen Fernsprechdienst, da neben den (kompatiblen) Fernsprechanschlüssen auch noch die Mobilfunkanschlüsse kommen, die eine noch höhere Erreichbarkeit der Perzipienten (z. B. im Auto) bewirken.
Bedenkt man, daß z. Z. etwa 90 % der Bundesrepublik Deutschland mit dem D1-Netz versorgt und beim C-Netz nahezu Flächendeckung erreicht ist,[126] ist die tatsächliche Netzbildungsfähigkeit aufgrund der vollkommenen Unabhängigkeit von leitungsgebundenen Anschlüssen und der Kompatibilität mit dem Fernsprechdienst beim Mobilfunk am höchsten einzuschätzen.

(4.42) $$\upsilon_{6,4} > \upsilon_{6,2} \approx \upsilon_{6,1} > \upsilon_{6,3}$$ [127]

Als äußerst diffizil gestaltet sich eine Bewertung der Dienste anhand der Eigenschaft Bequemlichkeit. Sicher wird der Briefdienst als am "unbequemsten" eingeschätzt, da

---

125 Vgl. Kapitel 2.2.3.

126 Vgl. Deutsche Bundespost Telekom (1993b), S. 162 und 168.

127 Die Netzbildungsfähigkeit wird im Briefdienst und Fernsprechdienst als ungefähr gleich eingeschätzt, da der Briefdienst zwar perzipientenbezogen besser abschneidet, dafür expedientenbezogen etwas schlechter.

neben dem Schreiben der Nachricht auch noch das Abschicken mit Opportunitätskosten in Höhe aufgewandter Zeit verbunden ist.[128]

Auch beim Telefax fällt oftmals die Zeit, die zum schriftlichen Fixieren der Nachricht notwendig ist, an. Dafür entfällt bei Besitz eines eigenen Endgerätes der Weg zu einer öffentlichen Zugangsstelle.

Beim Brief- und Telefaxdienst ist eher die kommunikationsvorbereitende Bequemlichkeit die relevante Komponente. Beim Fernsprechdienst und Mobilfunk spielt hingegen die kommunikationsbegleitende Bequemlichkeit die zentrale Rolle. Hier ist der Mobilfunk dem leitungsgebundenen Fernsprechdienst überlegen, da man bei der Nutzung nicht an bestimmte Punkte im Raum gebunden ist.

Somit läßt sich folgende Rangfolge begründen:

(4.43) $$\upsilon_{7,4} > \upsilon_{7,2} > \upsilon_{7,3} > \upsilon_{7,1}$$

In Tabelle 4.4 werden die sieben Teilwertigkeiten für die vier betrachteten Dienste in einer Matrix gegenübergestellt. Die Wertigkeit steigt dabei mit zunehmender Größe der Sterne, gleiche Wertigkeiten werden durch gleichgroße Sterne dargestellt.

| Teilwertigkeit | Briefdienst | Fernsprechdienst | Telefaxdienst | Mobilfunk |
|---|---|---|---|---|
| Massenleistungsfähigkeit | ✸ | ✸ | ✸ | ✸ |
| Sicherheit | ✸ | ✸ | ✸ | ✸ |
| Schnelligkeit | ✸ | ✸ | ✸ | ✸ |
| Berechenbarkeit | ✸ | ✸ | ✸ | ✸ |
| Häufigkeit | ✸ | ✸ | ✸ | ✸ |
| Netzbildungsfähigkeit | ✸ | ✸ | ✸ | ✸ |
| Bequemlichkeit | ✸ | ✸ | ✸ | ✸ |

Quelle: Eigener Entwurf

Tab. 4.4: Vergleich der Teilwertigkeiten

[128] Andererseits ist der Akt des Schreibens für viele Nutzer ein willkommener Anlaß und wird damit nicht unbedingt als unkomfortabel eingeschätzt.

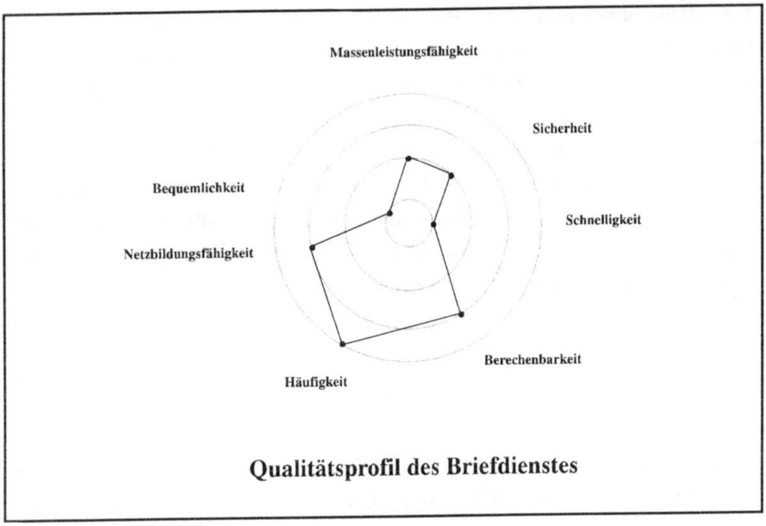


Quelle: Eigener Entwurf

Abb. 4.7: Qualitätsprofil des Briefdienstes

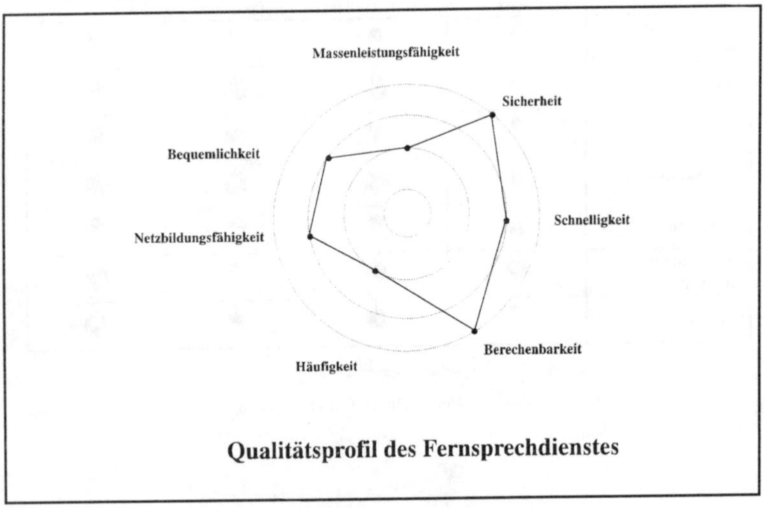


Quelle: Eigener Entwurf

Abb. 4.8: Qualitätsprofil des Fernsprechdienstes

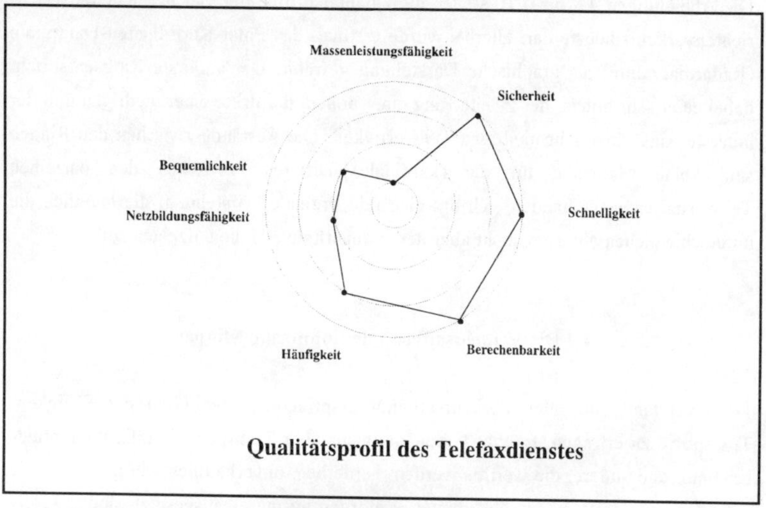


Quelle: Eigener Entwurf

Abb. 4.9: Qualitätsprofil des Telefaxdienstes

Quelle: Eigener Entwurf

Abb. 4.10: Qualitätsprofil des Mobilfunks

Die Abbildungen 4.7 bis 4.10 stellen die Qualitätsprofile der vier betrachteten Nachrichtenverkehrsdienste dar. Hierbei wurde erstmals das Polar-Koordinaten-Diagramm (Radardiagramm) als graphische Darstellung gewählt. Der äußerste Ring entspricht dabei einer sehr hohen, der zweite Ring einer hohen, der dritte einer niedrigen und der innerste Ring einer sehr niedrigen Teilwertigkeit. Die Abstände zwischen den Ringen sind keine Maßstäbe für die (kardinale) Differenz zwischen den einzelnen Teilwertigkeiten, es handelt sich um eine rein ordinale Darstellung, die lediglich die unterschiedlichen Niveaus, nicht aber deren quantitative Höhe aufzeigen soll.

## 4.3 Die Verkehrsaffinität der Informationsformen

*Voigt* verstand unter der Verkehrsaffinität ursprünglich "den Grad der Fähigkeit, Transporte zu ertragen. Es gibt Güter, die gegenüber Transporten völlig unempfindlich sind, und andere, die wertlos werden, verderben, unverkäuflich werden, wenn sie dem Transport auf einem bestimmten Beförderungsmittel ausgesetzt sind".[129] Die Verkehrsaffinität erhält man dann, wenn man diesen Grad, Transporte zu ertragen (Verkehrsempfindlichkeit), in Beziehung setzt zu den technischen Bedingungen eines Verkehrsmittels (Teilwertigkeiten). Bei einer solchen Gegenüberstellung erkennt man, daß für jedes Gut ein Verkehrsmittel existiert, das den Erfordernissen, welche das Gut an das Verkehrsmittel stellt, am besten entspricht. Jedes Gut besitzt also eine spezielle Affinität zu irgendeinem Verkehrsmittel.[130] Diese Definition berücksichtigt aber nur objektive Aspekte. Nur herstellungsbedingte Eigenschaften des Gutes werden erfaßt. In diesem ersten Ansatz geht es allein um die Frage, welche Güter (Informationen) man überhaupt mit welchem Verkehrsmittel transportieren kann. Dabei wird ein Problem völlig ausgeklammert. Das kann man sich am Beispiel des Güterverkehrs klarmachen. Will man ein Serum transportieren, muß das Verkehrsmittel gewisse Bedingungen erfüllen. Das Serum muß kühl gelagert sein, es muß evtl. gegen Stöße gesichert sein etc. All das muß erfüllt sein, damit das Serum erhalten bleibt. Nun kann sich aber der Nutzen des Gutes "Serum" und damit letztendlich das Gut selber verändern, wenn aufgrund der Wertschätzung durch den Nachfrager eine zeitliche Komponente wichtig wird. Wird das Serum an einem bestimmten Ort dringend benötigt, wird der Schnelligkeit des Transportmittels eine wesentliche Bedeutung zukommen. Diese Dringlichkeit ist aber keine immanente Eigenschaft des Gutes "Serum", sondern sie ist benutzungsabhängig. Daran wird deutlich, daß allein eine objektive Analyse der Verkehrsaffinität nicht für alle Zwecke ausreichend ist. Die subjektive Sichtweise, also die Beurteilung durch die Nachfrager, ist nicht zu vernachlässigen. *Klatt* spricht das Pro-

---

129 *Voigt* (1960), S. 40.
130 Vgl. *Voigt* (1953), S. 208 ff.

blem an, indem er herausstellt, daß bei der Bestimmung der Affinität ein Vergleich von Qualitäten von den Wirtschaftssubjekten vorgenommen wird. Damit wird die Betrachtung der Qualitätsunterschiede (bzw. Ähnlichkeiten von Qualitäten) durch einzelne Individuen relevant.[131]
Zusätzlich zu der von *Voigt* geforderten objektiven Komponente muß bei der Verkehrsaffinität auch eine subjektive Komponente berücksichtigt werden. Eine sinnvolle Verkehrsaffinität sollte folglich nicht nur die Anforderungen des Transportobjektes, sondern auch die des Verkehrsleistungsnachfragers an das Verkehrsmittel ausdrükken.[132] Diese Einbeziehung einer subjektiven Komponente ist darüber hinaus auch die Folge der Grundannahmen für die Nachfrage nach Nachrichtenverkehrsdiensten.[133]

Die Verkehrsaffinität muß - damit sie mit der Verkehrswertigkeit korrespondieren kann - dieselben Ebenen aufweisen, also Massenleistungsfähigkeit, Sicherheit, Schnelligkeit, Berechenbarkeit von Beginn und Dauer, Häufigkeit, Netzbildungsfähigkeit und Bequemlichkeit.[134] Es lassen sich dann für jede Information Affinitätsprofile analog zu den Qualitätsprofilen der Dienste aufstellen, indem man den Grad der Fähigkeit, Transporte zu ertragen (Verkehrsempfindlichkeit), einer Information bzw. die Ansprüche, die der Nachfrager an den Dienst stellt, in den gleichen Maßstab transformiert wie die entsprechenden Teilwertigkeiten.[135] Jede Information ist auf einen gewissen Mindeststandard einer jeweiligen Ebene (Eigenschaft) angewiesen; und jeder Nachfrager setzt ebenfalls bestimmte Anforderungen an jede Ebenen voraus. So erfordert z. B. die Nachrichtenübermittlung zwischen Krankenhaus und Ärzten, die außer Haus sind, eine möglichst hohe Netzbildungsfähigkeit, alte oder behinderte Personen legen sehr großen Wert auf eine hohe Bequemlichkeit eines Dienstes. Die optimale Zuordnung von Information/Nachfragerpräferenz und Nachrichtenverkehrsdienst kann mit Hilfe folgender Distanzformel ermittelt werden, die die Summe der Differenzen zwischen den Affinitäten bezüglich einer Eigenschaft und der entsprechenden Teilwertigkeiten eines Dienstes j berechnet:[136]

(4.44) $$d = \sum_{i=1}^{7} \left| \theta_i - \upsilon_{i,j} \right|$$

mit:

$\theta_i$ = Affinität bezüglich der Eigenschaft i

[131] Vgl. *Klatt* (1965), S. 57.
[132] Vgl. *Ernst* (1993b), S. 2222 und *Ihde* (1991), S. 91.
[133] Vgl. Kapitel 3.3.
[134] Vgl. *Voigt* (1960), S. 41.
[135] Vgl. *Voigt* (1953), S. 299.
[136] Vgl. *Ihde* (1991), S. 91.

Diese Formel berechnet die Abstände zwischen Qualitäts- und Affinitätsprofil. Durch Minimierung kann einem Nachfrager bzw. einer Information der optimale Dienst zugeordnet werden, d. h. derjenige Dienst herausgefunden werden, zu dem die zu transportierende Information und der Nutzer die höchste Affinität besitzen, folglich die aufaddierten Differenzen zwischen Affinität und entsprechender Teilwertigkeit den kleinsten Wert annehmen. Dies gilt allerdings nur unter der einschränkenden Annahme, daß für einen Nutzer bzw. eine Information alle Eigenschaften gleichgewichtig sind.
Bei der Bewertung der Affinität ergeben sich dieselben Schwierigkeiten wie bei der Beurteilung des korrespondierenden Konzeptes der Wertigkeit, es müssen aus subjektiven Präferenzen objektive Maßzahlen ermittelt werden.

Die Verkehrsaffinität ist - zusammen mit der Verkehrswertigkeit - eine wesentliche Determinante für die Nachfrage nach Nachrichtenverkehrsdiensten. Sie spiegelt zum einen die Präferenzen der Nachfrager wider. Zum anderen drückt sie aus, welcher Dienst für den Transport bestimmter Informationsformen am besten geeignet ist. Die beiden korrespondierenden Konzepte Affinität und Wertigkeit ordnen die Nachrichtenverkehrsdienste den Anforderungen zu, die Nachfrager und Transportobjekt stellen, und lenken und beeinflussen damit die Nachfrage nach den einzelnen Diensten ebenso wie die mikroökonomischen Einflußgrößen.

## 4.4 Interdependenzen im Nachrichtenverkehr

Gerade das Konzept der Verkehrsaffinität hat im Nachrichtenverkehr weitreichende praktische Bedeutung. So kann die Verkehrsaffinität (in Verbindung mit der korrespondierenden Verkehrswertigkeit) dazu herangezogen werden, um Aussagen darüber zu treffen, ob zwischen zwei Diensten Interdependenzen bestehen. Dies ist hinsichtlich möglicher Substitutionsbeziehungen besonders relevant, da Substitutionsbeziehungen auf bestehende Konkurrenzbeziehungen hindeuten, die natürlich nicht nur für die Anbieter, sondern auch für die Deregulierungsbehörden von großem Interesse sind.

Der Vergleich, der sich dem Betrachter sofort aufdrängt, ist der zwischen Brief- und Fernsprechdienst. Hier wird nicht selten von einer (möglichen) Substitutionsbeziehung gesprochen.[137] Läge diese Wechselwirkung vor, würde dies die Preisbildungspolitik und die Preisbildungsspielräume der beteiligten Anbieter (hier Deutsche Bundespost Postdienst und Deutsche Bundespost Telekom) stark beeinflussen.

---

[137] Vgl. z. B. *von Böventer* (1989), S. 116, *Braubach* (1992), S. 98 und *Ernst* (1993a), S.1510.

Zu einem ersten Ergebnis führt die Betrachtung der Qualitätsprofile der beiden Dienste (vgl. die Polar-Koordinaten-Diagramm in Abb. 4.7 und 4.8).
Alleine die Tatsache, daß beide Dienste nicht in der Lage sind, kongruente Informationen zu übermitteln, sondern beide nur für den Transport spezieller, disjunkter Informationsformen geeignet sind, läßt schließen, daß die Entscheidung für einen der beiden Dienste unabhängig von den jeweiligen Kreuzpreisen getroffen wird. Der Brief kann niemals den Dialog ersetzen oder mit der Schnelligkeit des Telefons konkurrieren. Das Telefon ist hingegen für Massenkommunikation oder Individualkommunikation, die an mehr als einen Perzipienten gerichtet ist,[138] und den Transport von Text und Festbildern untauglich bzw. nur sehr eingeschränkt verwendbar (Telefonkonferenz).

Es ist also anzunehmen, daß sich die beiden Dienste im großen und ganzen neutral zueinander verhalten; Preiserhöhungen beim Briefverkehr bzw. Anhebung der Telefongebühren führen selten zu einer erhöhten Anzahl von Telefonaten bzw. Briefen. Dies ist nur dann der Fall, wenn die spezifischen Systemvorteile des Briefverkehrs unbedeutsam sind. Da in der heutigen Gesellschaft vor allen Dingen die Schnelligkeit der Nachrichtenübermittlung eine immer größere Rolle spielt, liegt die Vermutung nahe, daß, wenn überhaupt, nur eine asymmetrische Substitutionsbeziehung zwischen Brief und Telefon besteht, d. h. das Telefon zwar ein Konkurrent für den Brief sein kann, dies vice versa vermutlich kaum gilt.[139] Induktive Zusammenhänge sind auch in Einzelfällen denkbar, so kann z. B. eine Wurfsendung eine telefonische Bestellung nach sich ziehen oder eine schriftliche Anfrage eine fernmündliche Antwort erhalten.

Eine empirische Analyse unterstützt die theoretischen Aussagen (vgl. Anhang 1.7). Hierbei wurde nur die Sendungsvariante Brief betrachtet.[140] Massendrucksachen und Wurfsendungen sind zum einen aufgrund ihres Inhalts auf Schriftform angewiesen (Werbung) und zum anderen an mehrere (in der Regel mehr als 100 bzw. 1000) Perzipienten gerichtet. Diese beiden Kommunikationsarten können vom Telefon wegen dessen technischer Besonderheiten nicht ersetzt werden. Eine Substitutionsbeziehung zwischen Massendrucksache bzw. Wurfsendung und Fernsprechdienst ist folglich auszuschließen.

---

[138] So sind schriftliche Werbemittel wie Wurfsendungen und Massendrucksachen immer auf materiellen Nachrichtenverkehr angewiesen.

[139] Vgl. *Neumann* (1984), S. 33.

[140] Postkarten wurden aufgrund ihres verhältnismäßig geringen Aufkommens ebenfalls nicht berücksichtigt. Außerdem mußten wieder die beförderten Briefe verwendet werden, vgl. dazu Kapitel 3.4.3.1.

Eine multiple Regressionsanalyse, die Auskunft über tatsächlich bestehende Substitutionsbeziehungen geben könnte, ergab keine signifikanten Kreuzpreiseffekte. Eine Abhängigkeit der Verkehrsmenge der Briefe vom Preisindex der Fernsprechgebühren ließ sich nicht nachweisen. Dafür war unter Zugrundelegung einer Irrtumswahrscheinlichkeit von 10 % eine Beziehung zwischen Verkehrsmenge und Penetrationsrate der Fernsprechhauptanschlüsse feststellbar. Jedoch war die Elastizität mit einem Wert von 0,25 (Standardabweichung 0,11) positiv. Dies läßt in keiner Weise auf eine negative Beeinflussung der Verkehrsmenge durch eine Erhöhung der Anschlußdichte im Fernsprechdienst schließen.
Genausowenig konnte eine empirische Abhängigkeit der Gespräche pro Anschluß von dem Preisindex der Briefe ermittelt werden (vgl. Anhang 1.7).

Somit kann festgehalten werden, daß sowohl aus theoretischer Sicht als auch nach Auswertung des vorhandenen Datenmaterials eine Konkurrenzbeziehung zwischen Brief und Telefon nicht bestätigt werden kann. Ob jedoch Beziehungen innerhalb bestimmter Marktsegmente (Firmenpost, Grußpost) oder innerhalb bestimmter Nutzergruppen (Einkommensklassen, Berufsgruppen, soziale Gruppen) vorliegen, läßt sich mit dem bestehenden Datenmaterial nicht überprüfen.

Vergleichbare Untersuchungen liegen kaum vor. Lediglich für den Bereich Großbritannien wurde eine Untersuchung zu diesem Thema durchgeführt. *Cuthbertson* und *Richards* ermittelten dabei eine relativ geringe Kreuzpreiselastizität zwischen Briefen erster bzw. zweiter Klasse (first and second class letters) und den Fernsprechgebühren von 0,2.[141]

Wesentlich ähnlicher vom Qualitätsprofil sind sich Brief und Telefax.[142] Die Klassifikationsmerkmale sind in relevanten Bereichen identisch (vgl. Tab. 4.2). Beide Nachrichtenverkehrsdienste transportieren dieselbe Form von Information (Texte und Festbilder), beide sind asynchrone und einseitige Dienste der Individualkommunikation. Analysiert man des weiteren die Qualitätsprofile (vgl. Abb. 4.7 und 4.9), so erkennt man, daß bereits zum heutigen Zeitpunkt das Telefax qualitativ in vier von sieben Teilwertigkeiten besser abschneidet als der Briefdienst.[143] Vor allen Dingen im Bereich "Schnelligkeit" liegen die Vorteile klar auf seiten der immateriellen Verkehrsart. Dafür bietet der Brief die höhere Massenleistungsfähigkeit, da das Telefax nur Kopien übermittelt. Dokumente, die der Originalform bedürfen (Urkunden, Be-

---

[141] Vgl. *Cuthbertson/Richards* (1990), S. 647.
[142] Vgl. *Ernst/Walpuski* (1995).
[143] Betrachtet man darüber hinaus die Steigerungsraten bei den Telefaxanschlüssen, liegt die Vermutung nahe, daß auch im Bereich der Netzbildungsfähigkeit das Telefax dem Briefdienst immer näher rückt.

glaubigungen, unterschriebene Dokumente etc.), und farbige Bilder (z. B. Glückwunschkarten) können nur per Brief transportiert werden. Zwischen Briefdienst und Telefax läßt sich eine Substitutionsbeziehung ableiten. Dies ist ein Indiz dafür, daß gerade auf dem Gebiet der immateriellen Text- und Festbildübertragung der materiellen Briefbeförderung starke Konkurrenz erwächst.[144] Hier wäre eine Untersuchung der möglichen Interdependenzen sicherlich ebenfalls lohnenswert; dies ist jedoch aus zweierlei Gründen z. Z. nicht möglich. Zum einen liegen für die Dienste (Telefaxdienst, E-Mail, ePOST) keine Daten für die Inanspruchnahme vor; zum anderen lassen sich viele Dienste wegen ihrer geringen Penetrationsrate nicht sinnvoll mit dem (zumindest perzipientenbezogenen) nahezu flächendeckenden Briefdienst vergleichen (Telex). Auch Interdependenzen zwischen einzelnen immateriellen Diensten lassen sich aus diesen Gründen bis jetzt nicht statistisch überprüfen, obwohl hier theoretische Zusammenhänge offensichtlich sind.

So dürfte ein Hauptgrund, daß sich der Teletex-Dienst am Markt nicht durchgesetzt hat, die Verbreitung der leistungsstärkeren Fax-Geräte sein.[145] Faxgeräte können nicht nur höherwertige Informationsformen übertragen (Festbild), sondern sie sind i. d. R. auch bequemer, da die Nachricht nicht erst in ein Teletex-Endgerät eingegeben werden muß. In diesem Zusammenhang sollten die negativen Netzwerkeffekte nicht vernachlässigt werden. Es liegt die Vermutung nahe, daß das Teletex mit dem leistungsschwächeren Telexdienst deswegen nicht konkurrieren konnte, weil der Telexdienst wesentlich verbreiteter war und viele Nutzer aufgrund der Anbieterwechselkosten[146] nicht bereit waren, in den Teletex-Dienst zu wechseln.

Die Analyse wechselseitiger Beziehungen im Nachrichtenverkehr bietet ein vielseitiges Betätigungsfeld. Und die Aussagen und Ergebnisse sind in einer Zeit zunehmender Deregulierung der Post- und Telekommunikationsdienste von wachsendem Interesse, besonders hinsichtlich der Tatsache, daß immer mehr Dienste aus dem Monopolbereich ausgenommen werden und im freien oder lizenzierten Wettbewerb angeboten werden dürfen.[147] Umso erstaunlicher ist es, daß gerade auf dieses Gebiet der empirischen Wirtschaftsforschung kaum Schwerpunkte gelegt werden. Die Zahl der veröffentlichen Untersuchungen über mögliche Interdependezen zwischen einzelnen Nachrichtenverkehrsdiensten - vor allen Dingen Diensten, von denen vermutet wird, daß sie in direkter Konkurrenz zueinander stehen - (vgl. Anhang 3), ist relativ gering

---

[144] Vgl. dazu auch *Cuthbertson/Richards* (1990), S. 640, *Zumwinkel* (1991), S. 15, *Crew/Kleindorfer* (1991), S. 61 und *Braubach* (1992), S. 99,

[145] Vgl. dazu Kapitel 2.2.3.

[146] Vgl. dazu *Ernst/Walpuski* (1994b), S. 127.

[147] Hier sind im Bereich immaterieller Nachrichtenverkehr z. B. das Konzept "Corporate Networks" und im Bereich materieller Nachrichtenverkehr die Lizenzierung der Massendrucksachen ab 250 g zu nennen.

(z. B. im Vergleich mit Untersuchungen über Preis- und Einkommenselastizitäten). Hier besteht angesichts der wirtschaftlichen, aber auch gesellschaftlichen, sozialen und politischen Bedeutung des Nachrichtenverkehrs sowie seines Veränderungspotentials, das alle Bereiche des menschlichen Lebens beeinflußt,[148] noch hoher Nachholbedarf.

[148] Hier sind z. B. die zunehmende Vernetzung von Computern, die Installation von leistungsstärkeren Glasfaserkabeln (Daten-Highways) und das explosiv steigende Angebot von Fernsehsendern zu nennen. So soll bis zum Jahre 2000 die Übertragung von ca. 150 Sendern technisch möglich sein.

# Anhang 1

## Ergebnisse eigener empirischer Nachfragestudien

Die im folgenden dargestellten Ergebnisse beziehen sich auf eigene empirische Untersuchungen im Bereich der Nachfrage im Nachrichtenverkehr in der Bundesrepublik Deutschland. Der Untersuchungszeitraum umfaßt die Jahre 1970 bis 1989. Längere Zeitreihen konnten aufgrund der strukturellen Veränderung durch die Wiedervereinigung nicht verwendet werden. Es wurden nur der Fernsprech- und der Briefdienst berücksichtigt, da für neuere Dienste keine ausreichenden Daten zur Verfügung stehen.

Ziel der Analyse war es, Aussagen über Einkommens- und Preiselastizitäten der Nachfrage innerhalb des Nachrichtenverkehrs zu gewinnen. Deswegen wurden statt der absoluten Größen die Veränderungsraten der Variablen verwendet, da sich die Elastizitäten aus den Quotienten dieser Veränderungsraten berechnen. Es handelt sich um langfristige Bogen- und nicht um kurzfristige Punktelastizitäten.

Die Berechnungen wurden mit dem statistischen System SAS Version 6.08 durchgeführt. Die Regressionsanalysen erfolgten mittels des "proc reg" Verfahrens, wobei - wenn nicht anders vermerkt - aufgrund der nicht vorhandenen Signifikanz des jeweiligen Interceptors (Ordinatenabschnitts) das "noint" Modell gewählt wurde.

Die verwendeten Primärdaten wurden folgenden Quellen entnommen:

- BMPF (1977), S. 162 f., (1981b), S. 24 f., (1985), S. 26 f., (1986), S. 27, (1987), S. 8, (1988b), S. 8, 50 und 55
- BMPT (1989), S. 8
- Generaldirektion Postdienst (1990), S. 8, 44 und 49
- *Heuermann* (1988), S. 16
- Statistisches Bundesamt (1978), S. 502, (1981), S. 518, (1986), S. 521, (1993), S. 50, 660, 672 und 680.[1]

Den Veränderungsraten und den Daten, die pro Kopf oder pro Anschluß bezogen sind, liegen eigene Berechnungen zugrunde. Sämtliche Daten beziehen sich dabei nur auf die alten Bundesländer.

[1] Es ist zu beachten, daß 1980 ein Wechsel der Berechnungsgrundlagen für die Preisindizes im Post- und Fernsprechdienst erfolgte, vgl. dazu *Taft* (1985). Hier wurden ab 1981 die neueren Zahlen verwendet. Einen Überblick über die zugrunde liegenden Gebührenänderungen gibt z. B. *Neumann* (1984), S. 212 ff.

Anhang 1.1: Verwendete Daten

| Jahr | Gespräche in Mrd. | Anschlüsse in Mio. | Gespräche pro Anschluß in Tsd. | Penetrationsrate | Y je Einwohner in Tsd. DM |
|---|---|---|---|---|---|
| 1970 | 10,22 | 8,79 | 1,162 | 14,5 | 8,7 |
| 1971 | 11,68 | 9,90 | 1,180 | 16,2 | 9,6 |
| 1972 | 13,13 | 10,80 | 1,216 | 17,5 | 10,4 |
| 1973 | 13,52 | 11,62 | 1,163 | 18,7 | 11,6 |
| 1974 | 13,90 | 12,31 | 1,129 | 19,8 | 12,4 |
| 1975 | 14,06 | 13,12 | 1,072 | 21,2 | 12,9 |
| 1976 | 15,30 | 14,51 | 1,054 | 23,6 | 14,3 |
| 1977 | 16,23 | 16,05 | 1,011 | 26,1 | 15,2 |
| 1978 | 17,74 | 17,61 | 1,007 | 28,7 | 16,4 |
| 1979 | 19,30 | 19,23 | 1,004 | 31,3 | 17,7 |
| 1980 | 21,19 | 20,85 | 1,016 | 33,9 | 18,5 |
| 1981 | 22,78 | 22,09 | 1,031 | 35,8 | 19,1 |
| 1982 | 24,16 | 23,03 | 1,049 | 37,4 | 19,7 |
| 1983 | 25,41 | 23,86 | 1,065 | 38,9 | 20,8 |
| 1984 | 26,43 | 24,92 | 1,061 | 40,8 | 22,0 |
| 1985 | 27,62 | 25,91 | 1,066 | 42,5 | 23,1 |
| 1986 | 28,99 | 26,73 | 1,085 | 43,8 | 24,5 |
| 1987 | 30,33 | 27,55 | 1,101 | 45,1 | 25,4 |
| 1988 | 30,42 | 28,41 | 1,071 | 46,2 | 26,6 |
| 1989 | 31,71 | 29,40 | 1,078 | 47,4 | 28,0 |

| Jahr | Kapazität in mErlh/HAs | beförderte Briefe in. Mio. | eingelieferte Massendrucksachen in Mio. | bef. Briefe pro Kopf |
|---|---|---|---|---|
| 1970 | - | 5596,4 | 1543,9 | 92,27 |
| 1971 | - | 6147,7 | 1589,5 | 100,32 |
| 1972 | - | 6265,5 | 1498,0 | 101,55 |
| 1973 | - | 6155,7 | 1445,6 | 99,31 |
| 1974 | 89394,9 | 6250,3 | 1441,1 | 100,70 |
| 1975 | 88011,0 | 6100,1 | 1464,9 | 98,63 |
| 1976 | 87733,7 | 6228,2 | 1617,8 | 101,15 |
| 1977 | 78977,5 | 6457,1 | 1752,0 | 105,32 |
| 1978 | 85811,7 | 6907,4 | 2005,1 | 112,59 |
| 1979 | 85498,9 | 6951,6 | 1885,0 | 113,25 |
| 1980 | 81573,1 | 6976,7 | 2039,3 | 113,37 |
| 1981 | 84052,4 | 7115,5 | 2095,5 | 115,39 |
| 1982 | 81408,7 | 7404,7 | 2081,2 | 120,21 |
| 1983 | 82688,1 | 7179,4 | 2100,7 | 116,96 |
| 1984 | 84745,5 | 7107,7 | 2217,3 | 116,28 |
| 1985 | 85304,1 | 7114,9 | 2185,1 | 116,69 |
| 1986 | - | 7545,8 | 2319,9 | 123,68 |
| 1987 | - | 7311,1 | 2423,2 | 119,70 |
| 1988 | - | 7306,3 | 2674,5 | 118,90 |
| 1989 | - | 6919,7 | 2803,0 | 111,49 |

| Jahr | Massendrucksachen pro Kopf | reales BIP (Basisjahr 1985) in Mrd. DM | Lebenshaltungspreisindex | Preisindex Gesprächsgebühr |
|---|---|---|---|---|
| 1970 | 25,46 | 1321,4 | 100,00 | 100,0 |
| 1971 | 25,93 | 1361,2 | 105,09 | 104,7 |
| 1972 | 24,28 | 1419,1 | 110,77 | 113,3 |
| 1973 | 23,32 | 1488,2 | 118,20 | 116,6 |
| 1974 | 23,22 | 1492,1 | 126,23 | 121,8 |
| 1975 | 23,69 | 1471,2 | 133,86 | 127,1 |
| 1976 | 26,27 | 1549,8 | 139,93 | 127,1 |
| 1977 | 28,53 | 1593,9 | 144,62 | 127,0 |
| 1978 | 32,68 | 1641,6 | 148,34 | 124,4 |
| 1979 | 30,71 | 1709,2 | 154,02 | 120,7 |
| 1980 | 33,14 | 1727,5 | 162,04 | 103,7 |
| 1981 | 33,98 | 1730,5 | 172,41 | 104,8 |
| 1982 | 33,79 | 1714,1 | 181,41 | 104,5 |
| 1983 | 34,22 | 1740,9 | 187,48 | 104,4 |
| 1984 | 36,27 | 1789,4 | 191,79 | 103,8 |
| 1985 | 35,84 | 1823,2 | 195,70 | 103,3 |
| 1986 | 38,02 | 1863,3 | 195,31 | 102,9 |
| 1987 | 39,67 | 1890,3 | 195,50 | 102,6 |
| 1988 | 43,52 | 1960,5 | 197,66 | 102,5 |
| 1989 | 45,25 | 2027,3 | 203,33 | 96,3 |

| Jahr | Preisindex Anschlußgebühr[2] | Preisindex Briefe | Preisindex Massendrucksache |
|---|---|---|---|
| 1970 | 100,0 | 100,0 | 100,0 |
| 1971 | 100,0 | 101,6 | 122,3 |
| 1972 | 124,1 | 120,0 | 165,5 |
| 1973 | 148,1 | 136,8 | 186,5 |
| 1974 | 167,1 | 155,8 | 210,4 |
| 1975 | 187,7 | 174,7 | 234,4 |
| 1976 | 186,5 | 174,7 | 234,4 |
| 1977 | 186,8 | 174,7 | 234,4 |
| 1978 | 174,1 | 174,7 | 234,4 |
| 1979 | 161,2 | 209,7 | 290,4 |
| 1980 | 160,0 | 209,6 | 290,4 |
| 1981 | 160,0 | 209,6 | 290,4 |
| 1982 | 160,1 | 244,0 | 341,2 |
| 1983 | 161,4 | 278,8 | 391,7 |
| 1984 | 159,4 | 278,8 | 391,7 |
| 1985 | 158,4 | 278,8 | 391,7 |
| 1986 | 157,4 | 278,8 | 391,7 |
| 1987 | 156,6 | 278,8 | 391,7 |
| 1988 | 156,3 | 278,8 | 391,7 |
| 1989 | 156,3 | 327,3 | 432,8 |

[2] Dabei wurden bei den Anschlußgebühren die gewährten Freieinheiten berücksichtigt, vgl. Statistisches Bundesamt (1993), S. 534.

| Jahr | Veränderungs-rate der Penetration | Veränderungsrate des Volkseinkommens pro Einwohner | Veränderungsrate Gespräche pro Anschluß | Veränderungsrate der Kapazitätsauslastung |
|---|---|---|---|---|
| 1970 | - | - | - | - |
| 1971 | 0,1147 | 0,1034 | 0,0155 | - |
| 1972 | 0,0835 | 0,0833 | 0,0305 | - |
| 1973 | 0,0709 | 0,1154 | -0,0436 | - |
| 1974 | 0,0579 | 0,0690 | -0,0292 | - |
| 1975 | 0,0697 | 0,0403 | -0,0505 | -0,0155 |
| 1976 | 0,1108 | 0,1085 | -0,0170 | -0,0031 |
| 1977 | 0,1089 | 0,0629 | -0,0408 | -0,0998 |
| 1978 | 0,0984 | 0,0789 | -0,0040 | 0,0739 |
| 1979 | 0,0914 | 0,0793 | -0,0030 | 0,0081 |
| 1980 | 0,0815 | 0,0452 | 0,0120 | -0,0459 |
| 1981 | 0,0573 | 0,0324 | 0,0148 | 0,0304 |
| 1982 | 0,0437 | 0,0314 | 0,0175 | -0,0315 |
| 1983 | 0,0396 | 0,0558 | 0,0153 | 0,0157 |
| 1984 | 0,0488 | 0,0577 | -0,0038 | 0,0249 |
| 1985 | 0,0424 | 0,0500 | 0,0047 | 0,0066 |
| 1986 | 0,0308 | 0,0606 | 0,0178 | - |
| 1987 | 0,0298 | 0,0000 | 0,0147 | - |
| 1988 | 0,0250 | 0,0857 | -0,0272 | - |
| 1989 | 0,0247 | 0,0526 | 0,0065 | - |

| Jahr | Veränderungsrate des realen BIP (Basisjahr 1985) | Veränderungsrate des Preisindex Anschlußgebühr | Veränderungsrate des Lebenshaltungs-preisindex | Veränderungsrate des Preisindex Gesprächsgebühr |
|---|---|---|---|---|
| 1970 | - | - | - | - |
| 1971 | 0,0301 | 0,0000 | 0,0509 | 0,0470 |
| 1972 | 0,0425 | 0,2410 | 0,0540 | 0,0821 |
| 1973 | 0,0487 | 0,1934 | 0,0671 | 0,0291 |
| 1974 | 0,0026 | 0,1283 | 0,0679 | 0,0446 |
| 1975 | -0,0140 | 0,1233 | 0,0605 | 0,0435 |
| 1976 | 0,0534 | -0,0064 | 0,0453 | 0,0000 |
| 1977 | 0,0285 | 0,0016 | 0,0336 | -0,0008 |
| 1978 | 0,0299 | -0,0680 | 0,0257 | -0,0205 |
| 1979 | 0,0412 | -0,0741 | 0,0383 | -0,0297 |
| 1980 | 0,0107 | -0,0074 | 0,0521 | -0,1409 |
| 1981 | 0,0017 | 0,0000 | 0,0640 | 0,0106 |
| 1982 | -0,0095 | 0,0006 | 0,0522 | -0,0029 |
| 1983 | 0,0156 | 0,0081 | 0,0334 | -0,0010 |
| 1984 | 0,0279 | -0,0124 | 0,0230 | -0,0058 |
| 1985 | 0,0189 | -0,0063 | 0,0204 | -0,0048 |
| 1986 | 0,0223 | -0,0063 | -0,0020 | -0,0039 |
| 1987 | 0,0142 | -0,0051 | 0,0010 | -0,0029 |
| 1988 | 0,0371 | -0,0019 | 0,0110 | -0,0010 |
| 1989 | 0,0341 | 0,0000 | 0,0287 | -0,0605 |

| Jahr | Veränderungs-rate der Briefe pro Kopf | Veränderungsrate der Massendruck-sachen pro Kopf | Veränderungsrate des Preisindex Briefe | Veränderungsrate des Preisindex Massendrucksache |
|---|---|---|---|---|
| 1970 | - | - | - | - |
| 1971 | 0,0872 | 0,0185 | 0,0160 | 0,2230 |
| 1972 | 0,0123 | -0,0636 | 0,1811 | 0,3532 |
| 1973 | -0,0221 | -0,0395 | 0,1400 | 0,1269 |
| 1974 | 0,0140 | -0,0043 | 0,1389 | 0,1281 |
| 1975 | -0,0206 | 0,0202 | 0,1213 | 0,1141 |
| 1976 | 0,0256 | 0,1089 | 0,0000 | 0,0000 |
| 1977 | 0,0412 | 0,0860 | 0,0000 | 0,0000 |
| 1978 | 0,0690 | 0,1455 | 0,0000 | 0,0000 |
| 1979 | 0,0059 | -0,0603 | 0,2003 | 0,2389 |
| 1980 | 0,0011 | 0,0791 | -0,0005 | 0,0000 |
| 1981 | 0,0178 | 0,0254 | 0,0000 | 0,0000 |
| 1982 | 0,0418 | -0,0056 | 0,1641 | 0,1749 |
| 1983 | -0,0270 | 0,0127 | 0,1426 | 0,1480 |
| 1984 | -0,0058 | 0,0599 | 0,0000 | 0,0000 |
| 1985 | 0,0035 | -0,0119 | 0,0000 | 0,0000 |
| 1986 | 0,0599 | 0,0608 | 0,0000 | 0,0000 |
| 1987 | -0,0322 | 0,0434 | 0,0000 | 0,0000 |
| 1988 | -0,0067 | 0,0971 | 0,0000 | 0,0000 |
| 1989 | -0,0623 | 0,0398 | 0,1740 | 0,1049 |

Anhang 1.2: Nachfrage nach Netzzutritt

Die erste Analyse bezog sich auf die Nachfrage nach Zugang zum Telefonnetz. Hierbei wurde untersucht, ob und wie stark die Penetrationsrate PR (Hauptanschlüsse je 100 Einwohner) von den Variablen Volkseinkommen pro Kopf (Y), Preisindex Anschlußgebühr (r) und Preisindex Gesprächsgebühr ($p_q$) abhängen. Dazu wurde als Referenzgröße der Preisindex der Lebenshaltungskosten (Kreuzpreis, $p_x$) hinzugefügt.[3]

Folgendes aggregiertes Modell wurde zugrunde gelegt:

(A1.1) $$wPR = \varepsilon \cdot wY + \varepsilon_r \cdot wr + \varepsilon_q \cdot wp_q + \varepsilon_x \cdot wp_x$$

mit:

[3] Die Bezeichnung "Kreuzpreis" ist allerdings etwas irreführend, da der Lebenshaltungspreisindex auch die Preise für Nachrichtenübermittlung enthält. Jedoch ist der Anteil der Ausgaben für den Fernsprechdienst im Vergleich zum gesamten Warenkorb mit 1,6 % vernachlässigbar gering. Vgl. Statistisches Bundesamt (1993), S. 659.

$wPR$ = Veränderungsrate der Penetrationsrate

$wY$ = Veränderungsrate des Volkseinkommens pro Kopf

$wr$ = Veränderungsrate des Preisindex der Anschlußgebühr

$wp_q$ = Veränderungsrate des Preisindex der Gesprächsgebühr

$wp_x$ = Veränderungsrate des Lebenshaltungspreisindex

$\varepsilon$ = Einkommenselastizität

$\varepsilon_r$ = Anschlußgebührelastizität

$\varepsilon_q$ = Gesprächsgebührelastizität

$\varepsilon_x$ = Kreuzpreiselastizität

Eine multiple lineare Regressionsanalyse ergab folgende Werte:

Der F-Wert betrug 39,936; die zu akzeptierende Irrtumswahrscheinlichkeit bei Ablehnung eines Zusammenhangs zwischen der abhängigen und den unabhängigen Variablen 0,1 %.

| Parameter | Schätzwert | Standardfehler | t-Wert für Nullhypothese $H_0: \varepsilon_i = 0$ | Irrtumswahrscheinlichkeit[4] |
|---|---|---|---|---|
| $\varepsilon$ | 0,5691 | 0,1512 | 3,764 | 0,0019 |
| $\varepsilon_r$ | -0,1744 | 0,0947 | -1,842 | 0,0853 |
| $\varepsilon_x$ | 0,8447 | 0,2688 | 3,142 | 0,0067 |
| $\varepsilon_q$ | 0,6597 | 0,1515 | 0,429 | 0,6741 |

$R^2$ hatte den Wert 0,9142, der Durbin-Watson-Koeffizient betrug 1,472.

Da der Schätzwert für $\varepsilon_q$ nicht signifikant verschieden von Null ist (Irrtumswahrscheinlichkeit 67 %), wurde eine zweite multiple Regressionsanalyse durchgeführt, wobei die Variable "Preisindex Gesprächsgebühr" nicht mehr berücksichtigt wurde. Es wurde also folgendes aggregiertes Modell untersucht:

$$wPR = \varepsilon \cdot wY + \varepsilon_r \cdot wr + \varepsilon_x \cdot wp_x \qquad \text{(A1.2)}$$

[4] Es handelt sich hierbei um die zu akzeptierende Irrtumswahrscheinlichkeit bei Ablehnung der Nullhypothese $H_0$: Parameter = 0. Eine Ablehnung bedeutet, daß der Parameter von null verschieden ist und somit eine Abhängigkeit existiert.

Die zweite Regressionsanalyse lieferte nachstehende Werte:

| Parameter | Schätzwert | Standardfehler | t-Wert für Nullhypothese $H_0: \varepsilon_i = 0$ | Irrtumswahrscheinlichkeit |
|---|---|---|---|---|
| $\varepsilon$ | 0,5770 | 0,1461 | 3,984 | 0,0012 |
| $\varepsilon_r$ | -0,1496 | 0,0731 | -2,047 | 0,0574 |
| $\varepsilon_x$ | 0,8157 | 0,2535 | 3,218 | 0,0054 |

F-Wert = 56,046; $R^2 = 0{,}9131$; Durbin-Watson-Koeffizient = 1,374.

Die Schätzwerte für die Elastizitäten waren signifikant von Null verschieden unter Zugrundelegung einer Irrtumswahrscheinlichkeit von 5 % bzw. 10 %.

Neben dieser multiplen Regression wurde zusätzlich jeweils eine lineare Einfachregression für die drei Variablen $\varepsilon$, $\varepsilon_r$ und $\varepsilon_x$ durchgeführt.

(A1.3) $$wPR = \varepsilon \cdot wY$$

(A1.4) $$wPR = \varepsilon_r \cdot wr$$

(A1.5) $$wPR = \varepsilon_x \cdot wp_x$$

Die drei Berechnungen ergaben folgendes Bild:

| Parameter | Schätzwert | Standardfehler | t-Wert für $H_0: \varepsilon_i = 0$ | Irrtumswahrscheinlichkeit | $R^2$ |
|---|---|---|---|---|---|
| $\varepsilon$ | 0,9431 | 0,0921 | 10,236 | 0,0001 | 0,8530 |
| $\varepsilon_r$ | -0,2486 | 0,1882 | 1,321 | 0,2031 | 0,0884 |
| $\varepsilon_x$ | 1,4412 | 0,1763 | 8,233 | 0,0001 | 0,7902 |

Unter ceteris-paribus-Bedingungen ergaben sich nur noch für die Einkommens- und Kreuzpreiselastizität verwertbare Ergebnisse, eine Anschlußgebührelastizität ließ sich hingegen statistisch nicht signifikant nachweisen.

<u>Anhang 1.3</u>: Kapazitätsauslastung in Erlangstunden pro Hauptanschluß

Da eine Schätzung der Elastizitäten des Verkehrsaufkommens und der Verkehrsleistung nicht möglich ist, kann als eine Näherung die Kapazitätsauslastung K gewählt werden, da die Kapazitätsauslastung eine Funktion des Verkehrsaufkommens ist. Als Regressoren wurden das Volkseinkommen pro Kopf (Y), der Gebührenpreisindex ($p_q$) und als Referenzgröße wieder der Preisindex der Lebenshaltungskosten ($p_x$) gewählt.

In Analogie zu Anhang 1.1 wurde ebenfalls ein aggregiertes Modell verwendet.

(A1.6) $$wK = \varepsilon \cdot wY + \varepsilon_q \cdot wp_q + \varepsilon_x \cdot wp_x$$

mit:

wK = Veränderungsrate der Kapazitätsauslastung

Eine multiple lineare Regression lieferte keine statistisch signifikanten Werte. Der F-Wert betrug 0,0303, die Irrtumswahrscheinlichkeit 82,29 %.
Es ergaben sich folgende Irrtumswahrscheinlichkeiten für die Elastizitäten (in Klammern der t-Wert):
für den Schätzwert von $\varepsilon$ 51,1 % (0,688), für den Schätzwert von $\varepsilon_q$ 59,7 % (-0,731) und für den Schätzwert von $\varepsilon_x$ 48,6 % (0,551). $R^2$ nahm den Wert 0,1019 an.

Anhang 1.4: Nachfrage nach Telefongesprächen

Als eine Schätzung für die Verkehrsmenge im Fernsprechdienst wurde die Anzahl der geführten Gespräche gewählt. Um eine Dependenz von der Anzahl der Anschlüsse herauszufiltern, wurden die Gespräche pro Anschluß als relevante Größe herangezogen. Untersucht wurde eine mögliche Abhängigkeit der Anzahl der Gespräche pro Anschluß vom Volkseinkommen pro Kopf und dem Preisindex der Gesprächsgebühren unter Berücksichtigung des Lebenshaltungspreisindex als Referenzgröße.

Folgendes aggregiertes Modell wurde der Regression zugrunde gelegt.

(A1.7) $$wq = \varepsilon \cdot wY + \varepsilon_q \cdot wp_q + \varepsilon_x \cdot wp_x$$

mit:

wq = Veränderungsrate der Gespräche pro Anschluß

Die durchgeführte multiple Regressionsanalyse brachte jedoch keine signifikanten Ergebnisse. Die Irrtumswahrscheinlichkeit betrug für den Schätzwert von $\varepsilon$ 70,6 % (t-Wert: -0,384), für den Schätzwert von $\varepsilon_q$ 56,3 % (t-Wert: -0,591) und für den Schätzwert von $\varepsilon_x$ 84,7 % (t-Wert: -0,196). $R^2$ nahm den Wert 0,0931 an.

Anhang 1.5: Nachfrage nach Briefen

Als eine Schätzung für die Verkehrsmenge innerhalb der privaten und geschäftlichen schriftlichen Kommunikation wurde die Anzahl der beförderten Briefe herangezogen. Um eine Dependenz von der Bevölkerungsentwicklung zu eliminieren, wurden die Briefe pro Kopf normiert. Untersucht wurde eine mögliche Abhängigkeit der Briefe pro Kopf vom Volkseinkommen pro Kopf und vom Preisindex der Briefe unter Berücksichtigung des Lebenshaltungspreisindex als Referenzgröße.

Folgendes aggregiertes Modell wurde für die Regression gewählt.

(A1.8) $$wq = \varepsilon \cdot wY + \varepsilon_q \cdot wp_q + \varepsilon_x \cdot wp_x$$

mit:

$wq$ = Veränderungsrate der Briefe pro Kopf
$\varepsilon_q$ = Preiselastizität der Briefe

Die Analyse ergab jedoch, daß für dieses Modell kein signifikanter Zusammenhang zwischen der Veränderungsrate der Briefe pro Kopf und den unabhängigen Variablen besteht. Der F-Wert betrug 1,845, so daß bereits die zu akzeptierende Irrtumswahrscheinlichkeit bei Ablehnung der Nullhypothese

$H_0$ = "Kein Zusammenhang zwischen abhängiger und unabhängigen Variablen"

17,97 % beträgt.

In einem zweiten Schritt wurde eine vereinfachte Regression durchgeführt, dabei wurde das Volkseinkommen als mögliche erklärende Größe eliminiert, da die zu akzeptierende Irrtumswahrscheinlichkeit hierbei mit knapp 55 % am höchsten war (t-Wert = 0,616).

(A1.9) $$wq = \varepsilon_q \cdot wp_q + \varepsilon_x \cdot wp_x$$

Die zweite Regressionsanalyse, welche immerhin bei Zugrundelegung einer Irrtumswahrscheinlichkeit von 10 % signifikant war, (F-Wert = 2,675, zu akzeptierende Irrtumswahrscheinlichkeit 9,77 %) lieferte folgende Werte:

| Parameter | Schätzwert | Standardfehler | t-Wert für Nullhypothese $H_0: \varepsilon_i = 0$ | Irrtumswahrscheinlichkeit |
|---|---|---|---|---|
| $\varepsilon_q$ | -0,2210 | 0,1133 | -1,950 | 0,0679 |
| $\varepsilon_x$ | 0,6127 | 0,2695 | 2,274 | 0,0362 |

$R^2$ hatte den Wert 0,2393, der Durbin-Watson-Koeffizient betrug 1,753.
Die Schätzwerte für die Elastizitäten waren somit signifikant von Null verschieden unter Zugrundelegung einer Irrtumswahrscheinlichkeit von 10 %.

Eine lineare Einfach-Regression unter ceteris-paribus-Bedingungen ergab allerdings weder für die Preiselastizität noch für die Kreuzpreiselastizität signifikante Werte. Die zu akzeptierende Irrtumswahrscheinlichkeit beträgt im Falle der Preiselastizität 70,67 % und im Falle der Kreuzpreiselastizität 26,24 %.

## Anhang 1.6: Nachfrage nach Massendrucksachen

Zwei mögliche Determinanten für die Nachfrage nach Massendrucksachen sind die Preise und die konjunkturelle Entwicklung. Analog zu den anderen Analysen wurden unter Zuhilfenahme einer linearen Regression Nachfrageelastizitäten geschätzt. Folgendes Modell bildete die Grundlage:

(A1.10) $$wq = a + \varepsilon_q \cdot wp_q + \varepsilon \cdot wY$$

mit:

$wq$ = Veränderungsrate der Massendrucksachen pro Kopf

$a$ = konstanter Term[5]

$\varepsilon_q$ = Preiselastizität der Massendrucksachen

$\varepsilon$ = Einkommenselastizität bezogen auf das reale BIP

Die multiple lineare Regressionsanalyse ergab nachstehende Größen:

[5] Da in diesem Fall der konstante Term (Ordinaten-Abschnitt) statistisch signifikant war, wurde diese Analyse ohne den "noint"-Modus durchgeführt.

| Parameter | Schätzwert | Standardfehler | t-Wert für Null-hypothese $H_0: \varepsilon_i = 0$ | Irrtumswahr-scheinlichkeit |
|---|---|---|---|---|
| a | 0,0573 | 0,0153 | 3,754 | 0,0017 |
| $\varepsilon_q$ | -0,4146 | 0,0858 | -4,886 | 0,0002 |
| $\varepsilon$ | 0,4382 | 0,4802 | 0,912 | 0,3751 |

Der F-Wert betrug 12,021, $R^2$ 0,6004, der Durbin-Watson-Koeffizient 1,990.

Lediglich die Preiselastizität ist signifikant. Dies unterstreicht eine Analyse unter ceteris-paribus-Bedingungen, bei der die Abhängigkeit der Veränderungsrate der Verkehrsmenge vom Eigenpreis untersucht wurde.
Hierbei ergaben sich folgende Ergebnisse:

| Parameter | Schätzwert | Standardfehler | t-Wert für $H_0$: Parameter = 0 | Irrtumswahr-scheinlichkeit |
|---|---|---|---|---|
| a | 0,0667 | 0,0112 | 5,933 | 0,0001 |
| $\varepsilon_q$ | -0,4066 | 0,0840 | -4,841 | 0,0002 |

$R^2$ = 0,5796, Durbin-Watson-Koeffizient = 1,845.

Anhang 1.7: Substitution zwischen Brief und Fernsprechdienst

Um Aussagen über eine mögliche Substitutionsbeziehung zwischen dem Brief (als ein Bestandteil des gesamten Briefdienstes) und dem Fernsprechdienst zu erhalten, wurden zwei Analysen durchgeführt. In einem ersten Schritt wurde die Abhängigkeit des Briefes von der Penetrationsrate der Telefonhauptanschlüsse und dem Preisindex für Telefongespräche untersucht.

Das Modell ließ sich wie folgt beschreiben:

(A1.11) $$wq_1 = \varepsilon_{q,2} \cdot wp_{q,2} + \varepsilon_{PR} \cdot wPR$$

$wq_1$ = Veränderungsrate der Briefe pro Kopf
$\varepsilon_{q,2}$ = Kreuzpreiselastizität bezogen auf den Fernsprechdienst
$wp_{q,2}$ = Veränderungsrate des Preisindex der Gesprächsgebühren
$\varepsilon_{PR}$ = Elastizität bezogen auf die Penetrationsrate

Die Ergebnisse der Regression lassen sich zusammenfassen:

| Parameter | Schätzwert | Standardfehler | t-Wert für $H_0$: Parameter = 0 | Irrtumswahr-scheinlichkeit |
|---|---|---|---|---|
| $\varepsilon_{q,2}$ | 0,1476 | 0,1761 | 0,838 | 0,4136 |
| $\varepsilon_{PR}$ | 0,2507 | 0,1116 | 2,246 | 0,0383 |

$R^2 = 0{,}2565$, Durbin-Watson-Koeffizient = 1,784.

Da der F-Wert 2,933 betrug (Irrtumswahrscheinlichkeit = 0,0805), läßt sich lediglich eine positive Elastizität bezogen auf die Penetrationsrate auf einem Signifikanzlevel von 90 % konstatieren. Eine Abhängigkeit der Verkehrsmenge der Briefe von der Preisentwicklung im Fernsprechdienst ist nicht nachzuweisen.

Der zweite Schritt bestand in einer linearen Einfach-Regression, die eine mögliche Elastizität $\varepsilon_{q,1}$ zwischen der Anzahl der Gespräche pro Anschluß und dem Preisindex der Briefe untersucht.

(A1.12) $$wq_2 = \varepsilon_{q,1} \cdot wp_{q,1}$$

$wq_2$ = Veränderungsrate der Gespräche pro Anschluß
$\varepsilon_{q,1}$ = Kreuzpreiselastizität bezogen auf den Briefdienst
$wp_{q,1}$ = Veränderungsrate des Preisindex der Briefgebühren

Diese Analyse lieferte keine signifikanten Ergebnisse. Die zu akzeptierende Irrtumswahrscheinlichkeit bei der Ablehnung der Nullhypothese

$$H_0 : \varepsilon_{q,1} = 0$$

liegt bei 65,76 % (t-Wert = 0,203).

# Anhang 2

## Ergebnisse internationaler empirischer Nachfragestudien

In diesem Teil des Anhangs werden die Ergebnisse von Schätzungen über Abhängigkeiten im Nachrichtenverkehr vorgestellt. Zu den Besonderheiten der Analysen und den verwendeten statistischen Modellen und Methoden vergleiche man die jeweilige Quelle. Eine vollständige Übersicht über die empirischen Untersuchungen auf dem nordamerikanischen Kontinent findet sich bei *Elixmann* (1994).
Im Bereich Fernsprechdienst in Nordamerika wurden nur neuere Untersuchungen aufgeführt, einen Überblick über ältere Analysen geben z. B. *Littlechild* (1979), S. 34 ff., *Neumann* (1984), S. 296 ff. und *Taylor* (1994), S. 271 ff.. Der Signifikanzlevel betrug zwischen 95 % und 99 %.

Bei den US-amerikanischen Modellen im Fernsprechdienst sind folgende Besonderheiten zu beachten:

- **Tarifzonen**: Die kleinsten Tarifzonen in den USA sind "local service areas", die ganze Städte oder auch nur Stadtteile umfassen. Der Verkehr im Bereich der "local areas" wird dem Ortsverkehr zugeordnet. Die kleinsten Einheiten im Fernverkehr sind die "Latas" (local access and transport areas). Die Latas, die von einer regionalen Bell-Gesellschaft (die Endprodukte der Entflechtung von AT&T) bedient werden, dürfen sich nicht gleichzeitig über zwei Großstädte erstrecken und sollen keine Ländergrenzen überschreiten. Der Fernverkehr unterteilt sich in Intralata, Interlata (zwischen zwei Latas), Interstate (zwischen zwei Bundesstaaten) und internationalen Verkehr. Dabei darf nur der Intralata-Fernverkehr von einer regionalen Bell-Gesellschaft bedient werden, Interlata und der weitere Fernverkehr muß von AT&T long lines oder einem Konkurrenten abgewickelt werden. Selbst der Verkehr zwischen den Latas einer Bell-Gesellschaft darf von dieser nicht betrieben werden.[6]
- **Flat rate**: Im Ortsverkehr wird i. d. R. eine "flat rate" erhoben. Diese bündelt die Grundgebühr und die Gesprächsgebühren. Der Nutzer zahlt nur die Grundgebühr für den Anschluß und hat dann alle seine Ortsgespräche frei.[7]
- **Privat- und Geschäftskunden**: Die Tarife unterscheiden zwischen privaten Kunden und Geschäftskunden. Dabei sind die "flat rates" für geschäftlich genutzte Anschlüsse bis zu dreimal so hoch wie für private Anschlüsse.[8]

---

[6] Vgl. zu den Latas und zur Entflechtung von AT&T z. B. *Wieland* (1985), S. 27 ff.
[7] Vgl. z. B. *Park/Wetzel/Mitchell* (1983), S. 1699.

- **"Value of Service" Prinzip**: Die Tarife für den Ortsverkehr sind proportional abhängig von der Größe des Ortsnetzes. Kleine, ländliche Ortsnetze haben niedrigere "flat rates" als ausgedehnte, städtische Ortsnetze. Dies wird begründet mit dem Nutzen eines Ortsnetzes. Größere Netze haben mehr Anschlüsse und aufgrund der damit verbundenen höheren "network externalities" einen größeren Nutzen. Deswegen werden dafür auch höhere Preise verlangt. Es findet also keine Preisbildung an Hand der Grenzkosten-Preis-Regel statt, die zu einem spiegelbildlichen Tarifsystem führen würde.[9] Ein ähnliches System galt in der Bundesrepublik Deutschland bis Anfang der 90er Jahre,[10] heute findet nur noch zwischen Anschlüssen in den alten und neuen Bundesländern Preisdiskriminierung statt.[11]

---

[8] Vgl. *Mueller* (1993), S. 21.
[9] Vgl. *Mueller* (1993), S. 22.
[10] So bekamen Haushalte in Gebieten mit einer niedrigen Anschlußdichte 50 Freieinheiten.
[11] Vgl. BMPF (1988a), S. 289 und Deutsche Bundespost Telekom (1993c), S. 68.

| Autor | Ziel der Untersuchung Land | Zeitraum | Einkommens-elastizität | Preiselastizität |
|---|---|---|---|---|
| immaterieller Nachrichtenverkehr | | | | |
| Fernsprechdienst | | | | |
| *Wasserfallen/Gassmann/ Gfeller* (1986) | Nachfrage nach Telefongesprächen, Schweiz | 1971 - 1982 | nicht signifikant nachweisbar | - 0,3 |
| *Bewley/Fiebig* (1988) | Nachfrage nach Gesprächen und Gesprächsminuten, Australien | 1976 - 1983 | nicht geschätzt | Gspräche: in Abhängigkeit der Distanz zwischen -0,134 und -0,14<br>Gesprächsminuten: in Abhängigkeit der Distanz zwischen -0,974 und -1,833 |
| *Kling/van der Ploeg* (1990) | Nachfrage nach lokalen Telefongesprächen, Michigan, USA | 1984 - 1985 | nicht geschätzt | Punkteleastizitäten in Abhängigkeit des Basispreises: zwischen -0,03 und -0,28<br>Bogeneleastizitäten in Abhängigkeit des Basispreises: zwischen -0,07 und - 0,21 |

Tab. A2.1: Ergebnisse empirischer Nachfragestudien (Teil1)

| Autor | Ziel der Untersuchung<br>Land | Zeitraum | Einkommens-<br>elastizität | Preiselastizität |
|---|---|---|---|---|
| | | immaterieller Nachrichtenverkehr | | |
| | | Fernsprechdienst | | |
| *Appelbe* u. a.<br>(1992) | deflationierte Erlöse<br>im Fernsprech-<br>verkehr, aggregiertes<br>Modell, Kanada | 1. Quartal 1975<br>bis 3. Quartal<br>1983 | nicht geschätzt | Preiselastizität je nach Entfernung<br>zwischen -0,24 und -0,54 |
| *Acton/Vogelsang*<br>(1992) | Transatlantik Verkehr | 1979 - 1986 | nicht geschätzt | Preiselastizität abgehender Verkehr:<br>1979-82: -0,55<br>1983-86: -0,43 |
| *Rabiee* (1992) | Erlöse im Fernsprech-<br>verkehr von Bell<br>Canada, Kanada | 1964 - 1973 | kurzfristig:<br>Haushalte: 0,12<br>Unternehmen: 0,27<br>langfristig:<br>Haushalte: 1,63<br>Unternehmen: 0,93 | kurzfristig:<br>Haushalte: -0,09<br>Unternehmen: -0,39<br>langfristig:<br>Haushalte: -1,19<br>Unternehmen: -1,33 |

Tab. A2.1: Ergebnisse empirischer Nachfragestudien (Teil2)

| Autor | Ziel der Untersuchung Land | Zeitraum | Einkommens-elastizität | Preiselastizität |
|---|---|---|---|---|
| immaterieller Nachrichtenverkehr | | | | |
| Fernsprechdienst | | | | |
| *Hausmann* u. a. (1993) | Penetration, USA | 1990 | nicht geschätzt | einmaliger Anschlußpreis: -0,0206<br>monatlicher Anschlußpreis: -0,0052<br>Verkehrsaufkommen:[12] zwischen - 0,0019 und -0,0086 |
| *Taylor/Taylor* (1993) | Interstate Fernverkehr, USA | 3. Quartal 1984 bis 2. Quartal 1992 | nicht geschätzt | -0,63 |
| sonstige immaterielle Dienste | | | | |
| *Corbo/Munsinghe* (1978) | internationaler Telex-Verkehr, Kanada | 1969 - 1971 | nicht geschätzt | abgehender Verkehr: - 4,393<br>ankommender Verkehr: -3,808 |
| *Frank* (1992) | Penetratiosrate im Mobilfunk in einem Land mit durch-schnittlichen Kosten | | nicht geschätzt | jährliche Preise für Anschluß und Nutzung:: -1,623 |

Tab. A2.1: Ergebnisse empirischer Nachfragestudien (Teil3)

[12] Die Preiselastizitäten differieren je nach betrachteten Tarifen.

| Autor | Ziel der Untersuchung Land | Zeitraum | Einkommens-elastizität | Preiselastizität |
|---|---|---|---|---|
| sonstige immaterielle Dienste | | | | |
| *Stoetzer* (1993) | Penetrationsrate im Mobilfunk für 23 OECD-Staaten | Januar 1992 | 0,91 | Anschlußgebühr: -1,09<br>Preise für Anschluß und Nutzung: 0,14 |
| materieller Nachrichtenverkehr | | | | |
| *Cuthbertson/ Richards* (1990)[13] | Nachfrage im Brief-dienst, Vereinigtes Königreich | 4. Quartal 1976 bis 1. Quartal 1987 | first class letter: 2,5<br>second class letter: 0 | first class letter:-2,0<br>second class letter: -0,9 |
| gebrochener Nachrichtenverkehr | | | | |
| *Corbo/Munsinghe* (1978) | internationaler Telegramm-Verkehr, Kanada | 1969 - 1971 | nicht geschätzt | abgehender Verkehr: -1,850<br>ankommender Verkehr: -1,575 |

Tab. A2.1: Ergebnisse empirischer Nachfragestudien (Teil 4)

[13] Diese Ealstizitäten beziehen sich auf die absoluten Preise. Bei Zugrundelegung der relativen Preise variieren die Elastizitäten, vgl. dazu *Cuthbertson/Richards* (1990), S. 645.

# Anhang 3

## Ergebnisse internationaler empirischer Studien über Interdependenzen im Nachrichtenverkehr

Anhang 3 gibt einen Überblick über internationale empirische Untersuchungen zum Themenbereich "Interdependenzen im Nachrichtenverkehr". Zu den Untersuchungsmethoden und statistischen Verfahren vergleiche man die jeweiligen Originalquellen. Ziel dieser Analysen war die Schätzung von Kreuzpreiselastizitäten zwischen verschiedenen Nachrichtenverkehrsdiensten.
Die Untersuchungen bezogen sich auf die drei Dienste Fernsprechdienst, Telex-Dienst und Telegrammdienst (mit Ausnahme von *Cuthbertson/Richards*). Der Signifikanzlevel betrug zwischen 95 % und 99 %. Obwohl die Ergebnisse teilweise variieren, lassen sich folgende länderspezifischen Resultate festhalten:

- Zwischen Fernsprech- und Briefdienst besteht nur ein begrenzter substitutionaler Zusammenhang, der bei schnelleren Sendungsvarianten ("first class letters") etwas stärker ausfällt.
- Telegramm und Telex stellen - wenn ein Ergebnis signifikant war - Substitute dar.
- Der Fernsprechdienst ist - wenn eine signifikante Beziehung feststellbar ist - ein Komplement des Telegramms, vice versa gilt dies aber nicht.
- Zwischen Fernsprechdienst und Telex lassen sich keine eindeutig positiven oder negativen Interdependenzen nachweisen.

| Autoren | Land/Zeitraum | abhängige Variable (Verkehrsmenge) | Kreuzpreiselastizität unabhängige Variable: Preis für... |
|---|---|---|---|
| *Yatrakis* (1972) | international 1967 | Telefon | Telex: nicht signifikant<br>Telegramm: - 0,49 |
| | | Telegramm | Telefon: 0,61<br>Telex: nicht signifikant |
| | | Telex | Telefon: 2,341<br>Telegramm: 1,47 |
| *Real/Lage* (1978) | international 1964 - 1973[14] | Telefon | Telex: positiv, wenn signifikant<br>Telegramm: negativ |
| | | Telegramm | Telefon: positiv<br>Telex: positiv, wenn signifikant |
| | | Telex | Telefon: nicht signifikant<br>Telegramm: nicht signifikant |
| *Corbo/Munasinge* (1978)[15] | Kanada 1969 -1971 | Telefon | Telex: nicht signifikant<br>Telegramm: nicht signifikant |
| | | Telegramm | Telefon: nicht signifikant<br>Telex: 2,755 |
| | | Telex | Telefon: nicht signifikant<br>Telegramm: 0,915 |
| *Cuthbertson/Richards* (1990) | Vereinigtes Königreich 1976 - 1987 | Letter first class | Telefon: 0,24 |
| | | Letter second class | Telefon: 0,18 |
| *Acton*/Vogelsang (1992) | Transatlantik-Verkehr 1979 - 1986 | Telefon, abgehender Verkehr | Telex: -0,49 |
| *Rabiee* (1992) | Kanada 1964 - 1973 | Telefon | Telex: nicht signifikant<br>Telegramm: negativ |

Tab. A3.1: Interdependenzen im Nachrichtenverkehr

[14] *Real/Lage* führen jeweils zwei Verfahren für insgesamt drei Zeiträume durch.
[15] Nur abgehender Verkehr.

# Literaturverzeichnis

*Acton/Vogelsang* (1992)

*Acton*, Jan Paul/*Vogelsang*, Ingo: Telephone Demand over the Atlantic: Evidence from Country-pair Data, in: The Journal of Industrial Economics, Vol. XL, No. 3, 1992, S. 305-323.

*Adler* (1992)

*Adler*, Johannes: Telefonieren in Deutschland, Wissenschaftliches Institut für Kommunikationsdienste, Diskussionsbeitrag Nr. 97, Bad Honnef 1992.

*Albensöder* (1990)

*Albensöder*, Albert (Hrsg.): Netze und Dienste der Deutschen Bundespost TELEKOM, 2. Auflage, R. v. Decker's Taschenbuch Telekommunikation, Band 11, Heidelberg 1990.

*Antonelli* (1989/90)

*Antonelli*, Cristiano: Information Technology and the Derived Demand for Telecommunication Services in the Manufactoring Industry, in: Information Economics and Policy, 4, 1989/90, S. 45-55.

*Antonelli* (1993)

*Antonelli*, Cristiano: Investment, Productivity Growth and Key-Technologies: The Case of Advanced Telecommunications, in: The Manchester School of Economic and Social Studies, Vol. LXI, No. 4, 1993, S. 386-397.

*Appelbe* u. a. (1992)

*Appelbe*, Trent W./*Dineen*, Christopher R./*Solvason*, D. Lynn/*Hsiao*, Cheng: Econometric Modelling of Canadian Long Distance Calling: A Comparison of Aggregate Time Series Versus Point-to-Point Panel Data Approaches, in: Empirical Economics, Vol. 17, 1992, S. 125-140.

ARD (1993)

Arbeitsgemeinschaft der öffentlich-rechtlichen Rundfunkanstalten der Bundesrepublik Deutschland (ARD, Hrsg.): ARD Jahrbuch 1993, 25. Jahrgang, Frankfurt/Main 1993.

ARD (1994)

Arbeitsgemeinschaft der öffentlich-rechtlichen Rundfunkanstalten der Bundesrepublik Deutschland (ARD, Hrsg.): ARD Jahrbuch 1994, 26. Jahrgang, Frankfurt/Main 1994.

*Arrow/Debreu* (1954)

*Arrow*, Kenneth J./*Debreu*, Gerard: Existence of an Equilibrium for a Competetive Economy, in: Econometrica, Vol. 22, No. 3, 1954, S. 265-290.

*Artle/Averous* (1973)

*Artle*, Roland/*Averous*, Christian: The telephone system as a public good: static and dynamic aspects, in: The Bell Journal of Economics and Management Science, Vol. 4, No. 1, 1973, S. 89-100.

*Auer* (1981)

*Auer*, Eckart: Vom Mondscheintarif zum Billigtarif, in: Jahrbuch der Deutschen Bundespost, 32. Jahrgang, 1981, S. 9-130.

*Basler* (1989)

*Basler*, Herbert: Grundbegriffe der Wahrscheinlichkeitsrechnung und Statistischen Methodenlehre, 10. Auflage, Heidelberg 1989.

*Bell* (1976)

*Bell*, Daniel: Die nachindustrielle Gesellschaft, Frankfurt, New York 1976.

*Berg/Lynch* (1992)

*Berg*, Sanford V./*Lynch*, John G. Jr.: The measurement and encouragement of telephone service quality, in: Telecommunications Policy, Vol. 16, No. 3, 1992, S. 210-224.

*Berger/Knauth* (1995)

*Berger*, Heinz/*Knauth*, Peter: Marktorientierte Postpolitik - Vom Monopol zum Wettbewerb, in: *Berger*, Heinz/*Knauth*, Peter (Hrsg.): Marktorientierte Postpolitik - Vom Monopol zum Wettbewerb, erscheint 1995.

*Berger/Schöttner* (1991a)

*Berger*, Heinz/*Schöttner*, Hubert: Auswirkungen der Poststruktur-Reform auf Telekommunikation und Information, Teil I, in: Zeitschrift für öffentliche und gemeinwirtschaftliche Unternehmen, Band 14, Heft 3, 1991, S. 223-234.

*Berger/Schöttner* (1991b)
*Berger*, Heinz/*Schöttner*, Hubert: Auswirkungen der Poststruktur-Reform auf Telekommunikation und Information, Teil II, in: Zeitschrift für öffentliche und gemeinwirtschaftliche Unternehmen, Band 14, Heft 4, 1991, S. 329-345.

*Berndt/Hefekäuser* (1985)
*Berndt*, Wolfgang/*Hefekäuser*, Hans-Willi: "Medien" und Telekommunikation, Ein Beitrag zur Begriffsklärung, in: Deutsche Bundespost (Hrsg.): Jahrbuch der Deutschen Bundespost 1985, S. 578-608.

*Bewley/Fiebig* (1988)
*Bewley*, Ronald/*Fiebig*, Denzil G.: Estimation of Price Elasticities for an International Telephone Demand Model, in: The Journal of Industrial Economics, Vol. XXXVI, No. 4, 1988, S. 393-409.

BMPF (1977)
Bundesministerium für das Post- und Fernmeldewesen (Hrsg.): Statistisches Jahresheft der Deutschen Bundespost, Rechnungsjahr 1976, Bonn 1977.

BMPF (1981a)
Bundesministerium für das Post- und Fernmeldewesen (Hrsg.): Geschäftsbericht der Deutschen Bundespost 1980, Bonn 1981.

BMPF (1981b)
Bundesministerium für das Post- und Fernmeldewesen (Hrsg.): Statistisches Jahresheft der Deutschen Bundespost, Rechnungsjahr 1980, Bonn 1981.

BMPF (1985)
Bundesministerium für das Post- und Fernmeldewesen (Hrsg.): Statistisches Jahresheft der Deutschen Bundespost, Rechnungsjahr 1984, Bonn 1985.

BMPF (1986)
Bundesministerium für das Post- und Fernmeldewesen (Hrsg.): Statistisches Jahresheft der Deutschen Bundespost, Rechnungsjahr 1985, Bonn 1986.

BMPF (1987)
Bundesministerium für das Post- und Fernmeldewesen (Hrsg.): Statistisches Jahrbuch 1986, Bonn 1987.

BMPF (1988a)
Bundesministerium für das Post- und Fernmeldewesen (Hrsg.): Postbuch 1988, Ratgeber für Kunden, Darmstadt 1988.

BMPF (1988b)
Bundesministerium für das Post- und Fernmeldewesen (Hrsg.): Statistisches Jahrbuch 1987, Bonn 1988.

BMPT (1989)
Bundesministerium für Post und Telekommunikation (Hrsg.): Statistisches Jahrbuch 1988, Bonn 1989.

BMPT (1991):
Bundesministerium für Post und Telekommunikation (Hrsg.): Überlegungen zur Festlegung von Pflichtleistungen für die Unternehmen der Deutschen Bundespost, Analyse und Bewertung, Informationsreihe zu Regulierungsfragen, Band 5, Bonn 1991.

BLM (1992)
Bayerische Landeszentrale für neue Medien (BLM, Hrsg.): BLM-Jahrbuch 92, Privater Rundfunk in Bayern, München 1992.

BLM (1993)
Bayerische Landeszentrale für neue Medien (BLM, Hrsg.): Wellenspiegel '93/94, Das technische Sende- und Verbreitungsverzeichnis für Rundfunkangebote in Bayern, München 1993.

BLM (1994)
Bayerische Landeszentrale für neue Medien (BLM, Hrsg.): Lokale Hörfunkprogramme in Bayern, Stand 01.01.1994.

*Böhm/Wacker* (1977)
*Böhm*, E./*Wacker*, W.: Analytisches Prognosemodell für Fernsprechhauptanschlüsse, in: Der Fernmelde-Ingenieur, 31. Jg., Heft 3, 1977, S. 1-33.

*Böhm/Wacker/Thornton* (1980)
*Böhm*, E./*Wacker*, W./*Thornton*, P.: Kausalmodell für Fernsprechprognosen getrennt nach Marktsektoren, in: Archiv für das Post- und Fernmeldewesen, 32. Jg., 1980, S. 148-155.

*Bohm* (1982)
*Bohm*, Jürgen: Stand und Entwicklung der Datenübertragung im Bereich der Deutschen Bundespost, in: *Elias*, Dietrich (Hrsg.): Telekommunikation in der Bundesrepublik Deutschland 1982, R. v. Decker's Taschenbuch Telekommunikation Band 3, Heidelberg, Hamburg 1982, S. 95-125.

*Braubach* (1992)
*Braubach*, Ursula: Deregulierung der Postdienste, Untersuchungen zur Wirtschaftspolitik, Bd. 90, Institut für Wirtschaftspolitik an der Universität zu Köln, Köln 1992.

*Brenner* (1994)
*Brenner*, Harald: Die strafprozessuale Überwachung des Fernmeldeverkehrs mit Verteidigern, Veröffentlichungen zum Verfahrensrecht, Bd. 11, Diss., Tübingen 1994.

*Brepohl* (1985)
*Brepohl*, Klaus: Lexikon der neuen Medien, 4. Auflage, Köln 1985.

*Brick* (1918)
*Brick*, H.: Die Telegraphie und Fernsprechtechnik in ihrer Entwicklung, Aus Natur und Geisteswelt, Bd. 235, Leipzig, Berlin 1918.

*Bruns* (1907)
*Bruns*, Johannes: Die Telegraphie in ihrer Entwicklung und Bedeutung, Aus Natur und Geisteswelt, Bd. 183, Leipzig 1907.

*Cabral/Leite* (1992)
*Cabral*, Luís M. B./*Leite*, António P. N.: Network Consumption Externalities, The Case of Portuguese Telex Services, in: *Antonelli*, Christiano: The Economics of Information Networks, Amsterdam, London u. a. 1992.

*Cathcart/Gumbert* (1985)
*Cathcart*, Robert/*Gumbert*, Gary: The Person-Computer-Interaction: A Unique Source, in: *Ruben*, Brent D. (Hrsg.): Information and Behavior, Volume I, New Brunswick, New Jersey 1985, S. 113-124.

*Cherry* (1966)
*Cherry*, Colin: On Human Communication, A Review, a Survey and a Criticism, 2nd Edition, Cambridge, London 1966.

*Cicchetti/Freemann III* (1971)
*Cicchetti*, Charles J./*Freemann III*, Myrick A.: Option Demand and Consumer Surplus: Further Comment, in: The Quarterly Journal of Economics, Vol. LXXXV, 1972, S. 528-539.

*Corbo/Munasinghe* (1978)
*Corbo*, Vittorio/*Munasinghe*, Mohan: The demand for international telecommunications services and their policy implications, The case of Canada, in: Telecommunication Journal, Vol. 45, 1978, S. 493-503.

*Crew/Kleindorfer* (1991)
*Crew*, Michael A./*Kleindorfer*, Paul R.: Quality and Price Differention in Postal Services, in: *Speckbacher*, Walpurga (Hrsg.): Die Zukunft der Postdienste in Europa, Proceedings, Schriftenreihe des Wissenschaftlichen Instituts für Kommunikationsdienste, Berlin, Heidelberg u. a. 1991, S. 50-67.

*Cronin* u. a. (1993)
*Cronin*, Francis, J./*Gold*, Mark A./*Hebert*, Paul L./*Lewitzky*, Steven: Factor Prices, factor substitution, and the relative demand for telecommunications across US industries, in: Information Economics and Policy, Vol. 5, 1993, S. 73-85.

*Cuyvers/Janssens* (1992)
*Cuyvers*, Ludo/*Janssens*, Gerrit K.: Elektronischer Datenaustausch (EDI) - ein strategisches Instrument im internationalen Handel, in: Zeitschrift für Verkehrswissenschaft, 63. Jahrgang, 1992, S. 52-66.

*Curien/Vilmin* (1983)
*Curien*, N./*Vilmin*, E.: Telephone Demand and Usage: A global residential Modell, in: *Courville*, L./*de Fontenay*, A./*Dobell*, R. (Hrsg.): Economic Analysis of Telecommunications: Theory and Applications, Amsterdam, New York u. a. 1983.

*Cuthbertson/Richards* (1990)
*Cuthbertson*, Keith/*Richards*, Paul: An Econometric Study of the Demand for First and Second Class Inland Letter Services, in: The Review of Economic Statistics, Vol. LXXII, No. 4, 1990, S. 640-648.

*Danke* (1991)
*Danke*, Eric: Bildschirmtext (Btx), in: *Arnold*, Franz (Hrsg.): Handbuch der Telekommunikation, Abschnitt 5.1.9.1, 5. Ergänzungslieferung, Köln 1991.
DB/DR (1993)
Deutsche Bundesbahn/Deutsche Reichsbahn, Bereich Kommunikation (Hrsg.): Die Deutschen Bahnen 1992, Daten und Fakten, Frankfurt/Main, Berlin 1993.
Deutsche Bundespost Postdienst (1992)
Deutsche Bundespost Postdienst, Generaldirektion (Hrsg.): Geschäftsbericht 1991, Bonn 1992.
Deutsche Bundespost Postdienst (1993a)
Deutsche Bundespost Postdienst, Generaldirektion (Hrsg.): Geschäftsbericht 1992, Bonn 1993.
Deutsche Bundespost Postdienst (1993b)
Deutsche Bundespost Postdienst (Hrsg.): Was kostet wieviel?, Faltblatt, 1993.
Deutsche Bundespost Postdienst (1994)
Deutsche Bundespost Postdienst, Generaldirektion (Hrsg.): Geschäftsbericht 1993, Bonn 1994.
Deutsche Bundespost Telekom (1992a)
Deutsche Bundespost Telekom (Hrsg.): Das Telekom-Buch 1992, Bonn 1992.
Deutsche Bundespost Telekom (1992b)
Deutsche Bundespost Telekom, Generaldirektion (Hrsg.): Die wichtigsten statistischen Daten zum Geschäftsjahr 1991, Beilage in: Große Aufgaben. Wichtige Fortschritte. Das Geschäftsjahr 1991, Bonn 1992.
Deutsche Bundespost Telekom (1993a)
Deutsche Bundespost Telekom, Generaldirektion (Hrsg.): Motor des Forschritts. Der Kunde im Mittelpunkt. Das Geschäftsjahr 1992, Bonn 1993.
Deutsche Bundespost Telekom (1993b)
Deutsche Bundespost Telekom (Hrsg.): Das Telekom-Buch '93/94, Bonn 1993.
Deutsche Bundespost Telekom (1994)
Deutsche Bundespost Telekom, Generaldirektion (Hrsg.): Die wichtigsten statistischen Daten zum Geschäftsjahr 1993, Beilage in: Ein Unternehmen im Wandel, Auf dem Weg zum Konzern, Das Geschäftsjahr 1993, Bonn 1994.
*Dick* (1980)
*Dick*, Walter: Die ökonomische Bedeutung der Qualität des Schienenverkehrs, Verkehrswissenschaftliche Forschungen, Band 31, Berlin 1980.
Direktorium der Deutschen Bundespost (1990)
Direktorium der Deutschen Bundespost (Hrsg.): Geschäftsbericht der Deutschen Bundespost 1989, Bonn 1990.
*Drösser* (1994)
*Drösser*, Christoph: Die Glotze lebt, in: DIE ZEIT, Nr. 10, 4. März 1994, S. 17-19.
*Dworatschek/Donike* (1972)
*Dworatschek*, Sebastian/*Donike*, Hartmut: Wirtschaftlichkeitsanalyse von Informationssystemen, Berlin, New York 1972.
*Elixmann* (1994)
*Elixmann*, Dieter: Elastizitäten im Telekommunikationsbereich - Angewandte Nachfrageanalyse in den USA und Kanada, Wissenschaftliches Institut für Kommunikationsdienste, Diskussionsbeitrag Nr. 125, Bad Honnef 1994.
*Ernst* (1990)
*Ernst*, Matthias: Neue Informations- und Kommunikationstechnologien und marktwirtschaftliche Allokation: Eine informations- und transaktionskostentheoretische Analyse, Volkswirtschaftliche Forschung und Entwicklung, Band 62, Diss., München 1990.
*Ernst* (1993a)
*Ernst*, Matthias: Nachrichtenverkehr, in: *Dichtl*, Erwin/*Issing*, Otmar (Hrsg.): Vahlens Großes Wirtschaftslexikon, 2. überarb. und erw. Ausgabe, Band 2, München 1993, S. 1509-1510.
*Ernst* (1993b)
*Ernst*, Matthias: Verkehrsqualität, in: *Dichtl*, Erwin/*Issing*, Otmar (Hrsg.): Vahlens Großes Wirtschaftslexikon, 2. überarb. und erw. Ausgabe, Band 2, München 1993, S. 2221-2222.

*Ernst/Hofmann/Walpuski* (1995)
*Ernst*, Matthias/*Hofmann*, Wolfgang/*Walpuski*, Dirk: Erhöhter Preiswettbewerb durch Informationsmärkte - theoretische Analyse und empirischer Befund, in: Jahrbuch der Absatz- und Verbrauchsforschung, 41. Jg., Heft 1, 1995, S. 65-84.

*Ernst/Walpuski* (1993)
*Ernst*, Matthias/*Walpuski*, Dirk: Verkehrswissenschaftliche Implikationen der Telekommunikation, in: *Ernst*, Matthias/*Kopf*, Jürgen: Elemente volkswirtschaftlicher Forschung und Lehre, Sammelband für Sigurd Klatt zum 65. Geburtstag, Berlin 1993, S. 99-122.

*Ernst/Walpuski* (1994a)
*Ernst*, Matthias/*Walpuski*, Dirk: Information Technologies and Tourism Markets, in: *Schertler*, W./*Schmid*, B/*Tjoa*, A.M., *Werthner* H. (Hrsg.): Information and Communications Technologies in Tourism, Proceedings of the International Conference in Innsbruck, 1994, Wien, New York 1994, S. 228-235.

*Ernst/Walpuski* (1994b)
*Ernst*, Matthias/*Walpuski*, Dirk: CRS/GDS unter industrieökonomischen Gesichtspunkten, in: *Schertler*, Walter (Hrsg.): Tourismus als Informationsgeschäft, Strategische Bedeutung neuer Informations- und Kommunikationstechnologien im Tourismus, Schriften zum Strategischen Tourismusmanagement, Wien 1994, S. 123-169.

*Ernst/Walpuski* (1995)
*Ernst*, Matthias/*Walpuski*, Dirk: Nachfragebeziehungen zwischen Post- und Telekommunikationsleistungen in: *Berger*, Heinz/*Knauth*, Peter (Hrsg.): Marktorientierte Postpolitik - Vom Monopol zum Wettbewerb, erscheint 1995.

*Euler* (1989)
*Euler*, Manfred: Ausstattung privater Haushalte mit ausgewählten langlebigen Gebrauchsgütern im Januar 1988, Ergebnisse der Einkommens- und Verbrauchsstichprobe, in: Wirtschaft und Statistik, Heft 5, 1989, S. 307-315.

EUROSTAT (1993)
Statistisches Amt der Europäischen Gemeinschaften (EUROSTAT, Hrsg.): Kommunikationsdienste, Jährliche Statistiken 1980-1991, Brüssel, Luxemburg 1993.

*Fangmann* u. a. (1990)
*Fangmann*, Helmut/*Scheurle*, Walter/*Schwemmle*, Michael/*Wehner*, Ewald: Handbuch für Post und Telekommunikation, Poststrukturgesetz, Basiskommentar, Köln 1990.

*Fleischer* (1973)
*Fleischer*, Horst (Hrsg.): Lehrbuch der Fernmeldetechnik, Berlin 1973.

Forschungsgruppe Telekommunikation (1989)
Forschungsgruppe Telekommunikation (Hrsg.): Telefon und Gesellschaft, Bd. 1 und 2, 1989.

*Frank* (1992)
*Frank*, Björn: Internationale Entwicklungsmuster zellularen Mobilfunks, Wissenschaftliches Institut für Kommunikationsdienste, Diskussionsbeitrag Nr. 83, Bad Honnef 1992.

*Fricke* (1958)
*Fricke*, Werner: Die Drucksache, Heidelberg 1958.

*Friedman/Savage* (1948)
*Friedman*, Milton/*Savage*, L. J.: The Utility Analysis of Choices involving Risk, in: The Journal of Political Information, Vol. LVI, Nr. 4, 1948, S. 279-304.

*Fritsch* (1987)
*Fritsch*, Michael: Frühe Nutzer der Telematik, Charakteristika von Adoptoren im Vergleich zu (noch) Nicht-Adaptoren neuer Telekommunikationstechniken, in: *Hotz-Hart*, Beat/*Schmid*, Willy A. (Hrsg.): Neue Informationstechnologien und Regionalentwicklung, Schriften zur Orts-, Regional- und Landesplanung, Zürich 1987.

*Gaus* (1983)
*Gaus*, Wilhelm: Dokumentations- und Ordnungslehre, Lehrbuch für die Theorie und Praxis des Informations Retrieval, Berlin u. a. 1983.

Generaldirektion Postdienst (1989)
Generaldirektion Postdienst (Hrsg.): Statistisches Jahrbuch 1988, Bonn 1989.

Generaldirektion Postdienst (1990)
Generaldirektion Postdienst (Hrsg.): Statistisches Jahrbuch 1989, Bonn 1990.

Generaldirektion Postdienst (1991)
Generaldirektion Postdienst (Hrsg.): Statistisches Jahrbuch 1990, Bonn 1991.

*Gericke* (1993)
*Gericke*, Gerhard: Videotext - mehr als Programmbegleitung, in: MEDIA PERSPEKTIVEN, Heft 8, 1993, S. 374-379.

*Gihr* u. a. (1986)
*Gihr*, Ottmar/*Göldner*, Ernst-Heinrich/*Kühn*, Paul J./*Sauer*, Klaus: Stand und Entwicklungstendenzen in lokalen Netzen, in: *Kaiser*, Wolfgang (Hrsg.): Integrierte Telekommunikation, Kongreßband Telematica 86, Teil 1, München 1986.

*Glossbrenner* (1983)
*Glossbrenner*, Alfred: The Complete Handbook of Personal Computer Communications, Everything you need to go online with the World, New York 1983.

*Greiffenberg* (1989)
*Greiffenberg*, Horst: Neue Medien, in: *Oberender*, Peter (Hrsg.): Marktökonomie, Marktstruktur und Wettbewerb in ausgewählten Branchen der Bundesrepublik Deutschland, München 1989, S. 571-631.

*Grossekettler* (1985)
*Grossekettler*, Heinz: Options- und Grenzkostenpreise für Kollektivgüter unterschiedlicher Art und Ordnung, in: Finanzarchiv, Bd. 43, 1985, S. 211-252.

*Hartkorn* (o. J.)
*Hartkorn*, Maria Christine: Pflichtleistungen, in: *Arnold*, Franz (Hrsg.): Handbuch der Telekommunikation, Loseblattsammlung, Abschnitt 11.1.2.5., 14. Ergänzungslieferung, Köln o. J.

*Hartmann* (1980)
*Hartmann*, Ulrich: Theoretische Grundlagen für Fernsprechuntersuchungen, in: Unterrichtsblätter der Deutschen Bundespost, Jg. 33, 1980, Nr. 4, S. 117-127.

*Hauser* (1989)
*Hauser*, Renate: ABC der Telekommunikation, Das Medienangebot heute, in: WiSt, Wirtschaftswissenschaftliches Studium, Jg. 18, 1989, S. 87-90.

*Hausman* u. a. (1993)
*Hausman*, Jerry/*Tardiff*, Timothy/*Belinfante*, Alexander: The Effects of the Breakup of AT&T on Telephone Penetration in the United States, in: The American Economic Review, Papers and Proceedings, Vol. 83, No.2, 1993, S. 178-184.

*Heck* (1962)
*Heck*, Georg: Großrohrpost Hamburg, Zum Bau der ersten Versuchs- und Betriebsstrecke, in: Zeitschrift für das Post- und Fernmeldewesen, 14. Jg., Bonn, 25.10.1962, S. 757-765.

*Heinrich/Lehner/Roithmayr* (1993)
*Heinrich*, Lutz J./*Lehner*, Franz/*Roithmayr*, Friedrich: Informations- und Kommunikationstechnik, 3. Auflage, München 1993.

*Hellauer* (1951)
*Hellauer*, Josef: Nachrichten- und Güterverkehr, Wiesbaden 1951.

*Hensel* (1990)
*Hensel* , Matthias: Die Informationsgesellschaft, Neuere Ansätze zur Analyse eines Schlagwortes, medien SKRIPTEN, Band 8, München 1990.

*Hermanns* (1986a)
*Hermanns*, Arnold: Neue Kommunikationstechniken und ihre betriebswirtschaftliche Bedeutung - eine Einführung, in: *Hermanns*, Arnold (Hrsg.): Neue Kommunikationstechniken, Grundlagen und betriebswirtschaftliche Perspektiven, München 1986, S. 1-5.

*Hermanns* (1986b)
*Hermanns*, Arnold: Teletex und Telefax, in: *Hermanns*, Arnold (Hrsg.): Neue Kommunikationstechniken, Grundlagen und betriebswirtschaftliche Perspektiven, München 1986, S. 16-23.

*Hermanns* (1986c)
*Hermanns*, Arnold: Videotext und Bildschirmtext, in: *Hermanns*, Arnold (Hrsg.): Neue Kommunikationstechniken, Grundlagen und betriebswirtschaftliche Perspektiven, München 1986, S. 24-32.

*Hermanns* (1986d)
*Hermanns*, Arnold: Telebox-System, in: *Hermanns*, Arnold (Hrsg.): Neue Kommunikationstechniken, Grundlagen und betriebswirtschaftliche Perspektiven, München 1986, S. 47-52.

*Hermanns* (1986e)
*Hermanns*, Arnold: Bildfernsprecher und Videokonferenz, in: *Hermanns*, Arnold (Hrsg.): Neue Kommunikationstechniken, Grundlagen und betriebswirtschaftliche Perspektiven, München 1986, S. 53-60.

*Hermanns* (1986f)
*Hermanns*, Arnold: Kabel- und Satellitenfernsehen, in: *Hermanns*, Arnold (Hrsg.): Neue Kommunikationstechniken, Grundlagen und betriebswirtschaftliche Perspektiven, München 1986, S. 61-68.

*Heuermann* (1988)
*Heuermann*, Arnulf: Die Kostenerfahrungskurve des Telefondienstes, Wissenschaftliches Institut für Kommunikationsdienste, Diskussionsbeitrag Nr. 41, Bad Honnef 1988.

*Hicks* (1943)
*Hicks*, John R.: The four Consumer's Surpluses, in: Review of Economic Studies, Vol. 11, 1943, S. 31-41.

*Hillebrand* (1981)
*Hillebrand*, Friedhelm: DATEX, Infrastruktur der Daten- und Textkommunikation, R. v. Decker's Taschenbuch Telekommunikation, Band 1, Hamburg 1981.

*Hund* (1976)
*Hund*, Wulf D.: Ware Nachricht und Informationsfetisch, Zur Theorie der gesellschaftlichen Kommunikation, Darmstadt, Neuwied 1976.

*Ihde* (1991)
*Ihde*, Gösta, B.: Transport, Verkehr, Logistik, 2. Auflage, München 1991.

*Ito* (1980)
*Ito*, Youichi: The "Johoka Shakai" Approach to the Study of Communication in Japan, in: KEIO Communication Review, Vol. 1, 1980, S. 12-39.

*Jäger* (1994)
*Jäger*, Bernd: "Postreform II", Ökonomische Analyse der Reformgründe und - eckpunkte, in: Zeitschrift für Wirtschaftspolitik, Jg. 43, 1994, S. 15-46.

*Jara-Diaz/Winston* (1981)
*Jara-Diaz*, Sergio/*Winston*, Clifford: Multiproduct Transportation Cost Functions: Scale and Scope in Railroad Operations, in: EARIE-Conference Papers, Vol. 1, University of Basel 1981, S. 437-469.

*Jevons* (1924)
*Jevons*, Stanley W.: Die Theorie der Politischen Ökonomie, Übersetzung der 4. engl. Ausgabe, Sammlung sozialwissenschflicher Meister, Band 23, Jena 1924.

*Jussawalla/Lamberton* (1982)
*Jussawalla*, Meheroo/*Lamberton*, Donald M: Communication Economics and Development: An Economics of Information Perspective, in: *Jussawalla*, Meheroo/*Lamberton*, Donald M. (Eds.): Communication Economics and Development, East-West Center, Hawaii 1982.

*Kaiser* (1980)
*Kaiser*, W.: Telekommunikationsformen und ihre Anforderungen an den Teilnehmer, in: *Witte*, Eberhard (Hrsg.): Telekommunikation für den Menschen, Human Aspects of Telecommunication, Münchner Kreis, Berlin u. a. 1990, S. 16-32.

*Kalt* (1990)
*Kalt*, Helmut: Was hat der Kunde von ISDN?, in: Deutsche Bundespost POSTDIENST , Generaldirektion (Hrsg.): Post Forum, Dokumentation, Band 2: TELEKOM, Kongreß- und Workshopbeiträge Köln, 14. Mai bis 16. Mai 1990, Bonn 1990, S. 38-43.

*Kanafani* (1983)
*Kanafani*, Adib: Transportation Demand Analysis, New York, St. Louis u. a. 1983.

*Kaufer* (1985)
*Kaufer*, Erich: Die Bedeutung internationaler Kurierdienste im internationalen Handel, Wirtschaftsrecht und Wirtschaftspolitik, Bd. 82, Baden-Baden 1985.

*Kedaj/Joussen* (1994)
*Keidaj*, Josef/*Joussen*, Fritz: Mobilfunk-Handbuch: Das Handbuch der mobilen Sprach-, Text- und Datenkommunikation, Loseblattsammlung, Ulm, Stand März 1994.

*Klatt* (1959)
*Klatt*, Sigurd: Zur Theorie der Engel-Kurven, in: Jahrbuch für Sozialwissenschaft, Band 4-10, 1959, S. 274-309.

*Klatt* (1964a)

*Klatt*, Sigurd: Die Eigenschaften einer Verkehrsleistung, Versuch einer Produktanalyse, Teil A, in: Zeitschrift für Verkehrswissenschaft, Bd. 35, 1964, S. 125-138.

*Klatt* (1964b)

*Klatt*, Sigurd: Die Eigenschaften einer Verkehrsleistung, Versuch einer Produktanalyse, Teile B und C, in: Zeitschrift für Verkehrswissenschaft, Bd. 35, 1964, S. 187-206.

*Klatt* (1965)

*Klatt*, Sigurd: Die ökonomische Bedeutung der Qualität von Verkehrsleistungen, Verkehrswissenschaftliche Forschungen, Band 11, Berlin 1965.

*Klatt* (1981)

*Klatt*, Sigurd: Die Qualität von Verkehrsleistungen, in: Berliner Sommerseminar 1980, Schriftenreihe des Instituts für Verkehrsplanung und Verkehrswegebau - Freie Universität Berlin -, Band 6, Berlin 1981, S. 111-134.

*Klaus/Liebscher* (1979)

*Klaus*, Georg/*Liebscher*, Heinz (Hrsg.): Wörterbuch der Kybernetik, Band 1, überarbeitete Neuauflage, Frankfurt/Main 1979.

*Kling/van der Ploeg* (1990)

*Kling*, John P./*van der Ploeg*, Stephen S.: Estimating Local Call Elasticities with a Model of Stochastic Class of Service and Usage Choice, in: *de Fontenay*, Alain/*Shugard*, Mary H./*Sibley*, David, S.: Telecommunications Demand Modelling, An Integrated View, Amsterdam, New York u. a. 1990, S. 119-136.

*Knieps/von Weizsäcker* (1989)

*Knieps*, Günter/*von Weizsäcker,* Carl Christian: Telekommunikation, in: *Oberender*, Peter (Hrsg.): Marktökonomie, Marktstruktur und Wettbewerb in ausgewählten Branchen der Bundesrepublik Deutschland, München 1989, S. 453-490.

*Knoche/Zerdick* (1992)

*Knoche*, Manfred/*Zerdick*, Axel: Postzeitungsdienst und alternative Zustellformen im Vertriebssystem der Presse, Wissenschaftliches Institut für Kommunikationsdienste, Diskussionsbeitrag Nr. 80, Bad Honnef 1992.

*Köhler* (1993)

*Köhler*, Stefan: Einführung, Nutzung und Folgen von Videokonferenzen, Vergleich von 25 Unternehmen in Deutschland, Wissenschaftliches Institut für Kommunikationsdienste, Diskussionsbeitrag Nr. 105, Bad Honnef 1993.

Kommission der Europäischen Gemeinschaften (1992):

Kommission der Europäischen Gemeinschaften (Hrsg.): Grünbuch über die Entwicklung des Binnenmarktes für Postdienste, KOM(91) 476 endg., Brüssel 1992.

*Kraft* (1978)

*Kraft*, Hans-Peter: Information und Kommunikation im Rahmen staatlicher Wirtschaftspolitik, Berlin 1978.

*Kridel/Lehman/Weisman* (1993)

*Kridel*, Donald J./*Lehman*, Dale E./*Weisman*, Dennis L.: Option value, telecommunications demand, and policy, in: Information Economics and Policy, Vol. 5, 1993, S. 125-144.

*Kruse* (1992)

*Kruse*, Jörn: Ökonomische Strukturen im Mobilfunk, in: *Kruse*, Jörn (Hrsg.): Zellularer Mobilfunk, Neue Märkte mit neuen Netzen für das Funktelefon, Heidelberg 1992, S. 1-16.

*Krusch* (1993)

*Krusch*, Wilhelm: Neue Dienste im intelligenten Netz, R. v. Decker's Taschenbuch Telekommunikation, Band 13, Heidelberg 1993.

*Krutilla* u. a. (1972)

*Krutilla*, John V./*Cicchetti*, Charles J./*Freeman III*, A. Myrick/*Russell*, Clifford S.: Observations on the Economics of Irreplaceable assets, in: *Kneese*, Allen V./*Bower*, Blair T. (Hrsg.): Environmental Quality Analysis, Baltimore, London 1972, S. 69-112.

*Küpper* (1993)

*Küpper* , Hans-Ulrich: Produktion, in: *Dichtl*, Erwin/*Issing*, Otmar (Hrsg.): Vahlens Großes Wirtschaftslexikon, 2. überarb. und erw. Ausgabe, Band 2, München 1993, S. 1707-1708.

*Kulpok* (1991)

*Kulpok*, Alexander: Videotext - ein Erfolgsprogramm, Überblick über Angebot und Nutzung, in: Media Perspektiven 8/91, S. 520-527.

*Kunert* (1931)
*Kunert*, Artur: Die Entwicklung des Fernmeldewesens für den öffentlichen Verkehr (Ein geschichtlicher Überblick), Teil 1: Telegraphie, Post und Telegraphie in Wissenschaft und Praxis, Band 67, Berlin 1931.

*Langner* (1989)
*Langner*, Ralph: Datenfernkommunikation, Berlin, New York 1989.

*Lester* (1979)
*Lester*, David: The Use of the Telephone in Counseling and Crisis Intervention, in: *Pool*, Ithiel de Sola (Hrsg.): The Social Impcat of the Telephone, 2nd Edition, Cambridg, Mass., London 1979.

*Lievrouw/Finn* (1990)
*Lievrouw*, Leah A./*Finn*, Andrew T.: Identifying the Common Dimension of Communication: The Communication Systems Model, in: *Ruben*, Brent D./*Lievrouw*, Leah A. (Hrsg.): Mediation, Information, and Communication, Information and Behavior, Volume 3, New Brunswick, New Jersey 1990, S. 37-65.

*Linden* (1966)
*Linden*, Walter (Hrsg.): Dr. Gablers Verkehrs-Lexikon, Wiesbaden 1966.

*Littlechild* (1975)
*Littlechild*, Stephen C.: Two-part tariffs and consumption externalities, in: The Bell Journal of Economics and Management Science,1975, S. 661-670.

*Littlechild* (1979)
*Littlechild*, Stephen C.: Elements of telecommunications economics, London, New York 1979.

*Lobensommer/Mahner* (1992)
*Lobensommer*, Hans/*Mahner*, Helmut: GSM - Ein Mobilfunkstandard für den Weltmarkt, in: Mobilfunk, Beilage der Süddeutschen Zeitung Nr. 269, 20. 11.1992, S. II.

*Long* (1967)
*Long*, Millard F.: Collective-Consumption Services of Individual-Consumption Goods: Comment, in: The Quarterly Journal of Economics, Vol. LXXXI, 1967, S. 351-352.

*Lütge* (1994)
*Lütge*, Gunhild: Bis zum letzten Gramm, in: DIE ZEIT, Nr. 22 vom 27.Mai 1994, S. 21-22.

*Lukasczyk* (1969)
*Lukasczyk* , K.: Kommunikation, in: *Bernsdorf*, Wilhelm (Hrsg.): Wörterbuch der Soziologie, Stuttgart 1969, S. 577-579.

*Mager* (1987)
*Mager*, Nathan H.: The Kondratieff Waves, New York, Westport u. a. 1987.

*Maier* (1984)
*Maier*, Herbert: Die Kommunikationstechnik, Köln 1984.

*Mahler* (1994)
*Mahler*, Alwin: Telekommunikationsdienste im Bankensektor - Ergebnisse und Analyse einer Primärdatenerhebung, Wissenschaftliches Institut für Kommunikationsdienste, Diskussionsbeitrag Nr. 131, Bad Honnef 1994.

*Mahler* (1992)
*Mahler*, Roland: Netzausbau und Marktstrategie für das D1-Netz der Telekom, in: *Kruse*, Jörn (Hrsg.): Zellularer Mobilfunk, Neue Märkte mit neuen Netzen für das Funktelefon, Heidelberg 1992, S. 82-95.

*Malinvaud* (1985)
*Malinvaud* , Edmond: Lectures on Microeconomic Theory, Revised Edition, Advanced Textbooks in Economics, Vol. 2, Amsterdam, New York u. a. 1985.

*Martins-Filho/Mayo* (1993)
*Martins-Filho*, Carlos/*Mayo*, John W.: Demand and pricing of telecommunications services: evidence and welfare implications, in: The RAND Journal of Economics, Vol. 24, No.1, 1993, S. 439-454.

*Materne* (1992)
*Materne*, Horst: Erweiterung des Integrierten Text- und Datennetzes (IN) der DB auf die DR, in: Die Deutsche Bahn, Heft 11, 1992, S. 1227-1228.

*Menger* (1871)
*Menger*, Carl: Grundsätze der Volkswirtschaftslehre, Wien 1871, Wiederabdruck in: *von Hayek*, Friedrich August (Hrsg.): Carl Menger, Gesammelte Werke, Bd. 1, Tübingen 1968.

*Mueller* (1993)

*Mueller*, Milton L.: Telephone Companies in Paradise, New Brunswick, New Jersey 1993.

*Münchschwander* (1990)

*Münchschwander*, Peter (Hrsg.): Das Hochgeschwindigkeitssystem der Deutschen Bundesbahn, Schienenschnellverkehr 3, Taschenbuch Verkehrswirtschaft Band 4, Heidelberg 1990.

*Musiol* (1982)

*Musiol*, Achim: Bürokommunikation heute und in Zukunft - Bestandteile und Ausblick im Rahmen einer praktischen Vorführung von Telefax, Teletex und Telex-Speichervermittlungssystemen, in: *Fleck*, K. (Hrsg.): Neue Textkommunikationsdienste in der praktischen Anwendung, Arbeitsgemeinschaft des VDE-Bezirksvereins Frankfurt am Main vom 25. Januar - 15 Februar 1982, Berlin, Offenbach 1982.

*Nefiodow* (1990)

*Nefiodow*, Leo A.: Der fünfte Kondratieff: Strategien zum Strukturwandel in Wirtschaft und Gesellschaft, Frankfurt/Main, Wiesbaden 1990.

*Neumann* (1984)

*Neumann*, Karl-Heinz: Gebührenpolitik im Telekommunikationsbereich, Wirtschaftsrecht und Wirtschaftspolitik, Bd. 79, Baden-Baden 1984.

*Neumann* (1992)

*Neumann*, Karl-Heinz: PCN - Die neueste Entwicklung im digitalen zellularen Mobilfunk, in: *Kruse*, Jörn (Hrsg.): Zellularer Mobilfunk, Neue Märkte mit neuen Netzen für das Funktelefon, Heidelberg 1992, S. 184-200.

*Nora/Minc* (1979)

*Nora*, Simon/*Minc*, Alain: Die Informatisierung der Gesellschaft, Übersetzung eines Berichtes an die französische Regierung, Frankfurt u. a. 1979.

OECD (1990)

OECD (Hrsg.): Performance Indikators for Public Telecommunications Operators, **I**nformation **C**omputer **C**ommunications **P**olicy, Nr. 22, Paris 1990.

OECD (1992)

OECD (Hrsg.): Telecommunications and Broadcasting: Convergence or Collision, **I**nformation **C**omputer **C**ommunications **P**olicy, Nr. 29, Paris 1992.

OECD (1993a)

OECD (Hrsg.): Economic and Trade Issues in the Computerized Database Market, **I**nformation **C**omputer **C**ommunications **P**olicy, Nr. 32, Paris 1993.

OECD (1993b)

OECD (Hrsg.): Communications Outlook 1993, Paris 1993.

*Ohnsorge* (o. J.)

*Ohnsorge*, Horst: Breitbanddienste, in: *Arnold*, Franz (Hrsg.): Handbuch der Telekommunikation, Loseblattsammlung, Abschnitt 5.1.8.0., Grundwerk, Köln o. J.

*Oser/Jung* (1991):

*Oser*, Ulrich/*Jung*, Gerold: Datenaustausch der DB mit den Nachbarbahnen, Ein Beitrag zur Beschleunigung des grenzüberschreitenden Güterverkehrs, in: Die Bundesbahn, Heft 3, 1991, S. 303-310.

*O. V.* (1992a)

*O. V.*: Qualitätsregulierung im Briefdienst, Postministerium läßt Brieflaufzeiten messen, in: Post Politische Information, Oktober 1992, S. 6.

*O. V.* (1992b)

*O. V.*: Strategisches Programm "Brief 2000", Neues Produkt-, Preis- und Betriebskonzept im Briefdienst, in: Post Politische Information, November 1992, S. 5-6.

*O. V.* (1993a)

*O.V.*: Datex-J: Neuer Mehrwertdienst der Telekom, in: INFO*doc*, Technologien für Information und Dokumentation, 1/93, 1993, S. 16-18.

*O. V.* (1993b)

*O.V.*: Btx-Steckbriefe, in: bildschirmtext magazin, 2/93, 1993, S. 24-25.

*O. V.* (1993c)

*O.V.*: Boom der Mobilfunkdienste schafft neue Arbeitsplätze, E1-Linzenz an E-Plus, in: Post Politische Information, März 1993, S. 2-3.

*O. V.* (1993d)

*O.V.*: D1- und D2-Netze, Bereitstellung von Monopolleistungen, in: Post Politische Information, April 1993, S. 5.

*O. V.* (1993e)
*O.V.*: ERMES, Paging mit Zukunft, in: MOBILFUNK NEWS, Heft 4, 1993, S. 26-28.
*O. V.* (1993f)
*O.V.*: Interaktives Fernsehen, Was ihr wollt, in: bildschirmtext magazin, Heft 11/93, 14. Jahrgang, November 1993, S. 54-57.
*O. V.* (1993g)
*O.V.*: Premiere bei InfoPlus, Interaktive Mitternachtsgespräche, in: Bildschirmtext magazin 12/93, Dezember 1993, S. 62.
*O.V.* (1993h)
*O.V.*: Laufzeitmessung im Briefdienst durch das BAPT - Erste Ergebnisse, in: Post Politische Information, September 1993, S. 7.
*O. V.* (1993/94)
*O. V.*: Parkfunk in Würzburg: Beispiel einer individuellen Parkleitsteurung mit verbesserter Integration des ÖPNV, in: Verkehrsnachrichten, 12-93/1-94, S. 20-22, 1993/94.
*O. V.* (1994a)
*O. V.*: Laufzeitmessung im Briefdienst, Mit neuen Postleitzahlen laufen die Briefe schneller, in: Post Politische Information, März/April 1994, S. 5.
*O. V.* (1994b)
*O. V.*: Enorme Zuwachsraten: Der Bündelfunk boomt, in: Post Politische Information, März/April 1994, S. 10.
*O. V.* (1994c)
*O. V.*: Brieflaufzeit verbessert, in: Post Politische Information, Mai/Juni 1994, S. 8.
*O. V.* (1994d)
*O. V.*: Digital und das Internet, in: DECtec, Heft 9-10, 1994, S. 1-2.
*O. V.* (1994e)
*O. V.*: Beförderung von Infopost: Marktöffnung schafft Wachstum, in: Post Politische Information, September/Oktober 1994, S.5.
*Park/Wetzel/Mitchell* (1983)
*Park*, Rolla Edward/*Wetzel*, Bruce M./*Mitchell*, Bridger M.: Price Elasticities for local Telephone Calls, in: Econometrica, Vol. 51, No. 6, 1983, S. 1699-1730.
*Papandreou* (1984)
*Papandreou*, Konstantinos A.: Die Entwicklung neuer Telekommunikationsformen, Ergebnisse einer Delphi-Studie am Beispiel Griechenlands, Heidelberg 1984.
*Peter* (1990)
*Peter*, Dorrit: Multidimensionale Bewertung von Textkommunikationsdiensten der Deutschen Bundespost mit Hilfe der Nutzwertkalkulation, Diss., Berlin 1990.
*Peters* (1967)
*Peters*, Johannes: Einführung in die allgemeine Informationstheorie, Kommunikation und Kybernetik in Einzeldarstellungen, Band 6, Berlin u. a. 1967.
*Pfeiffer* (1990)
*Pfeiffer*, Günter: Dialogbetrieb, in: *Berger*, Heinz/*Blankart*, Charles, B./*Picot*, Arnold (Hrsg.): Lexikon der Telekommunikationsökonomie, Honnefer Protokolle 6, Schriftenreihe der Akademie für Führungskräfte der Deutschen Bundespost, Heidelberg 1990, S. 68.
*Picot/Anders* (1983)
*Picot*, Arnold/*Anders*, Wolfgang: Telekommunikationsdienste für den Geschäftsbereich, in: WiSt, Wirtschaftswissenschaftliches Studium, Jg. 12, Heft 12, 1983, S. 275-281.
*Picot/Anders* (1986)
*Picot*, Arnold/*Anders*, Wolfgang: Telekommunikationsnetze als Infrastruktur neuerer Entwicklungen der geschäftlichen Kommunikation, in: *Hermanns*, Arnold (Hrsg.): Neue Kommunikationstechniken, Grundlagen und betriebswirtschaftliche Perspektiven, München 1986, S. 6-15.
*Piper* (1991)
*Piper*, Frank: Der Postzeitungsdienst und die Wettbewerbssituation auf dem Zustellmarkt für Presseerzeugnisse, Wissenschaftliches Institut für Kommunikationsdienste, Diskussionsbeitrag Nr. 74, Bad Honnef 1991.
*Pirath* (1949)
*Pirath*, Carl: Die Grundlagen der Verkehrswirtschaft, 2. erw. Auflage, Berlin, Göttingen u. a. 1949.

*Pompl* (1989)
*Pompl*, Wilhelm: Luftverkehr, Eine ökonomische Einführung, Berlin, Heidelberg u. a. 1989.
*Pool* u. a. (1984)
*Pool*, Ithiel de Sola/*Inose*, Hiroshi/*Takasaki*, Nozomu/*Hurwitz*, Roger: Communications Flows, A Census in the United States and Japan, Amsterdam u. a. 1984.
*Prätorius* (1993)
*Prätorius*, Gerhard: Das PROMETHEUS-Projekt, Technikentstehung als sozialer Prozeß, Wiesbaden 1993.
*Raabe* (1926)
*Raabe*, Gerhard: Der Postzeitungsdienst, Telegraphie in Wissenschaft und Praxis, Band 84, Berlin 1926.
*Rabiee* (1992)
*Rabiee*, Morteza: A Review of Demand for Telecommunication: An Analytical Approach, Stockholm School of Economics, Department of Economic Statistics, Ekonomiska Forskningsinstitutet, Research Report 1992.
*Ratzke* (1984)
*Ratzke*, Dietrich: Handbuch der neuen Medien, 2. Auflage, Stuttgart 1984.
*Rea/Lage* (1978)
*Rea*, John D./*Lage*, Gerald M.: Estimates of Demand Elasticities for International Telecommunications Services, in: The Journal of Industrial Economics, Vol. XXVI, 1978, S. 363-383.
*Reinhard/Scholz/Thanner* (1983)
*Reinhard*, Michael/*Scholz*,Lothar/*Thanner*, Benedikt: Gesamtwirtschaftliche und sektorale Perspektiven der Telekommunikation in der Bundesrepublik Deutschland, ifo studien zur industriewirtschaft, Band 26, München 1983.
*Richter* (1986)
*Richter*, Hans-J.: Mailbox: Kommunikation ohne Grenzen?, in: OFFICE MANAGEMENT, Heft 1, 1986, S. 75-76.
*Rogers* (1986)
*Rogers*, Everett M.: Communication Technology, The New Media in Society, New York 1986.
*Rohlfs* (1974)
*Rohlfs*, Jeffrey: A theory of interdependent demand for a communications service, in: Bell Journal of Economics and Management Science, Vol. 5, No. 1, 1974, S. 16-37.
*Rosenbrock* (1988)
*Rosenbrock*, K. H.: ISDN - Das diensteintegrierende digitale Fernmeldenetz der Zukunft, in: *Bauer*, F. (Hrsg.): Nutzungsbilanz moderner Informations- und Kommunikationssysteme aus Anwendersicht, Telecommunications 13, Münchner Kreis, Berlin u. a. 1988, S. 66-95.
*Rowe II* (1988)
*Rowe II*, Standford H.: Business Telecommunications, Chicago u. a. 1988.
*Ruben* (1985):
*Ruben*, Brent D: The Coming of the Information Age: Information, Technology, and the Study of Behavior, in: *Ruben*, Brent, D. (Hrsg.): Information and Behavior, Volume I, New Brunswick, New Jersey 1985, S. 3-26.
*Rutkowski* (1993)
*Rutkowski*, Anthony M. and others: Who's 'On Line' With Whom: The New Global Internetworking Business From Computer Bulletin Boards to National Infostructure, in: *Staple*, Gregory C. (Hrsg.): TeleGeography 1993, Washington D.C. 1993, S. 1-17.
*Sautter* (1950)
*Sautter*, Karl: Die Post im Leben der Völker im Wandel der Zeit, in: Archiv für das Post und Fernmeldewesen, 2. Jg., Nr. 3, 1950, S. 101-213.
*Sawtelle* (1993)
*Sawtelle*, Barbara A.: Income elasticities of household expenditures: a US cross-section perspective, in: Applied Economics, 1993, S. 635-644.
*Sax* (1920)
*Sax*, Emil: Die Verkehrsmittel in Volks- und Staatswissenschaft, 2. Band: Land- und Wasserstraßen, Post, Telegraph, Telephon, Berlin 1922.

*Scheele* (1992):
*Scheele*, Peter: Mobilfunk in Europa, R. v. Decker's Taschenbuch Telekommunikation, Band 7, 2. neubearb. und erw. Auflage, Heidelberg 1992.

*Schenk* (1988)
*Schenk*, Otto: HERMES, Eine entscheidende Komponente für die Einheit der Eisenbahnen Europas, in: Die Bundesbahn, Heft 10, 1988, S. 953-957.

*Schmalensee* (1972)
*Schmalensee*, Richard: Option Demand and Consumer's Surplus: Valuing Price Changes under Uncertainty, in: The American Economic Review, Vol. LXII, 1972, S. 813-824.

*Schmidt* (1960)
*Schmidt*, Karl-Rudolf: Nachrichtentechnik, in: Handwörterbuch der Betriebswirtschaft, 3. Bd., 3. Auflage, Stuttgart 1960, S. 4070-4079.

*Schmidt* (o. J.)
*Schmidt*, Günter: TEMEX, in: *Arnold*, Franz (Hrsg.): Handbuch der Telekommunikation, Loseblattsammlung, Abschnitt 5.1.9.3., 2. Ergänzungslieferung, Köln o. J.

*Schneider* (1926)
*Schneider*, Laurenz: Der Briefbeförderungsdienst, Post und Telegraphie in Wissenschaft und Praxis, Band 83, Berlin 1926.

*Schnöring* (1992)
*Schnöring*, Thomas: Entwicklungstrends auf den europäischen Telekommunikationsmärkten, Auf halbem Wege von monopolistischen nationalen zu wettbewerblichen internationalen Telekommunikationsmärkten, Wissenschaftliches Institut für Kommunikationsdienste, Diskussionsbeitrag Nr. 102, Bad Honnef 1992.

*Schrape* (1982)
*Schrape*, Klaus: Mögliche Angebotsformen (Inhalte/Programme/Dienste) für den privaten Bereich und ihre Realisierungsaussichten, in: *Seetzen*, J./*Schrape*, K./*Teichmann*, H.-J./ *Tonnemacher*, J./*Wilkens*, H./*Wolff*, H.: Perspektiven der Telekommunikation, Heinrich-Hertz-Institut für Nachrichtentechnik, 2. Auflage, Wirtschafts- und Sozialwissenschaftliche Arbeitsberichte, 1981/3, Berlin 1982.

*Schulte-Ebbert* (o. J.)
*Schulte-Ebbert*, Heinrich: Öffentliche Funkrufdienste, in: *Arnold*, Franz (Hrsg.): Handbuch der Telekommunikation, Loseblattsammlung, Abschnitt 5.1.2.1, 17. Ergänzungslieferung, Köln o. J.

*Schulz-Hanßen* (1965)
*Schulz-Hanßen*, Elke: Die Verkehrswirtschaft des Seehafens, Eine Begriffs- und Wesensbestimmung, Verkehrswissenschaftliche Forschungen, Band 8, Berlin 1965.

*Schwarz* (1935)
*Schwarz*, Konrad: Die Postsendungen in der deutschen Postgeschichte, Post und Telegraphie in Wissenschaft und Praxis, Band 19, Berlin 1935.

*Schwaighofer* (1930)
*Schwaighofer*, Hans: Rohrpostanlagen, Teil 1: Rohrposttechnische Neuerungen auf dem Gebiete pneumatischer Fernanlagen, Post und Telegraphie in Wissenschaft und Praxis, Band 62, Berlin 1930.

*Seetzen* (1982)
*Seetzen*, Jürgen: Informatisierung der Gesellschaft, in: *Seetzen*, J./*Schrape*, K./*Teichmann*, H.-J./*Tonnemacher*, J./*Wilkens*, H./*Wolff*, H.: Perspektiven der Telekommunikation, Heinrich-Hertz-Institut für Nachrichtentechnik, 2. Auflage, Wirtschafts- und Sozialwissenschaftliche Arbeitsberichte, 1981/3, Berlin 1982.

*Shannon* (1967):
*Shannon*, Claude E.: The Mathematical Theory of Communication, in: *Shannon*, Claude E./*Weaver*, Warren: The Mathematical Theory of Communication, Urbana 1967, 11. Nachdruck der Originalausgabe von 1949, S. 29-125.

*Siedek* (1993)
*Siedek*, Hans-Jürgen: Im Schatten des D-Netzes, Warten auf ERMES, in: MOBILFUNK NEWS, Heft 2, 1993, S. 14-15.

*Silberhorn* (o. J.)
*Silberhorn*, A.: Mobilfunkdienste, in: *Arnold*, Franz (Hrsg.): Handbuch der Telekommunikation, Loseblattsammlung, Abschnitt 5.2.1.0., Grundwerk, Köln o. J.

*Smith* (1982)
*Smith*, V. Kerry: Option Value: A Conceptual Overview, in: Souhtern Economic Journal, Vol. 49, 1982, S. 654-668.
*Socher* (1972):
*Socher*, Johann: Die Elastizität des öffentlichen Fernsprechverkehrs gegenüber Gebührenänderungen (unter besonderer Berücksichtigung des künftigen Nahdienstes), in: Jahrbuch des elektrischen Fernmeldewesens, 23. Jahrgang, 1972, S. 159 - 217.
*Spengler-Rast/Kampen* (1991)
*Spengler-Rast*, Christa/*Kampen*, Maria: Perspektiven und Probleme computergestützter Kommunikation - am Beispiel "Elektronische Post", Wissenschaftliches Institut für Kommunikationsdienste, Diskussionsbeitrag Nr. 70, Bad Honnef 1991.
*Spindler* (1982)
*Spindler*, Klaus: Die Entwicklung des öffentlichen Mobilfunktelefons, in: *Elias*, Dietrich (Hrsg.): Telekommunikation in der Bundesrepublik Deutschland 1982, R. v. Decker's Taschenbuch Telekommunikation Band 3, Heidelberg, Hamburg 1982, S. 279-293.
*Spranger* (1961)
*Spranger*, Peter-Henning: Theorie des Nachrichtenverkehrs als Grundlage für die Beurteilung von Integrationsmaßnahmen einer Europäischen Postunion, Verkehrswissenschaftliche Forschungen, Band 3, Diss., Berlin 1961.
Statistisches Bundesamt (1969)
Statistisches Bundesamt (Hrsg.): Systematisches Güterverzeichnis, Güterverzeichnis für die Verkehrsstatistik, Ausgabe 1969, Wiesbaden 1969.
Statistisches Bundesamt (1975)
Statistisches Bundesamt (Hrsg.): Statistisches Jahrbuch für die Bundesrepublik Deutschland 1975, Wiesbaden 1975.
Statistisches Bundesamt (1976)
Statistisches Bundesamt (Hrsg.): Statistisches Jahrbuch für die Bundesrepublik Deutschland 1976, Wiesbaden 1976.
Statistisches Bundesamt (1978)
Statistisches Bundesamt (Hrsg.): Statistisches Jahrbuch für die Bundesrepublik Deutschland 1978, Wiesbaden 1978.
Statistisches Bundesamt (1979)
Statistisches Bundesamt (Hrsg.): Statistisches Jahrbuch für die Bundesrepublik Deutschland 1979, Wiesbaden 1979.
Statistisches Bundesamt (1980)
Statistisches Bundesamt (Hrsg.): Statistisches Jahrbuch für die Bundesrepublik Deutschland 1980, Wiesbaden 1980.
Statistisches Bundesamt (1981)
Statistisches Bundesamt (Hrsg.): Statistisches Jahrbuch für die Bundesrepublik Deutschland 1981, Wiesbaden 1981.
Statistisches Bundesamt (1984)
Statistisches Bundesamt (Hrsg.): Statistisches Jahrbuch für die Bundesrepublik Deutschland 1984, Wiesbaden 1984.
Statistisches Bundesamt (1985)
Statistisches Bundesamt (Hrsg.): Statistisches Jahrbuch für die Bundesrepublik Deutschland 1985, Wiesbaden 1985.
Statistisches Bundesamt (1986)
Statistisches Bundesamt (Hrsg.): Statistisches Jahrbuch für die Bundesrepublik Deutschland 1986, Wiesbaden 1986.
Statistisches Bundesamt (1990)
Statistisches Bundesamt (Hrsg.): Statistisches Jahrbuch für die Bundesrepublik Deutschland 1990, Wiesbaden 1990.
Statistisches Bundesamt (1993)
Statistisches Bundesamt (Hrsg.): Statistisches Jahrbuch für die Bundesrepublik Deutschland 1993, Wiesbaden 1993.
*Steinbach* (1994)
*Steinbach,* Christine: Private Anbieter in Deutschland - Übersicht, in: *Arnold*, Franz (Hrsg.): Handbuch der Telekommunikation, Loseblattsammlung, Abschnitt 10.3.2.1, 20. Ergänzungslieferung, Köln 1994.

*Stoetzer/Ruppert/Schedl* (1993)
*Stoetzer*, Matthias-W./*Ruppert*, Wolfgang/*Schedl*, Hans: Der Einsatz von Mehrwertdiensten in bundesdeutschen Unternehmen: Eine empirische Bestandsaufnahme, Wissenschaftliches Institut für Kommunikationsdienste, Diskussionsbeitrag Nr. 116, Bad Honnef 1993.

*Stoetzer* (1993)
*Stoetzer*, Matthias-W.: Customer Behaviour in Mobile Communications: A Cross-Country Analysis, Wissenschaftliches Institut für Kommunikationsdienste, Diskussionsbeitrag Nr. 120, Bad Honnef 1993.

*Stohl* (1931)
*Stohl*, H.: Der drahtlose Nachrichtendienst für Wirtschaft und Politik (seine Entwicklung und Organisation in Deutschland), Post und Telegraphie in Wissenschaft und Praxis, Band 55, Berlin 1931.

*Stumpf* (1990)
*Stumpf*, Ulrich: Postal Newspaper Delivery and Diversity of Opinions, Wissenschaftliches Institut für Kommunikationsdienste, Diskussionsbeitrag Nr. 58, Bad Honnef 1990.

*Szafran* (1993)
*Szafran*, Uwe: Der Markt für Satellitendienste, Wissenschaftliches Institut für Kommunikationsdienste, Diskussionsbeitrag Nr. 107, Bad Honnef 1993.

*Taft* (1985)
*Taft*, Siegfried: Zur Neuberechnung der Indizes der Post- und Fernmeldegebühren auf Basis 1980, in: Wirtschaft und Statistik, Heft 8, 1985, S. 690-694.

*Tamarin* (1988)
*Tamarin*, Christopher: Telecommunications technology applications and standards, A new role for the user, in: Telecommunications Policy, Vol. 12, Nr. 4, 1988, S. 323-331.

*Taylor* (1980)
*Taylor*, Lester D.: Telecommunications Demand: A Survey and Critique, Cambridge, Mass., 1980.

*Taylor* (1994)
*Taylor*, Lester D.: Telecommunications Demand in Theory and Practice, Dordrecht, Boston u. a. 1994.

*Taylor/Kridel* (1990)
*Taylor*, Lester D./*Kridel*, Donald: Residential Demand for Access to the Telephone Network, in: *de Fontenay*, Alain/*Shugard*, Mary H./*Sibley*, David, S.: Telecommunications Demand Modelling, An Integrated View, Amsterdam, New York u. a. 1990, S. 105-117.

*Taylor/Taylor* (1993)
*Taylor*, William E./*Taylor*, Lester D.: Postdivestiture Long-Distance Competition in the United States, in: The American Economic Review, Papers and Proceedings, Vol. 83, 1993, S. 185-190.

*Tietz* (1987)
*Tietz*, Bruno: Wege in die Informationsgesellschaft, Szenarien und Optionen für Wirtschaft und Gesellschaft, Stuttgart 1987.

*Unger* (1989)
*Unger*, Herbert, unter Mitarbeit von Nicholas *Costello*: Telekommunikation in Europa, Luxemburg 1989.

*Vershofen* (1959)
*Vershofen*, Wilhelm: Die Marktentnahme als Kernstück der Wirtschaftsforschung, Neuausgabe des ersten Bandes des Handbuches der Verbrauchsforschung, Berlin, Köln 1959.

*Vervest* (1985)
*Vervest*, Peter: Electronic Mail and Message Handling, London 1985.

*Voigt* (1953)
*Voigt*, Fritz: Verkehr und Industrialisierung, in: Zeitschrift für die gesamte Staatswissenschaft, 109. Bd, 1953, S. 191-239.

*Voigt* (1960)
*Voigt*, Fritz: Die volkswirtschaftliche Bedeutung des Verkehrssystems, Verkehrswissenschaftliche Forschungen, Schriftenreihe des Verkehrswissenschaftlichen Seminars der Universität Hamburg, Band 1, Berlin 1960.

*Voigt* (1965)
*Voigt*, Fritz: Verkehr, Zweiter Band, Zweite Hälfte, Die Entwicklung des Verkehrssystems, Berlin 1965.

*Voigt* (1973)
*Voigt*, Fritz: Verkehr, Erster Band, Erste Hälfte, Die Theorie der Verkehrswirtschaft, Berlin 1973.

*Voigt/Zachcial/Solzbacher* (1976a)
*Voigt*, Fritz/*Zachcial*, Manfred/*Solzbacher*, Ferdi: Determinanten der Nachfrage nach Verkehrsleistungen, Teil 1: Personenverkehr, Opladen 1976.

*Voigt/Zachcial/Solzbacher* (1976b)
*Voigt*, Fritz/*Zachcial*, Manfred/*Solzbacher*, Ferdi: Determinanten der Nachfrage nach Verkehrsleistungen, Teil 2: Güterverkehr, Opladen 1976.

*Voigt/Witte/Laschet* (1981)
*Voigt*, Fritz/*Witte*, Hermann/*Laschet*, Wilhelm: Zur Bestimmung der Qualität der Versorgungs- und Erschließungsleistungen von Verkehrssystemen, Verkehrswissenschaftliche Forschungen, Band 42, Berlin 1981.

*von Böventer* (1989)
*von Böventer*, Edwin: Einführung in die Mikroökonomie, 6. Auflage, München u. a. 1989.

*von Dabrich-Waechter* (o. J.)
*von Dabrich-Waechter*, Gregor: Privater Bündelfunk, in: *Arnold*, Franz (Hrsg.): Handbuch der Telekommunikation, Abschnitt 5.2.5.0, 16. Ergänzungslieferung, Köln o. J.

*von Stackelberg* (1951)
*von Stackelberg*, Heinrich: Grundlagen der theoretischen Volkswirtschaftslehre, 2. Auflage, Tübingen, Zürich 1951.

*Voßberg/Hanel* (1992)
*Voßberg*, Bettina/*Hanel*, Mathias: Diensteanbieter im deutschen Mobilfunk, in: *Kruse*, Jörn (Hrsg.): Zellularer Mobilfunk, Neue Märkte mit neuen Netzen für das Funktelefon, Heidelberg 1992, S. 112-134.

*Walke* (1992)
*Walke*, Bernhard: Technik des Mobilfunks (Dienste und Protokolle digitaler Mobilfunknetze), in: *Kruse*, Jörn (Hrsg.): Zellularer Mobilfunk, Neue Märkte mit neuen Netzen für das Funktelefon, Heidelberg 1992, S. 17-63.

*Wasserfallen/Gassmann/Gfeller* (1986)
*Wasserfallen*, Walter/*Gassmann*, Jean-Marie/*Gfeller*, Andreas: Die Nachfrage nach Telefongesprächen - Erklärung und Prognose, Eine empirische Untersuchung für die Schweiz, in: Schweizerische Zeitschrift für Volkswirtschaft und Statistik, Vol. 122, Nr. 2, 1986, S. 187-197.

*Weaver* (1967)
*Weaver*, Warren: Recent Contributions to the Mathematical Theory of Communications, in: *Shannon*, Claude E./*Weaver*, Warren: The Mathematical Theory of Communication, Urbana 1967, 11. Nachdruck der Originalausgabe von 1949, S. 29-125.

*Weber* (1992)
*Weber*, Uwe: Der Grenzüberschreitende Datenfluß (GDF), Ein neues Phänomen in der internationalen Kommunikation, Reihe medien SKRIPTEN, Band 16, München 1993.

*Wegner* (o. J.)
*Wegner*, Jürgen: A-Z Lexikon der Telekommunikation, in: *Arnold*, Franz (Hrsg.): Handbuch der Telekommunikation, Loseblattsammlung, Abschnitt 2.0.0.0, 9. Ergänzungslieferung, Köln o. J.

*Weinkopf* (1993)
*Weinkopf*, Marcus: Ökonomie des ONP-Konzeptes, Wissenschaftliches Institut für Kommunikationsdienste, Diskussionsbeitrag Nr. 118, Bad Honnef 1993.

*Weisbrod* (1964)
*Weisbrod*, Burton A.: Collective-Consumption Services of Individual-Consumption Goods, in: The Quarterly Journal of Economics, Vol. LXXVIII, 1964, S. 470-477.

*Wenders* (1987)
*Wenders*, John T.: The Economics of Telecommunications, Theory and Policy, Cambridge, Mass., 1987.
*Wenger* (1988)
*Wenger*, Klaus: Kommunikation und Medien in der Bundesrepublik Deutschland, München 1988.
*Wessling* (1991)
*Wessling*, Ewald: Individuum und Information, Tübingen 1991.
*Wieland* (1985)
*Wieland*, Bernhard: Die Entflechtung des amerikanischen Fernmeldemonopols, Schriftenreihe des Wissenschaftlichen Instituts für Kommunikationsdienste der Deutschen Bundespost, Berlin, Heidelberg, u.a 1985.
*Wiese* (1990)
*Wiese*, Harald: Netzeffekte und Kompatibilität, ein theoretischer und simulationsgeleiteter Beitrag zur Absatzpolitik für Netzeffekt-Güter, Stuttgart 1990.
*Wild* (1971)
*Wild*, Jürgen: Zur Problematik der Nutzenbewertung von Informationen, in: Zeitschrift für Betriebswirtschaft, 41. Jhg., 1971, S. 315-334.
*Willig* (1976)
*Willig*, Robert D.: Consumer's Surplus without Apology, in: The American Economic Review, Vol. 66, 1976, S. 589-597.
*Witte* (1977)
*Witte*, Hermann: Die Verkehrswertigkeit, Verkehrswissenschaftliche Forschungen, Band 31, Berlin 1977.
*Witte* (1978)
*Witte*, Eberhard: Strukturwandel des Kommunikationssystems der Bundesrepublik Deutschland, in: Hamburger Jahrbuch für Wirtschafts- und Gesellschaftspolitik, 23. Jahr, Tübingen 1978, S. 167-181.
*Wolak* (1993)
*Wolak*, Frank A.: Telecommunications Demand modelling, in: Information Economics and Policy, Vol. 5, 1993, S. 179-195.
*Woll* (1990)
*Woll*, Artur: Allgemeine Volkswirtschaftslehre, 10. Auflage, München 1990.
*Yatrakis* (1972)
*Yatrakis*, Pan George: Determinants of the demand for international telecommunications, in: Telecommunication Journal, Vol. 39, 1972, S. 732-746.
*Zechendorf* (1978)
*Zechendorf*, Bernhard: Zur Theorie der Klassifikationssysteme, in: Nachrichten für Dokumentation, Bd. 29, Nr. 6, 1978.
*Zumwinkel* (1991)
*Zumwinkel*, Klaus: Die Zukunftsperspektiven für die Deutsche Bundespost POSTDIENST im europäischen Binnenmarkt, in: *Speckbacher*, Walpurga (Hrsg.): Die Zukunft der Postdienste in Europa, Proceedings, Schriftenreihe des Wissenschaftlichen Instituts für Kommunikationsdienste, Berlin, Heidelberg u. a. 1991, S. 11-26.

## Stichwortverzeichnis

Markus Eder
**Beschäftigungsstabilisierung durch das Beteiligungssystem?**
Eine Auseinandersetzung mit dem Weitzman-Plan
1992, Band 76, 205 Seiten, Mdr., Paperback, DM 49,80, ISBN 3 88259 946 4

Martin-Ulrich Fetzer
**Ordnungspolitische Probleme einer Liberalisierung des internationalen Dienstleistungsverkehrs.**
Das Beispiel der Banken und Versicherungen in der EG
1992, Band 77, 442 Seiten, Mdr., Paperback, DM 83,80, ISBN 3 88259 958 8

Katja Monika Ritter-Thiele
**Zum Zusammenhang zwischen Innovation und Strukturwandel in einer wachsenden Wirtschaft**
1993, Band 78, 160 Seiten, Mdr., Paperback, DM 39,80, ISBN 3 88259 975 8

Christian Glaser
**Externe Kosten des Straßenverkehrs**
Darstellung und Kritik von Meßverfahren und empirischen Studien
1993, Band 79, 222 Seiten, Mdr., Paperback, DM 43,80, ISBN 3 88259 985 5

Peter Knauth
**Ansatzpunkte und Hindernisse einer effizienzorientierten Regulierungspolitik im Güterverkehr**
1993, Band 80, 240 Seiten, Mdr., Paperback, DM 49,80, ISBN 3 89481 004 1

Joachim Behrendt
**Steuerharmonisierung im EG-Binnenmarkt**
Eine wohlfahrtstheoretische Analyse unter besonderer Berücksichtigung der Umsatzsteuer
1993, Band 81, 360 Seiten, Mdr., Paperback, DM 71,80, ISBN 3 89481 007 6

Sabine Cornelius
**Zur effizienten Allokation knapper Ressourcen**
Das Beispiel der Vergabe von Strat- und Landerechten an überlasteten Flughäfen in den USA
1994, Band 82, 282 Seiten, Mdr., Paperback, DM 42,80, ISBN 3 89481 036 X

Thomas Schiller
**Geld, Finanzen und Entwicklung**
Finanzsektorreformen im heterogenen Geldwesen Lateinamerikas
1994, Band 83, 254 Seiten, Mdr., Paperback, DM 55,80, ISBN 3 89481 094 7

Andreas Schikora
**Die Eignung des Konzeptes der "Endogenen Entwicklungspotentiale" zur Herstellung gleichwertiger Lebensbedingungen – untersucht am Beispiel der "Teilregion Zwickau"**
1994, Band 84, 241 Seiten, Mdr., Paperback, DM 47,80, ISBN 3 89481 106 4

Dirk Walpuski
**Die Nachfrage im Nachrichtenverkehr**
Eine mikroökonomische und verkehrswirtschaftliche Analyse am Beispiel der Bundesrepublik Deutschland
1995, Band 85, 232 Seiten, Mdr., Paperback, DM 49,80, ISBN 3 89481 140 4

VVF